최치원의 역사인식과 신라문화

최치원의 역사인식과 신라문화

金福順 지음

景仁文化社

책머리에

최치원은 스스로를 썩은 선비라고 칭하였을지언정, 현실정치에 매진하고 시무책을 올리는 등 유학자임을 잊은 적은 없었다. 그러나 그는 조선조 성리학자들과는 달리 불교와 도교에 대해 우호적이었다는 점이 가장 큰 특징으로 나타나고 있다. 때문에 그에게는 심지어 "갓과 신을 숲 사이에 버려두고 간곳을 몰랐다"(『신증동국여지승람』권30)는 우화등선(羽化登仙)의 이야기까지 전해지고 있다. 이렇듯 여러 설화를 양산시킨 최치원은 신라 하대를 풍미한 유학자로, 유불도 3교의 혼융적 경향을 띤다는 것이 그의 사상을 대변해 주는 표현이라고 하겠다.

최치원은 868년 12세의 조기 유학생으로 당나라에 갔다. 10년 안에 급제하지 못하면 내 아들이 아니라는 아버지의 엄훈에, 그는 당의 수도 장안에서 6년 간 남들이 하는 노력의 10배를 하여, 18세에 황금방을 뚫었다. 예부시랑 배찬이 주관한 빈공과에서 진사가 된 것이다. 이후 당의 관리로서 선주 율수현위와 고병의 종사관을 지내면서 885년 귀국할 때까지 17년간이나 해외에 체류하였다. 그는 재당시절 『중산복궤집』·『4·6집』을 만들면서 또 『계원필경집』을 엮으면서 이미 동아시아의 문장가로서의 자부심이 고양되어 있었다.

귀국하여 '시독겸 한림학사 수병부시랑 지서서원학사'를 역임하고 곧 지방관으로 나아갔는데, 이는 정치가로서의 최치원보다는 문장가로서의 최치원을 기대한 이들의 질시 때문이었다. 그 역시 자신이 남긴 글이 후대에까지 자신을 평가하리라는 사실을 잘 알고 있었다. 그럼에도 유학자로서 현실정치의 개혁에 대한 미련을 버리지 못하고, 897년 시무10여조의 정치개혁안을 진성여왕에게 올리고 있다. 가납되어 아찬에 제수되었다고 하는 것은 개혁안을 실행할 의지가 없었음을 의미한다.

벼슬에 미련이 없어진 그는 전국을 유랑하며 재미있는 이야기와 글도 남기고 석각도 여러 곳에 새겨놓았다. 그는 결국 가족을 데리고 해인사로 은거하게 되는데, 병도 다스리고 병난도 피하려는 의도였다. 이곳에서 그는 「부석존자전」, 「법장화상전」과 함께 해인사 관련 저술을 하다가 908년 「수창군호국성팔각등루기」를 끝으로 저술이 보이지 않게 된다. 927년의 「답견훤서」가 최치원 작이라고 한 것은 후대의 부회일 것이다.

이 책은 모두 4개 부로 나누어 최치원의 생애, 역사인식, 「지증대사비문」의 연구, 여설로 구성해 보았다.

제1부는 최치원의 생애에 관해서이다. 먼저 그의 출생지와 최후의 문제를 논의하였는데, 서유구의 「교인 계원필경집 서」에 나오는 옥구출생설의 문제점을 자세히 언급해 보았다. 다음으로 해외체험과 문화수용, 입당 귀국로의 문제를 살펴보았다. 신라지식인의 입당귀국로는 대부분 유학승과 유학생들이 다닌 길로 엔닌[圓仁]과 최치원의 기록을 참고하여 썼기 때문에 이곳에 함께 실었다.

제2부는 최치원의 역사인식과 서역인식이다. 먼저 최치원의 역사인식에서는 그의 인식이 미치고 있는 범주가 기자조선까지 임을 밝히고 신라사 인식에 대한 김부식과의 차이 일연의 고운에 대한 전폭적인 지지, 그리고 그의 현실적인 역사인식 등을 고찰하였다. 특히 그의 3교 융회적 경향은 재당시절부터 유불도 각각의 역할분담론을 인식하고 있었음에 주목하였다. 그가 유학자로서 3교 융회적인 경향을 보인 것은 거사불교를 행한 고려시대에 이르러 유학자들의 전범으로 추앙받았음을 살펴보았다. 다음으로 신라 지식인들의 서역인식에서는 주로 그의 저술에 나타나는 서역에 관한 인식을 범어와 범력을 대표적인 예로 살펴 보았고, 아

프라시압 한국인 사절도가 고구려가 아닌 신라사신단을 그린 것으로 판단해 고증해 보았다. 특히 「법장화상전」에 나오는 내용을 많이 원용하여 살펴보았으므로 이를 그의 역사인식에 함께 실어 보았다.

제3부 「지증대사비문」의 연구에서는 우선 이 비가 보물 제138호에서 국보 제315호로 승격되어 그 가치를 인정받았지만 그 찬술과 건립의 과정에서 우여곡절이 많았던 내용을 규명하였다. 그리고 이 비문의 여러 본을 대조하고 비교하여 정본을 구하고자 노력해 보았다. 다음으로 지증대사비의 건립을 통해 살펴본 고려의 최치원 만들기에 대해 고구하였고, 경주에 있는 괘릉의 명호에 대한 다양한 인식들을 정리하여 최치원이 곡릉이라고 한데서부터 비롯된 명칭임을 밝혀 보았다.

제4부 여설에서는 최치원의 시대인 나말여초 전환기와 경순왕에 대해 살펴보았고, 고려시대 경주와 신라문화는 고려의 신라 문화 전통의 계승과 고려로 간 신라인, 경주 불교계의 재편과 주요 사찰에 대해 개관해 보았다.

최치원은 해외유학에서의 경험을 배경으로 신라의 역사와 문화를 동아시아적 소통이 될 수 있는 언어인 한문으로 표현하였다. 이에 대해 여러 부정적 견해도 존재한다. 하지만 이 책에 실린 논고들은 그가 수많은 저술을 통하여 오늘날까지 신라의 문화의 우수성을 우리에게 전해주고 있을 뿐 아니라, 신라문화의 특수성을 동아시아를 넘어 중앙아시아·인도에까지 알려준 우리나라 문인의 종조임을 다시 한 번 확인해 줄 수 있으리라 생각한다.

2016. 7

경주 취죽헌(翠竹軒)에서

金福順

차 례

제II부 최치원의 역사인식과 서역인식

제III부 「지증대사비문」의 연구

제IV부 여 설

제I부 최치원(857-?)의 생애

제1장 최치원의 생애를 둘러싼 이설(異說)의 검토
-서유구의 「교인계원필경집서」를 중심으로-

1. 머리말

최치원(857-?)은 동국(東國)의 문종(文宗)이라는 빛나는 인물로 평가되고 있다. 최치원의 자(字)는 고운(孤雲), 해운(海雲)으로 신라 왕경의 사량부(沙梁部) 또는 본피부(本彼部)인으로 전해지며, 아버지 최견일(崔肩逸)은 숭복사(崇福寺) 창건 당시 활약한 내용이 전해진다.

그러나 최치원은 뛰어난 학자이면서도 정치적 개혁안을 내고도 실천되지 못하여 좌절한 정치인이라는 이중적인 이미지가 강하다. 때문에 그가 남긴 여러 행적들은 해석하는 사람들에 의해 견강부회된 점이 많다. 이러한 문제점을 단적으로 보여주는 것이 『교인계원필경집』의 서문이 아닌가 한다.

최치원의 『계원필경집』은 3개의 서문이 전하고 있다. 하나는 최치원 자신이 쓴 자서이고, 둘은 『교인계원필경집』의 서문으로, 풍산 홍석주(洪奭周, 1774-1842)의 서문과 달성서유구(徐有榘, 1764-1845)의 서문이다. 후자의 서문 가운데 서유구의 「교인계원필경집서(校印桂苑筆耕集序)」는 최치원의 행적에 있어 옥구(沃溝) 출생설, 상선을 타고 당 유학을 갔다는 설, 묘재홍산설(墓在鴻山說)과 같은 새로운 설들을 언급하고 있다. 이러한 그의 서문 내용은 이능화의 『조선무속고』에서 「고군산(古群

山)의 최고운 신사(神祠)」라는 제목으로 소개됨으로써, 이 둘의 내용에 기반을 둔 최치원 관련 연구논문들이 양산되었다.

특히 그가 중앙관직에 적응하지 못하고 외직으로 나아가 태인, 서산, 함양의 태수를 지낸 곳과 벼슬을 그만 두고 유랑하였던 지역에는 그가 남겨 놓은 많은 일화가 전해지면서 오늘날까지 관광지구로 주목되고 있다. 그 가운데 고군산도 일대에는 최치원 사적이 새만금 개발과 함께 부각되어져 이전부터 불거져 온 최치원의 호남 출생설이 본격적으로 논의되기에 이르렀다. 이와 함께 충남 홍성의 최치원 유적지 묘 역시 관광과 관련된 목적으로 발굴까지 하여 그 진위를 가린 바 있다.

본고는 서유구의 「교인계원필경집서」에서 언급된 최치원 행적을 기반으로 진행된 새로운 설에 대한 연구사 정리와 함께 서유구가 이렇게 신설을 펴게 된 연원을 찾아 비판적 고찰을 해 보려는 것이다.

2. 「교인계원필경집서」에 기반한 최치원 연구동향

조선 순조 34년(1834) 갑오년 9월에 『교인계원필경집』을 간행하면서 서유구는 최치원의 생애에 관한 새로운 주장을 펼치고 있다.

> 1) 공의 이름은 치원이요, 자는 해부요, 고운은 그의 호이다. 호남 옥구출신으로, 어려서부터 뛰어나게 총명하였다. 나이 12세에 상선을 타고 중국에 들어가서 18세에 진사시에 급제하였으며, 한참 뒤에 율수현위에 임명되었다가 임기를 마치고 그만두었다. 그때 황소의 난이 일어났는데 제도행영도통 고변이 회남에 막부를 열고는 공을 불러 도통순관으로 삼았다. 그리하여 표·장·문·고(表·狀·文·告)... 등 모든 글이 공의 손에서 나왔는데, 그중에서도 황소의 죄를 성토한 격문은 천하에 전송되었다. 공의 공적이 조정에 보

고되어 전중시어사에 제수되고 비어대를 하사받았다.(「교인계원필경집서」)[1]

2) 그로부터 4년 뒤에 국신사(國信使)로 충원되어 동방으로 돌아와서 헌강왕과 정강왕을 섬기며 한림학사와 병부시랑이 되고 외방으로 나가 무성태수가 되었다. 진성여왕 때에 가족을 이끌고 강양군(江陽郡) 가야산에 들어가 생을 마쳤는데, 그의 묘소는 호서의 홍산(鴻山)에 있다. 어떤 이는 공이 신선이 되었다고도 하나, 이는 허망한 말이다.(「교인계원필경집서」)

3) 대저 바닷가의 외진 지역에서 태어나 어린 나이에 중국에 유학하여 과거에 급제하고 벼슬살이하는 것을 마치 지푸라기 줍듯이 하였으며, 끝내는 문장으로 한 세상을 울리면서 동시에 빈공(賓貢)한 사람들이 아무도 앞을 다투지 못하게 하였으니, 이 어찌 참으로 호걸스러운 선비가 아니겠는가.(「교인계원필경집서」)

서유구는 「교인계원필경집서」에서 기존의 내용과는 달리, 최치원의 옥구 출생설, 상선을 타고 당에 유학한 설, 홍산 무덤설의 3가지 신설을 제시하고 있다.

그의 이러한 주장에 대해 주목한 이는 이능화로 대다수의 학자들은 서유구의 주장과 함께 이능화의 설을 함께 싣고 있다. 그의 『조선무속고』에 나오는 「고군산의 최고운 신사」이다.

4) 전라북도 옥구군에 자천대(紫川臺)가 있는데, 이는 최고운 선생의 유적으로 세상에 전해지고 있다. 군 남쪽 바다 가운데 몇 개의 섬을 가리켜 고군산군도라 한다. 주위는 2백여 리나 되며 그 섬에는 금저굴(金猪窟)이 있으나 깊이를 알 수 없다. 굴 앞의 바다를 금저양(金猪洋)이라 한다. 옛 노인들이 전하는 말에 의하면, 옛날에 금

---

1) 서유구, 「교인계원필경집서」(최치원 지음. 이상현 옮김, 2009, 『계원필경집』, 한국고전번역원, pp.61-62).

모저(毛毛猪)가 서식하던 굴택으로 신과 통한다고 한다. 신라 말년 최충이 이 고을을 지켰는데, 그 때 최충의 아내가 아들을 낳아 이름을 치원이라 하였다. 어려서부터 매우 총명하고 비범한 재지가 있었다. 그 섬의 옛 호칭은 문창군으로 어부들이 많아 당시 당나라 상선들의 무역지가 되었다. 당나라 상객들이 치원을 보고 좋아하여 상선에 실려 당나라에 들어가 등과하게 되었다. 후에 고국에 돌아와 산수간을 방랑하였는데, 그 섬 한 곳에 있는 일영대가 곧 선생이 거문고를 타던 곳이라 한다. 지금도 섬사람들은 선생을 사모하는 풍속이 있어 사당을 세우고 천신처럼 모시고 있다(고군산 전설과 동일하다)[2]

5) 이능화가 『삼국사기』「최치원전」을 참고한바 선생은 왕경 사량부 사람이라 했는데 역사에 전해지는 것이 모두 없어져 그 世系를 알 수 없다. 그렇게 보면 두주(杜州)태수 최충의 아들이란 말도 믿기 힘들다. 내 생각으로는 선생이 당시 이 섬에 와서 일찍이 노닐 때 섬사람들이 교화를 입어 선생이 죽은 후에 이렇듯 사당을 세우고 제사하여 추모한 듯싶다. 마산포의 고호도 문창군으로 월영대가 있는데 고운선생의 유적이 있다고 한다. 이 말은 고군산의 사실과 같으므로 어느 것이 옳은지 측령하기 어렵다. 고려 초에 선생을 문창후로 추봉한데 대하여 선생이 문창군 출생이라고 하는 분도 있다. 선생은 문장에 능했기 때문에 이러한 아름다운 호를 주었다고 하기도 한다. 이조 정조(正宗) 때 서모가 지은 최치원전에 이르기를 고군산 사람이라 한 것은 무슨 증거인지 알 수 없어 구전에 인한 전설들을 모아 기록한다.[3]

이능화는 고군산의 최고운 신사에 대한 내용을 서술하면서 전반부에서는 옥구군에 자천대와 금저굴 등의 유적이 있으며, 최충의 아들 치원이 당에 가서 등과하고 돌아와 산수 간을 방랑한 사실과 일영대 등을 소개하고, 최치원을 천신으로 모신 사당의 소개로 마무리하고 있다. 다

---

2) 이능화 지음. 이재곤 옮김, 1995, 『조선무속고』, 동문선(문예신서44), pp.291-292.
3) 이능화, 위의 책, pp.292-293.

음 후반부는 이에 대한 고증을 시도하고 있는데, 이능화는 최치원이 조선 정조 때 서모가 지은『최치원전』에 나오는 최치원이 고군산사람이라는 탄생설화에 대해 그 증거를 찾을 수 없어 이곳에서는 단지 구전들을 모아 기록해 놓는다고 하였다.

결과적으로 최치원설화에 나오는 고군산 내지 옥구 탄생설은 서모의 최치원전이 나오고 나서 만들어진 것임을 확인해 주면서, 최치원 출생과 관련된 근거가 소설『최고운전』에 의거한 것임을 우회적으로 언급하였다.

이능화는 이조 정조 때 서모가 최치원전을 지었다고 하면서 최치원을 고군산사람이라 한 것이 무슨 증거로 그런 것인지 몰라서 전설들을 모아 놓은 것이라고 하였다. 그런데 여러 정황상『임원경제지』로 널리 알려진 서유구가 이 문제와 깊은 관련이 있다고 생각되는데, 그의「교인계원필경집서」의 내용과 많은 관련성을 보이기 때문이다.

그렇다면 그가 이러한 주장을 하게 된 연유와 그 진위의 문제는 다음 장에서 살펴보고, 먼저 서유구의 주장을 근거로 삼아서 논지를 전개한 논고들의 견해를 살펴봄으로써, 최치원의 생애에 대한 이설들을 정리해 보고자 한다.

1983년 이상비는 한문소설『최고운전』과 이능화의『조선무속고』에 나오는 고군산 최치원 신사 등의 예를 들어, 최치원이 경주에서 대대로 살아온 벌족의 후예가 아니고 지방 무명인사의 자식일 가능성을 제기하였다. 그리고 혹시 사량부라고 뒷사람이 말한 것도 관향을 말함일 뿐이고 본피부라 한 것도, 그곳이 잠시 살던 구허를 지칭함이지 최치원의 생지는 아마 아닐 것이어서, 조선조인들이 좀 더 과학적으로 조사하여 유적·전설을 종합한 뒤에 고군산이라 결론하였는지도 모른다고 하였다. 하지만 결론부분에 가서는 "최후(崔侯)의 출생지는 고군산과 내초도로 되겠으나 옥구군지에는 최후의 부가 천임해 올 때에 최후가 따라왔다 하였지 출생하였다고 하지 않았으므로 출생지 여부는 뒤로 미루기로 한

다"고 유보하고 있다.[4]

1985년 최삼룡은 최치원의 출생담은 우리나라 각 지방에 유포되어 전하여 오고 있다고 하면서, 경북의 '최치원선생', 전북 옥구지방의 '고군도 동굴'이 있고, 강원도 김화군의 '금돼지와 원'이, 평북 철산군의 '금돼지와 최치원', 충남 대덕군의 '최치원의 출생과 성공'을 거론하여 검토하였다. 결론적으로 그는 「최고운전」에 있어서 출생담의 주요 화소를 이루고 있는 경북지방설화와 비슷한 내용을 가진 설화가 고군산 지방에 전래하여 오고 있는데, 이 설화는 최고운의 출생지를 고군산 지방으로 나타내고 있고, 전북 옥구지방에는 최고운이 출생하여 성장한 유적지가 산재하고 있어, 경주 출생지라는 사기나 유사의 기록보다 역사적 사실로 인정받을 수 있는 증거로 제시되고 있다고 하였다.

또한 소설 작품에서 보면 최고운이 성장하면서 글을 읽었던 곳은 해변과 섬 지방으로 나타나 있어 옥구지방의 전설과 부합되고 있다. 그러므로, 「최고운전」은 옥구지방의 전설을 소설화했다고 볼 수 있으며, 혹 출생지는 아닐지 몰라도 실제로 최치원이 성장한 곳이 고군산 지방이라고 생각되는 것은 소설 상에서 전개되는 무대가 이러한 사실을 입증하고 있어 다만 우연히 꾸며진 허구가 아닐 것으로 믿어진다고 하였다. 하지만 그 역시 출생지에 대해서는 유보하고 있다.[5]

1995년 이재운은 최치원의 출생지로 제기된 지명은 사량부, 본피부, 고군산도(옥구), 문창, 두주 등 5종을 거론하고 통설은 사량부로 통일되어 있다고 하였다. 그러면서 그의 거주지가 경주였음은 분명하나, 출생지는 이상비의 논고를 들어 고군산열도의 어느 섬일 가능성을 인정하고 있다. 그리고 위에 거론된 곳들은 모두 최치원이 관직을 버리고 산천을

---

4) 이상비, 1983, 「문창후 최치원의 출생지 소고」 『문리연구』 창간호, 원광대학교 문리대학, pp.12-18.

5) 최삼룡, 1985, 「최고운전의 출생담고-최치원의 출생과 관련하여-」 『어문논집』 24·25, 고려대학교 국어국문학연구회, pp.816-830.

따라 독서하였던 유허가 아니었을까 추정하였다.6)

위의 세 논문은 이능화의 소개에 의한, 조선 정종(正宗) 때 서모인이 최치원의 전기를 썼는데 고군산인이라 하였다는 것을 근거로 하여7) 최치원의 고군산 출생설을 기정 사실화하고 그 논지를 전개하였으나 최치원의 옥구 출생설을 제기하면서도 단정은 유보하고 있다.

이후 새로이 부상하는 전북 새만금 일대의 문화적 잠재력을 부각시키기 위하여 그 일대에 남아있는 최치원 설화와 그 유적을 중심으로, 최치원의 고군산 출생설을 기반으로 한 논문이 다음과 같이 나오고 있다.

2002년에 이준곤은 비금도설화를 중심으로 전해지는 최치원전설의 고운정이야기 등을 다루었다. 비금도의 선왕산에는 최치원의 전설이 수도리 고운정(孤雲井) 이야기, 선왕산의 기우제 이야기, 관청동의 마을이야기로 전승되고 있는데, 이 전설들은 최치원이 12세에 해로를 따라 당으로 들어간 자취를 따라 비금도, 선유도, 우이도, 흑산도 등에 그 전설의 맥이 형성된 것으로 보았다. 이에 비금도설화를 고군산도 선유도의 자천대 강우이야기와 최치원신사의 설화와 비교하면서 그가 무속의 신으로 모셔져 도서에 비를 내리게 하거나 항해자들에게 식수원인 샘을 발견하는 능력을 가진 농경신, 해양신으로 숭앙되고 있고 도서지역 농경민에게는 신선으로 숭앙되는 것으로 파악하였다.8)

2006년에 최영성은 홍석주, 서유구, 이규경으로 이어지는 최치원연구의 사적 계통을 밝히는 과정에서 서유구가 최치원이 경주사람임을 잘 알고 있었을 것이나 그가 호남관찰사 시절인 1833년 가을 무성서원과 석구 유상대 등을 접하고 호남에 전해 내려오는 최치원설화를 비롯한 각종 전승에 대해 접하면서 「교인계원필경집서」에서 그를 호남 옥구인으로

---

6) 이재운, 1995, 「최치원의 생애 연구」『전주사학』 3, pp.9-12.

7) 이능화, 위의 책, pp.291-292.

8) 이준곤, 2002, 「비금도설화의 의미와 해석」『도서문화』 19, 국립목포대학교 도서문화연구원, pp.350-364.

단언한 것은 이때 들었던 전승과 관련이 있을 것으로 보고 있다. 이와 함께 최치원의 묘소와 묘비에 대해서도 서유구와 이규경의 주장을 강하게 어필하면서, 이규경은 최치원의 생애를 연구하는데 있어 『삼국사기』「최치원전」의 테두리를 벗어나고자 시도했던 선구자로서 선언하고 있다.9)

2009년에 김성환과 이윤선에 의해 서남해 해안 고군산과 옥구의 새만금일대에 퍼져있는 최치원 유적을 가지고 문화원형의 차원에서, 문화코드를 찾으려고 한 시도가 있었다.

김성환은 최치원의 문화유산으로 자천대를 비롯한 최치원을 향사하는 여러 서원과 향교를 언급하면서, 그 배경으로 최치원의 고군산 - 옥구 출생설을 지목하였다. 즉 서유구와 이규경의 설에 조두순의 「삼현사중수기」를 추가하였다. 옥구에 있는 삼현사 중수기를 쓰면서 문창후가 여기서 태어났다고 쓴 것이다. 그리고 역시 이능화의 『조선무속고』을 거론하고, 『최고운전』을 언급하면서 역사적 진위보다 정신을 살피는데 주안을 두어 그가 문화적 영웅이 되어 있음을 살피었다.10)

이윤선은 서남해 연안에 최치원설화가 광범위하게 분포하는데 이는 전북 고군산군도를 중심으로 전라남도의 신안군에 이르는데, 그 분포이유는 서남해의 항로 등의 물길과 관련된 현실적 이유와 삼교 융합론으로 대표되는 혼융사상에 있다고 보고, 최치원 설화를 설화 영웅의 아이콘으로 주목하였다. 그는 최치원 출생설과 맞물려있는 곳으로 고군산군의 설화를 주목하고 금도지굴, 금돼지굴로 불리는 최치원 출생설화 배경지와 선유도, 선유봉, 선유사장, 자천대, 최치원신사를 언급하였다.11)

9) 최영성, 2006, 「최치원연구의 사적 계통과 호남지방」『한국철학논집』18, pp.474-479.

10) 김성환, 2009, 「고군산의 최치원 문화원형 연구-'새만금 최치원프로젝트'를 제안하며-」『인문콘텐츠』14, 인문콘텐츠학회, pp.137-153.

11) 이윤선, 2009.6, 「서남해 연안 최치원설화의 수용관념과 문화코드」『남도민속연

이 세 논문은 앞서 언급한 이능화가 '조선 정종 때 서모인이 최치원의 전기를 썼는데 고군산인이라 하였다'는 것에 의거하여 최치원의 고군산 출생설을 주장하여 문화코드로까지 연결시킨 것이다.

그런데 이미 1989년 한석수는 최치원의 생애에서 서유구가 최치원을 호남 옥구인이라고 한 것에 대해 의문을 품고, 최삼룡이 근거로 삼은 정읍군지. 옥구군지. 호남읍지가 사료적인 가치가 낮고 문창후와 문창이란 지명의 관계를 비판하였다. 또한 서유구의 옥구 출생설은 지역전설을 수용하여 기록한 것으로 보고 있다. 그리고 최치원의 묘가 홍산에 있다고 한 설에 대해서도 부여의 대산(大山)은 백제 때 대산이었다가 고려 초에 홍산으로 개칭된 곳이라고 고증하면서, 가야산 현지에서는 홍산은 홍산(紅山)으로 합천군 야로면 구원리 홍류동의 농산정 서쪽에 있는 산으로 최치원묘소는 그곳 어느 곳에 있을 것이라고 하였다고 하였다.12)

근래 유광수는 최치원 설화의 연원이 「최고운전」이 먼저 나오고 나서 이어 나온 것이라는 점을 언급하고, 「최고운전」의 설화적 전승은 다양한 설화가 조합되어 이루어진 것임을 고구하였다. 결론적으로 「최고운전」의 최치원 탄생담이 최치원설화로 발전되었던 것임을 밝힌 것이므로, 최치원의 옥구 출생설은 소설 『최고운전』이 나온 뒤에 만들어진 설화임을 판명한 바 있다.13)

구』 18, 남도민속학회, pp.197-225.

12) 한석수, 1989, 『최치원전승의 연구』, 계명문화사, pp.12-18·p.27.

13) 유광수, 2010, 「<최고운전>의 설화적 전승과 '최치원설화'의 연원」 『한국문학연구』 39, 동국대학교 한국문학연구소, pp.15-21.

3. 「교인계원필경집서」의 비판적 고찰

서유구는 호남관찰사 시절에 홍석주가 집안에 전해오는 『계원필경집』
을 소장하고 있다는 말을 듣고 이를 가져다가 사비로 출간하였는데, 이
러한 저간의 사정을 홍석주와 자신의 서문을 통해 밝히고 있다.[14]

6) 신라왕에게 올린 표문에 의거하면, 이 문집 이외에 금체부(今體
賦) 1권, 금체시(今體詩) 1권, 『중산복궤집』 5권 등이 또 있다. 그
리고 『신당서』 예문지에 따르면, 『계원필경집』과 문집 30권을 거
론하고 있다. 그런데 그 중에서 다른 것들은 모두 전하지 않고 오
직 이 『계원필경집』만 여러 차례 인행(印行)되었다. 판각은 오래
전에 잃어버렸고 탑본(榻本) 또한 거의 볼 수 없게 되었다. 계사년
(1833) 가을에 내가 호남을 안찰하며 순시하다가 무성(武城)에 이
르러 공의 서원을 배알하고는 석구(石龜)와 유상대(流觴臺) 사이를
배회하면서 유적을 둘러보노라니 감개가 새로웠다.[15]

7) 그때 마침 연천이 이 문집을 부쳐주면서 말하기를 "이것은 천 년
가까이 끊어지지 않고 실처럼 이어져 온 문헌이다. 그대는 옛글을
유통시킬 생각이 없는가?"라고 하였다. 이에 나는 큰 구슬을 얻은
것처럼 기쁜 한편으로, 시간이 오래 흐를수록 잃어버릴 가능성이
더 커질까 걱정되었다. 그리하여 얼른 교정을 하여 취진자(聚珍
字)로 인쇄한 뒤에 태인현(泰仁縣)의 무성서원(武城書院)과 합천군
(陜川郡)의 가야사(伽倻寺)에 나누어 보관하였다.

---

14) 서유구는 『임원십육지』「이운지」에서 활자를 보관하는 건물을 취진당(聚珍堂)
이라고 했는데, 이 건물에는 인쇄하는데 사용할 종이, 활자주조시설, 책의 인
쇄·제본시설이 모두 갖추어져 있었다 한다. 서유구 지음, 안대회 옮김, 2005, 『산
수간에 집을 짓고』, 돌베개, pp.62-63.
15) 서유구, 「교인계원필경집서」(최치원 지음. 이상현 옮김, 2009, 『계원필경집』, 한
국고전번역원, pp.61-62).

8) 최치원묘비(삼한금석록) 액호는 최치원 자필이며 음기는 최홍효
가 쓴 것이다. 홍산 극락사 뒤에 있다.[16]

서유구는 1834년 전라도 관찰사로 있으면서, 의정부 우의정 연천 홍
석주로부터 홍씨 가문에 세전되어 오던『계원필경집』원본을 얻어 취진
자로 1백부를 간행하였다.

이에 앞서 1833년 전라도 관찰사로서 지방을 순시하다가 태인에 이
르러 무성서원을 봉심하고 석귀와 유상대를 돌아보면서 감개에 젖은 일
이 있다고 하였는데, 이때 호남에 전해오는 최치원설화를 비롯한 각종
전승에 대해 접하였을 것이고 호남 인사들의 최치원 존숭 열기를 체험하
였던 것이다. 이후 홍석주가 자신의 집에 소장하고 있던『계원필경집』
을 부치며, "이것은 천년토록 끊어지지 않고 실낱같이 내려온 문헌이다.
그대가 고서를 유통시킬 생각이 없는가"라고 권고함으로써 이에 공벽
을 얻은 듯하여 오래되면 유실될까 염려하여 급히 교정을 하고 주자를
모아 인쇄하였고 이를 무성서원과 합천 해인사에 나누어 간직하였다고
하였다.[17]

또한 서유구의 이러한 주장에 대해 이규경도 동조하여 비슷한 내용을
내놓았다.

9) 공의 자는 고운 또는 해부인데 해운이라고도 하며 고운은 그의 호
이다. 호남 옥구인인데, 경주인으로 쓰기도 하고 혹은 사량부인이
라고 칭하기도 한다...... 묘는 호서 홍산에 있는데 현재의 극락사

---

16) 서유구,「동국금석」최치원묘비『임원십육지』, 최근 번역된『임원경제지』에도
최치원묘비에 관한 내용이 나오고 있다. (풍석 서유구 지음, 정명현 외 옮김,
2012,『임원경제지』, 임원경제연구소, p.1354·p.1402).
17) 최영성, 2006,「최치원연구의 사적 계통과 호남지방」『한국철학논집』18, p.475.
그가 인쇄본을 보낸 것은 무성서원과 합천의 가야사로 나오고 있어 가야사인지
해인사인지에 대한 고증이 필요하다.

뒤이다. 비가 있는데 공이 자필로 비액을 썼고 음기는 최홍효가 썼다. 세상에서는 공을 단학의 비조라 하여 수련하다가 신선이 되어 갔다고 하나 홍산의 묘는 교산(喬山)에 황제의 무덤이, 주질에 노자의 묘가 있다는 것과 같은 것이다. 본집은 장서가가 모두 실전되었다고 하므로 선배들이 이를 애석하게 여겨 오다가 계사년(1833)에 오비 서상서(서유구)가 언전 홍상공의 소장본을 빌었으니 곧 영안도위로부터 전수해 오던 것이다. 실전된 글이 다시 나오게 되자 서공은 다시 없어질까 염려하여 호남관찰사로 있을 때 나에게 교정을 위촉하고 발간을 감독하여 1백부를 인쇄한바 모두 4책이 되었는데, 인쇄와 발행과정에 있어 나의 조력이 없지 않았다. 공이 가신지 1천년 만에 없어질뻔한 이 글을 다시 천년 뒤에까지 전하게 되었으니 전현을 숭모하고 후학을 이롭게 한 오비공의 뜻이 어찌 아름답지 않은가.[18]

　이규경은, 홍석주가 소장하고 있던 『계원필경집』을 서유구가 간행할 당시, 교정을 맡아하면서 발간까지 감독한 인연에서 그의 사적에 대한 변증설을 내놓은 것인데, 호남 옥구 출생설은 그대로 따르고 있다.

　앞서 제시한 바와 같이 서유구는 「교인계원필경집서」에서 최치원이 "호남 옥구출신으로, 어려서부터 뛰어나게 총명하였다. 나이 12세에 상선을 타고 중국에 들어가서 18세에 진사시에 급제하였으며.... 진성여왕 때에 가족을 이끌고 강양군 가야산에 들어가 생을 마쳤는데, 그의 묘소는 호서의 홍산에 있다"고 하여, 호남 옥구출신으로 상선을 타고 당나라 유학을 갔으며, 강양군 가야산에 은거하였고 홍산에 무덤이 있다는 신설을 제기하였다. 그렇다면 그는 어떠한 근거를 가지고 이러한 주장을 하게 된 것일까 하는 점이다.

---

18) 이규경, 『오주연문장전산고』 권49 「최문창사적변증설(崔文昌事跡辨證說)」.

1) 최치원 출생설의 검토

최치원의 옥구출생지설의 문제로서 그의 출생에 관한 여러 문헌들을 살펴보고 서유구가 왜 이러한 옥구 출생설을 주장하였는가에 대한 이유를 들어보고자 한다.

『삼국사기』에는 최치원이 왕경 사량부인(王京沙梁部人也)으로 나온다.[19] 『삼국유사』에는 최치원을 본피부 출신으로 규정하고, 그의 옛집이 황룡사와 미탄사 남쪽에 있다(致遠乃本彼部人也 今皇龍寺南味呑寺南有古墟 云是崔侯古宅也 殆明矣)고 하였다.[20]

고려시대 인들은 왕경 사량부(김부식)로, 왕경 본피부(일연)로 언급하였지만, 최치원이 신라 왕경 출신이라는 점에서는 같은 인식을 가지고 있었다. 이후 『경상도지리지』, 『신증동국여지승람』, 『동유사우록(東儒師友錄)』, 『동사찬요』, 『경주최씨족보』 등에 이르기까지 삼국의 정사인 『삼국사기』를 좇아 최치원을 왕경 사량부인으로 규정하고 있다. 때문에 최치원에 관한 여러 논고들은 『삼국사기』와 『삼국유사』의 사료에 근거하여 그가 신라 왕경인으로 왕경에서 출생한 것을 근간으로 하여 써왔다고 할 수 있다. 그런데 조선 후기 『계원필경집』이 간행되고 소설 『최고운전』이 나오면서 최치원의 출생지가 신라 왕경이 아닌 전북 옥구출신이라는 설이 제기되어진 것이다.

그렇다면 서유구는 왜 이 같은 주장을 하게 되었는지 그 배경에 대해 먼저 언급해 보고자 한다.

첫 번째로 옥구를 중심으로 최치원에 관한 유적이 상당히 많이 남아 전승되고 있었다는 사실이다. 최치원은 대산군인 전북 태인 군수로 부임하여 주위의 여러 곳을 다니면서 민생을 챙기었다. 재당시절 율수현위 당시 진회하를 따라 시회를 벌이면서 다녔듯이[21] 태인 일대를 다닌 혼

---

19) 『삼국사기』 권46 「최치원전」.
20) 『삼국유사』 권1 「신라시조 혁거세왕」조.

적이 아직까지 남아 있다. 이러한 그의 행보는 앞서 출생지 부분에서도 언급하였지만 옥구 출생설까지 양산해 내었던 것이다.

최치원은 외직으로 나아가 자신의 특기인 시회를 위한 유상곡수(流觴曲水)를 만들고, 석벽에 시를 새기는 등 석각(石刻)문화의 보급과 양산, 그리고 서체를 유행시키었다. 유상곡수는 굽이신 물길을 따리 잔을 띄우고 그 잔이 자신에게 도착하기 전에 시를 지어 잔을 들고 읊은 후 다시 다음 사람에게 잔을 띄어 보내는 놀이로, 시를 짓지 못하면 벌주나 벌칙을 받아야 하는 시회를 위한 일종의 장치이다.[22] 정읍에 유상대가 있었다고 전하는 것도 같은 맥락으로 이해된다.

특히 고군산도의 선유도 부근에 보이는 무산 12봉은 중국 장강 삼협의 중간 협곡에 나오는 무협봉을 말하는 것으로, 최치원의 친우 고운의 시에도 나오고 있다. 무산 12봉으로 붙여진 유적은 최치원이 양주시절 고병의 서정에 대한 서술을 위해 장강을 다니면서 그 광경을 본 이후에 나올 수 있는 지명이다. 따라서 고군산 일대의 유적은 그가 태인군수 시절에 그 일대를 다니면서 붙인 지명으로 판단된다. 이와 관련하여 다음과 같은 이중환의 언급도 주목된다.

> 10) 임피의 서쪽이 옥구이며 서해에 임해있고, 자천대(紫遷臺)라는 작은 기슭이 바닷가로 똑바로 들어가 있고, 그 위에는 두 개의 석농이 있다. 신라 때 최고운이 태수가 되어 와서 농속에 비밀문서를 감추어 두었는데, 농은 하나의 큰 돌이었다. 산 속에 버려져 있으나 사람들이 감히 열지 못하였고 혹 끌어당겨 움직이면 바다에서 바람과 비가 갑자기 불어왔다. 마을주민들은 이것을 이로운 것으로 생각하여 날이 가물면 수백 명이 모여 큰 밧줄로 끌어 당겼는데 곧 바다에서 비가 몰아와서 발고랑을 흡족하게

---

21) 김복순, 2006, 「최치원의 해외체험과 문화수용」『한국문화연구』10, 이화여자대학교 한국문화연구원, p.23.
22) 김복순, 위의 논문, pp.25-28.

적시게 하였다. 매년 사객(使客)들이 고을에 올 때마다 가서 보
게 되어 고을에 폐가 되었고, 고을주민들이 고통으로 여겼다. 옛
날에는 그곳에 정자가 있었으나 백 년 전에 정자를 허물고 석농
도 땅에 묻혀 자취가 없어지고 지금은 가보는 사람조차 없다.23)

옥구의 자천대에 관한 기록으로 중요한 핵심은 최고운이 이곳 태수가
되어 와서 석농 속에 비밀문서를 감추어 두었다는 내용이다. 이중환은
자천대에 관련된 내용을 언급하면서 옥구 출생설에 관련된 언급은 전혀
하지 않고 최치원이 태수가 되어 온 다음에 일어난 사건들을 기술하고
있는 것이다.

『신증동국여지승람』에 나오는 자천대에는 "서쪽 해안에 있는데, 지세
가 넓고 편편하며, 샘과 돌이 좋아 즐길 만하다. 세상에 전하기는 최치원
이 놀던 곳이라 한다"24)고 하였으므로 태수 시절 내지 방랑시절에 갔던
곳으로 기록하고 있다.

면암 최익현 역시 1901년 죽헌·명암과 함께 옥구에 가서 자천대를 찾
은 기록이 있는데, 문집에 자천대를 "문창후(文昌侯, 최치원)가 거닐던
곳이다"라고 하였다.25)

두 번째로 최치원의 가계(家系)에 관한 것이다. 김부식은 「최치원전」
에서 그의 선조에 대해 "역사에 전해지는 것이 없어져서 그 세계는 알
수 없다(史傳泯滅 不知其世系)"고 하면서 그의 선대 세계는 전혀 언급하
지 않았다.

그렇지만 그의 아버지 최견일은 최치원 찬 「대숭복사비문」에서 헌강
왕이 직접 거론한 대숭복사 창건에 관여한 인물로 나오는 중앙 정계에서

---

23) 이중환저, 이영택역, 1975, 『택리지』, 삼중당, p.76.
24) 『신증동국여지승람』 권34, 옥구현 누정조(고전국역총서43, 1982(3판), 『국역 신
　　증동국여지승람』 4, 민족문화추진회, p.488, 원문, p.153).
25) 『면암선생문집』 부록 연보(年譜) 신축년(1901, 광무 5) 선생 69세 4월조.

활약한 인물이고, 형 현준은『삼국사기』「최치원전」에 해인사 승으로
각각 나오고 있다. 또한 사촌동생인 최서원이 그가 당에 있을 때 입회남
사록사(入淮南使錄事)로 다녀간 기록이『계원필경집』에 전한다.[26] 모두
신라 왕경인으로 6두품 귀족인 것이다.

　이렇게 최치원의 저술에 그의 아버지가 나옴에도 불구하고 김부식은
그의 세계를 잘 알지 못하겠다고 한 것으로 말미암아 그의 출생지에 관
한 오해가 생기게 된 것은 아닐까 한다.

　세 번째는「진감선사비문」에 나오는 진감의 선조에 대한 최치원의 서
술이다.

> 11) 선사의 법휘는 혜소(慧昭)이며 속성은 최씨이다. 그 선조는 한족
> (漢族)으로 산동의 고관이었다. 수나라가 군사를 일으켜 요동을
> 정벌하다가 고구려에서 많이 죽자 항복하여 변방(우리나라)의
> 백성이 되려는 자가 있었는데 성스러운 당나라가 4군을 차지함
> 에 이르러 지금 전주의 금마사람이 되었다. …… 드디어 정원 20
> 년(804), 세공사(歲貢使)에게 나아가 뱃사공이 되기를 청하여 배
> 를 얻어 타고 서쪽으로 건너가게 되었는데 속된 일에도 재능이
> 많아 험한 풍파를 평지와 같이 여기고는 자비의 배를 노저어 고
> 난의 바다를 건넜다. 중국에 도달하자 나라의 사신에게 고하기
> 를 "사람마다 각기 뜻이 있으니 여기서 작별을 고할까 합니다"
> 하였다. 드디어 길을 떠나 창주(滄州)에 이르러 신감대사(神鑑大
> 師)를 뵈었다.(「진감선사비문」)
>
> 12) 신에게 명을 내려 말씀하시기를 "선사는 수행으로 이름이 드러
> 났고 그대는 문장으로 이름을 떨쳤으니 마땅히 명(銘)을 짓도록
> 하라"고 하시어 치원이 두 손을 마주대고 절하면서 "예! 예!"하
> 고 대답하였다. 물러나와 생각하니 지난번 중국에서 이름을 얼

---

26) 최치원,「계원필경집」권20「사사제서원전장(謝賜弟栖遠錢狀)」(최치원 지음. 이
　상현 옮김, 2009,『계원필경집』2, 한국고전번역원, pp.464-465).

었고 장구(章句) 속에서 살지고 기름진 것을 맛보았으나 아직 성
인의 도에 흠뻑 취하지 못하여 번드르르하게 꾸민 것에 깊이 감
복했던 것이 오직 부끄러울 뿐이다. 하물며 법은 문자를 떠난지
라 말을 붙일 데가 없으니 혹 군이 그를 말한다면 수레를 북쪽으
로 향하면서 남쪽의 영(郢)땅에 가려는 것이 되리라. 다만 임금
님의 보살핌과 문인들의 큰 바람으로 문자가 아니면 많은 사람
의 눈에 밝게 보여줄 수 없기에 드디어 감히 몸은 한꺼번에 두
가지 일을 맡고 힘은 오능(五能)을 본받으려 하니 비록 돌에 의
탁한다 해도 부끄럽고 두렵다. 그러나 도란 억지로 이름붙인 것
이니 무엇이 옳고 무엇이 그른가. 재주가 없다 하여 필봉을 드러
내지 않는 것을 신이 어찌 감히 할 것인가. 거듭 앞의 뜻을 말하
고 삼가 명을 지어 이른다.(「진감선사비문」)

　진감선사가 입적하자 헌강왕은 최치원에게 중국에서 유학한 인연이
같음을 들어 비문을 짓게 하였다. 최치원은 이 비문에서 진감의 성씨가
최씨이며, 수나라와 고구려 전쟁 때 포로로 붙잡힌 산동의 화족으로 금
마로 옮겨진 한족이라는 사실을 언급하고 있다. 이에 대해 그동안 학계
에서는 진감선사가 안승의 고구려계로서 신라에서 크게 인정받지 못할
것이기 때문에 한족을 칭한 6두품일 것으로 보아왔다.[27] 특히 진감 혜소
이후 무주인 형미는 중국의 박릉 최씨, 사굴산파의 행적, 성주산파의 현
휘, 사자산파의 경유 등이 한족의 귀화인임을 내세우고 있다. 최치원이
이 귀화 한인설을 최초로 언급한 이래 이를 따라서 서술한 것으로 보고
있다.[28]

　하지만 최치원은 진감선사의 비문을 찬술하기 전에 그에 관한 여러
자료들과 그의 출신지 등을 가보았을 것이고, 당시 금마 즉 익산에 고구
려에서 이주되어 온 한족 출신의 최씨들이 다수 있었다는 사실을 알게

---

27) 임병태, 1967, 「신라 소경고」『역사학보』35·36합, pp.91-92; 이기백, 1974, 「신
　　라육두품연구」『신라정치사회사연구』, p.48.
28) 최병헌, 1975, 「나말여초 선종의 사회적 성격」『사학연구』25, pp.1-26.

되어[29] 이와 같이 쓴 것일 것이다.

그런데 조선 후기 들어서 호남관찰사를 지내게 된 서유구는 앞서 언급하였듯이 최치원의 유적에 많은 관심을 표명하면서 무성서원 등 여러 곳을 순방히였다. 즉 서원을 배알하고 돌로 만든 귀부와 유상대 사이를 배회한 것이다. 아울러 쌍계사에 있는 최치원찬의 진감선사비를 가보았을 것인데, 그가 최치원찬의 진감선사비를 제대로 보았다면, 최씨의 가계에 대해서 고민하였을 것이고 옥구 출생설에 무게를 실어 생각하였을 것이다. 한걸음 더 나아가 서유구는 최치원의 옥구 출생설을 진감선사 계열의 최씨와 연관지어 보면서 생각해 낸 것으로 생각된다.

이상의 내용으로 볼 때 최치원이 이곳에서 탄생하였다고 보는 것보다는 태인 태수를 지내면서, 부근의 옥구, 고군산도 등 여러 곳을 유람하며 민생을 살피고 시를 지었던 그의 행보가 많은 유적으로 남아 전승되었다고 보는 것이 합리적으로 생각된다. 다시 정리해 보자면 최치원이 태수를 마치고 태인을 떠나자 생사당까지 지어 그를 추모하였던 군민들에 의한 선양이 점차 전설 수준으로까지 미화되었고, 조선조에 들어 그의 글들이 유학자들에게 귀하게 여겨지면서 소설 「최치원전」이 쓰여지고 그가 옥구에서 출생하였다고 하는 내용으로까지 진전된 것으로 추정된다.

2) 최치원의 중국 유학설 검토

서유구는 최치원의 옥구 출생설에 이어 12세에 상선을 타고 중국에 유학가서 18세에 진사시에 급제하였다는 신설도 내놓고 있다.

그가 이 설을 내놓은 배경에는 아마도 최치원을 진감선사에 비겨 이 설을 내놓은 것이 아닌가 한다. 즉, 진감은 익산지역에서 부모를 봉양하며 살다가 모두 돌아가시자 중국으로 들어가 신감(神鑑)선사에게 귀의하

---

29) 김복순, 2000, 「진감선사의 생애와 불교사상에 관한 연구」『한국민족문화연구』
   15, pp.207-209.

였는데, 같은 최씨인 최치원이 고군산도 내지 옥구에서 출생하였고 매우
총명하여 12세에 상선을 타고 중국에 가서 과거에 급제한 것으로 비견
하여 이렇게 주장한 것으로 보인다. 하지만 서유구의 이러한 오해는 다
음과 같이 최치원 자신이 쓴 중국유학과 관련된 글에서 당시의 상황을
알려주고 있다.

> 13) 신은 나이 12세에 집을 나와 중국으로 건너갔는데, 배를 타고 떠
> 날 즈음에 망부(亡父)가 훈계하기를 "앞으로 10년 안에 진사(進
> 士)에 급제하지 못하면 나의 아들이라고 말하지 마라. 나도 아들
> 을 두었다고 말하지 않을 것이다. 가서 부지런히 공부에 힘을 기
> 울여라"라고 하였습니다. 신이 엄한 가르침을 가슴에 새겨 감히
> 망각하지 않고서 겨를 없이 현자(懸刺)하며 양지(養志)에 걸맞게
> 되기를 소망하였습니다. 그리하여 실로 남이 백의 노력을 하면
> 저는 천의 노력(人百己千)을 경주한 끝에 중국의 문물을 구경한
> 지 6년 만에 금방(金榜, 과거 급제자 명단) 끝에 이름을 걸게 되
> 었습니다.30)
>
> 14) "그대는 일찍이 중국에서 벼슬하여 금의환향하였도다. 돌이켜
> 보건대 돌아가신 부왕께서 국자(國子)로 선발하여 배우도록 명하
> 고, 헌강왕은 국사로 예우하였으니 그대는 마땅히 국사의 비문
> 을 지어 이에 보답하도록 하라"고 하였다.31)

13)은 그가 당나라로 유학을 떠날 때, 그의 아버지 최견일이 뱃머리까
지 나와서 당부한 내용이고, 14)는 진성여왕이 그를 불러 낭혜화상 무염
의 비문을 짓도록 명하면서 한 말이다. 이 인용문들을 정리해 보면 다음
과 같은 내용임을 알 수 있다.

---

30) 최치원, 「계원필경집서」(최치원 지음, 이상현 옮김, 2009, 『계원필경집』 1, 한국
고전번역원, pp.66-67).
31) 최치원, 「대낭혜화상비명」.

즉 경문왕이 최치원을 국가의 장학생으로 선발하여 (해외에서) 공부
하도록 명하였다(文考選國子命學之)는 사실과 그의 아버지 최견일이 12
살에 국자로 선발된 그를 당나라에 보내면서 배타는 곳까지 가서 10년
안에 반드시 급제할 것을 주문하였다는 것, 이에 그는 중국에 가서 남보
다 10배의 노력을 하여 6년 만에 황금방을 뚫고 빈공진사가 되었다는
사실이다.

"文考選國子命學之"의 국자는 국학의 학생으로 해석하기도 하나, 그
를 당의 국자감에 보낼 국가의 장학생으로 선발한 것으로 보는 것이 타
당하다. 신라의 국학에 들어 갈 입학생을 뽑으면서 국왕이 일일이 선발
하지는 않았을 것이기 때문이다. 최치원은 어린 나이부터 총명하고 글공
부를 좋아하여 12세에 국가장학생으로 선발될 정도로 이미 출중한 면모
를 가지고 있었으며, 특히나 그는 신라인들이 애호하였던 『문선』에 달
통하였던 것으로 보인다. 조선시대 유학자인 김종직의 『청구풍아』서와
김윤식의 「답인논청구문장원류」(『운양속집』 4)에서 그의 글이 『문선』
풍이라고 언급하고 있기 때문이다.[32]

그렇다면 옥구에서 출생하여 12세에 상선을 타고 중국에 들어가 과거
에 급제하였다고 한 사실은 당시의 실상과는 맞지 않는다고 할 수 있다.
국가에서 선발한 당유학생들은 신라 사신단의 배를 타고 가서 사신에 의
해 공식적으로 당나라 조정에 보고가 되고 그들이 공부할 수 있는 환경
이 정해질 것이기 때문이다.

3) 최치원 신선설 검토

서유구는 최치원이 신선이 되어 최후를 마쳤다고 하는 조선 전기 『신
증동국여승람』의 전언에 대해 허망하다고 하면서, 그가 진성여왕 때에

---

32) 이병혁, 1997, 「최고운의 한시고」 『고운의 문학과 사상』, pp.277-278.

가족을 이끌고 강양군 가야산에 들어가 생을 마쳤는데, 그의 묘소는 호
서의 홍산(鴻山)에 있다는 신설을 주장하였다. 『신증동국여승람』에 의하
면, 해인사에 은거해 있던 최치원은 어느 날 아침 관과 신발만을 숲 사
이에 남겨 놓고 사라진 것으로 전한다.

> 15) 독서당 : 세상에 전해오는 말에는 최치원이 가야산에 숨어 살았
> 는데, 하루아침에는 일찍 일어나서 문밖에 나갔더니 갓과 신을
> 숲 사이에 버려두고 간곳을 몰랐다. 최치원이 간 그날이 오면 사
> 찰의 스님이 명복을 천도하고 유상은 독서당에 남겨두었다 한
> 다. 당 터는 절 서쪽에 있다.[33]

유학자 최치원의 가장 큰 특징은 조선조 성리학자들과는 달리 불교와
도교에 대해 우호적이었다는 점이다. 때문에 유학자로서 부처에 아첨한
인물이라고까지 혹평을 받기도 하나, 그는 배불론자인 조선조의 유학자
들과는 달리 유불도 삼교에 회통하였을 뿐 아니라 불교관련 저술이 많은
까닭에 빚어진 오해로 생각된다. 그의 이러한 광범위한 사상적 지평 때
문에 그가 신선이 되어 가버렸다는 우화등선(羽化登仙)의 이야기까지 전
해질 수 있었다.

중국 서안 종남산의 한 절벽에는 신라 말 유학생 출신으로 신선이 되
었다는 김가기가 남긴 석각이 있었다. 신라 도교의 계보로서 대세와 구
칠, 김가기에 이어 최치원이 늘 함께 거론되고 있다.

최치원은 신라에 돌아와서까지 난세를 만나 행세하기가 어렵고 걸핏
하면 비난을 받은 불우한 사실을 한탄하면서 벼슬에 나갈 뜻이 없어 방
랑하였다.[34]

---

33) 『신증동국여지승람』 권30 합천군 고적(고전국역총서43, 1982(3판), 『국역 신증
동국여지승람』 4, 민족문화추진회, p.235, 원문, p.70).
34) 『삼국사기』 권46 「최치원전」.

그는 전국을 유랑하며 재미있는 이야기와 글도 남기고 석각도 여러 곳에 새겨놓았다. 해운대(海雲臺), 월영대(月影臺), 쌍계사 진감선사비 등은 지금도 우리가 만날 수 있는 그의 글씨이다. 특히 지리산 유람록에 보이는 최치원관련 유적은 주로 하동 쌍계사와 삼신동 방면에 집중되어 있다.

쌍계사 입구의 쌍계석문(雙磎石門), 경내의 진감선사비(眞鑑禪師碑), 청학루(靑鶴樓), 영정을 안치했던 고운영당(孤雲影堂)이 있고, 쌍계사 뒤쪽을 따라 불일암으로 오르면 최치원이 청학을 불렀다는 환학대(喚鶴臺)가 있고, 불일폭포 앞에 폭포를 완상하던 완폭대(翫瀑臺)와 석각이 있다. 삼신동에는 그의 필체로 알려진 삼신사(三神洞) 석각과 최치원이 귀를 씻었다는 세이암(洗耳嵒) 석각이 있어 쌍계동 입구에서부터 삼신동까지는 최치원의 공간이라 해도 과언이 아닐 만큼 그의 일화와 전설로 가득 차 있다.

특히 청학을 타고 날아간 신선의 모습이 청학동에 투영되어 있어, 김종직, 남효온, 유몽인, 조위한, 박여량, 정식 등 조선시대 학자들은 이곳을 찾은 후 최치원을 신선의 형상으로 묘사하였다.[35] 또 『조선왕조실록』에 의하면, 그가 독서당에서 책을 읽을 때면 사슴이 와서 늘 들으므로, 이류지만 도를 사모한다 하여 사람의 모습을 갖추게 하고 말을 통하게 해 주었다는 것이다.

이렇게 실존인물인 최치원은 시간의 흐름과 함께 그에 대한 신비화의 외피는 점점 더 두텁게 입혀져 갔는데, 유학자로서의 저술과 불교관계 저술 외에 도교와 관련된 전설까지 더해진 것이다. 최치원과 신선으로 운위되는 도교와의 관계는 고변의 휘하에 있을 때 여도사 마고와의 친교에서부터로 생각되지만, 실제는 『신증동국여지승람』에 언급된 신선이

---

35) 강정화, 2013, 「유람록으로 본 지리산의 인물과 그 형상」『동양한문학연구』37, pp.11-16.

되어 갔다는 사실에서부터 파생되어 형성된 것이 아닐까 한다. 실제 남아 전하는 설화는 전부 조선시대에 나오는 내용들이기 때문이다.

최치원이 신선이 되어 갔다는 설은 그 내용의 허탄함과 함께 이를 비판한 서유구와 이규경의 학자적 풍모로 인해 이를 부정하여 온 분위기가 있었다. 그리고 이들은 신선설을 대치할 수 있는 사안으로 최치원의 무덤이 홍산에 있다고 주장한 것이다. 필자 역시 초창기 논문을 쓰면서 묘재홍산설을 받아들여 쓴 적이 있으나,36) 실상은 사실과 거리가 먼 내용이라고 하겠다.

최근 중국과의 교류에서 최치원이 급부상되면서 홍산에 있다는 그의 분묘를 중심으로 주변의 석각 등을 관광 자원화하려는 시도가 일어나게 되었다. 이에 호서지방에 최치원의 묘로 전해지는 분묘가 최근 가경고고학연구소에 의뢰되어 발굴이 진행되었다. 서유구와 이규경이 언급한 바와 같이 그의 무덤이 홍산 극락전 뒤에 있다고 한 고증을 중심으로37) 그 일대를 발굴하였던 것이다.

하지만 '묘재홍산설(墓在鴻山說)'에 의거하여 이 일대를 발굴한 결과 이 무덤은 150-200여년 전인, 서유구가 『계원필경집』을 새로이 인간(印刊)하면서 서를 쓰던 1834년 무렵에 만들어진 것으로 밝혀져 관계자들을 허탈하게 만든 바 있었다.38)

---

36) 김복순, 1989, 『신라 화엄종연구』, 민족사, pp.164-165.
37) 최영성, 2006, 「'최치원묘재홍산설'의 사상사적 의미-최치원·김시습의 사상적 맥락과 관련하여-」『동방학』12, 한서대학교 동양고전연구소, pp.235-246. 이 논고에서 최영성은 최치원의 묘소가 홍산 극락전 뒤편에 있었다는 사실과 홍산 극락사는 오늘의 무량사라고 한 서유구와 이규경의 설을 적극적으로 수용하였다.
38) 2015년 1월에 가경고고학연구소(단장 오규진)에서 이 일대를 발굴한 결과 자문위원인 공주대 이남석 교수는 이 무덤은 150년에서 200년을 더 넘어갈 수 없다는 사실을 밝혔다. 필자도 당시 현장설명회에 자문위원으로 참여하여 그 발굴 현장에서 무덤의 퇴토가 상면과 원래의 무덤과 확연히 다르다는 사실을 확인한 바 있다. (재)가경고고학연구소, 2015. 01, 「홍성 최치원유적지 묘(추정) 및 극락

홍산의 묘를 최치원의 묘로 추정한 것은 극락사 뒤의 묘에 비가 있었
는데 비액은 최치원의 자필이고 음기는 최홍효가 썼다고 하는 서유구와
이규경의 주장을 강조한 최영성의 주장과 함께, 그가 새겼다고 주장되는
석각들이 근처 골짜기에 많이 있기 때문이었다. 그 석각들 역시 무덤이
조성되던 시기 전후에 새겨진 것들로 보여 최치원의 석각이라고 보기는
어려운 실정이다. 다만 이규경은 홍산에 있는 최치원묘는 진짜 무덤이
아니고 그의 학덕을 기리는 후학들이 만든 무덤일 수 있다는 의문을 던
진 바 있다.

또한 서유구는 「최치원묘비」가 있다고 하였으나 그 내용은 알려져 있
지 않는데, 『삼한금석록』을 인용한데 이어 비문글씨에 대한 평까지 곁
들인 것으로 보면 단순히 전문에 의한 것이 아니고 실제로 비문의 글씨
를 보았을 가능성까지 점치고 있으나,39) 이 역시 최치원의 무덤이 조성
되어질 때 함께 만들어진 것으로 생각된다.

근래 서유구와 이규경의 기록에 근거하고 부여박물관장을 지낸 홍사
준의 논거를 따라가면서 최치원의 옥구 출생설과 홍산무덤설을 지지한
다고 본 견해도 나왔다. 즉 최치원은 해인사 은거 후 신선이 되어 간 것
이 아니고, 호서지방 가야산으로 가서 독서당을 경영하고 후학을 지도하
였으며 신선이 되었는데, 이는 호서의 홍산 무덤설이 뒷받침해주는 내용
이라고 주장하였다.40) 하지만 이러한 설들은 최치원묘의 발굴로 그 근
거를 잃게 되었다고 하겠다.41)

이상에서 살펴본 것과 같이 서유구 등에 의해 제기된 3가지 신설로
쓰여진 최치원의 일생은, 옥구에서 출생하여 12세에 상선을 타고 중국에

사지 발굴(시굴)조사 학술자문회의 자료집」 참조.
39) 최영성, 2006, 「최치원연구의 사적 계통과 호남지방」 『한국철학논집』 18, p.478.
40) 오윤희, 1996, 「호서지방의 최치원 사적고」 『사학연구』 51, pp.5-32.
41) 호서지방의 최치원관련 내용은 역시 그가 서산태수시절에 남긴 자취에 전설이
    더해져 만들어진 것으로 생각된다.

들어가 급제하고 귀국하여 방랑하다가 최후를 마치자 그의 묘를 홍산에 쓴 것으로 재구성되었지만, 『삼국사기』「최치원전」의 내용과 그 스스로 언급한 여러 자료들을 볼 때, 모두 사실과 맞지 않는 내용임을 알 수 있었다.

　그렇다면 그는 왜 이렇게 기존에 전해지는 문헌기록과는 다른 최치원의 생애에 관한 새로운 내용을 『계원필경집』을 간행하면서 서문으로 붙여서 간행하였는가 하는 점이다. 두 가지 정도로 생각되는데, 하나는 그의 사고체계의 변화를 들 수 있고, 또 하나는 유학자로서 최치원에 대한 존숭에서였다고 생각된다.

　전자의 경우를 먼저 보면, 그가 순창군수로 있을 때 정조가 「권농정구농서윤음」(1798)을 발표했는데, 그는 「순창군수응지소(淳昌郡守應旨疏)」를 작성하여 올린 바 있다. 순창 현지에서의 경험을 바탕으로 하여 작성한 것이었다. 하지만 그는 1806년 이후 17년간 은거기에 들어가 고향 장단의 임원(林園)에 거주하면서 농학서적을 연구하고 농사기술을 시험하는 생활을 하였는데, 그의 기본적인 실학적 학풍에 더하여 다소 변화가 온 것으로 파악되고 있다. 즉 13경주소(經註疏)까지 간행하려 하였던 그의 경학과 경세지학에 대한 중시의 태도가 현재 실용에 힘쓰는 것이 천지가 길러준 은혜에 보답하는 길이라는 생각으로 바뀐 것이다.[42] 이는 문헌 중시의 태도에서 현지의 유적과 전승을 중시하는 태도로 바뀐 것으로도 해석할 수 있으므로, 전라관찰사 시절 수많은 최치원 관련 유적을 접하고서 옥구 출생설이 만들어진 것이 아닐까 생각된다.

　후자의 경우 그는 유학자로서 신선이 되어 갔다는 설에 대해 황탄하다는 생각과 함께 동국의 문종으로까지 추앙되는 이의 무덤이 없다는 사실에 대해 고민을 하였을 것으로 생각되는데, "어떤 이는 공이 신선이 되었다고도 하나 이는 허망한 말이다"라고 일갈하고 있기 때문이다. 그

---

42) 김문식, 2009, 「풍석 서유구의 학문적 배경」 『진단학보』 108, pp.12-13.

는 최치원의 은거지를 강양군 가야산이라 하였고, 그의 묘소는 호서의 홍산에 있다고 한 것은 최치원이 유학자로서 정상적인 삶을 영위한 것을 나타내고 싶어서였던 것으로 생각된다.

조선 후기 지방에 나타나는 현상 가운데 하나가 유학자들에 의한 유적의 해석에 대한 개변으로 생각된다. 경주의 경우 뚜렷한 원성왕릉을 괘릉이라는 명칭에 전설을 부연하여 문무왕릉으로 전변시켜서 해방 후까지 그대로 전해지게 한 것이다.[43] 이는 합리적 도덕주의를 표방하는 유학자들의 생각이 유적에 대한 잘못된 해석으로 나타난 것이 아닐까 한다.

4. 맺음말

최치원은 『삼국사기』 「최치원」 전에 신라 왕경 출신이라고 하였으면서도, 그의 선조에 대한 기록이 다 없어졌다는 사실과 그의 최후에 대한 우화등선 식의 표현으로 말미암아, 그의 출생과 최후에 관한 여러 이설들이 등장하였다.

본고는 먼저 이러한 최치원의 생애에 관한 이설이 시작된 연원으로 이능화의 언급에 따라 서유구의 「교인계원필경집서」의 언급에 주목하였다. 이어 최치원의 옥구 출생설과 묘재홍산설을 양산해 낸 여러 논문들을 살펴 본 결과 결국 이 논고들은 이능화와 서유구의 언급에 근거하여 서술한 것임을 확인하였다.

다음으로 최치원의 생애 가운데 문제로 삼아진 출생설과 유학문제, 최후의 소재 등으로 나누어 규명해 보았다. 출생문제에 있어 그는 아버지와 형님이 모두 그의 기록에 나오고 있어 민멸되었다고 볼 수 없으며

---

43) 김복순, 2014, 「경주 괘릉의 문헌적 고찰」 『신라문화』 44, 동국대 신라문화연구소, pp.236-237.

이들이 왕의 측근에 있었으므로 왕경 출생은 기정사실과 같다고 보았다. 상선을 타고 당에 가서 과거에 급제하였다고 한 설의 경우, 그가 경문왕에 의해 국가장학생으로 선발되어 10년 기한으로 당에 갔다는 자신의 기술이 있어 사실과 맞지 않음을 확인하였다. 묘재홍산설로 대표되는 그의 최후의 문제는 근래 극락전 뒤의 전칭 최치원묘를 발굴한 결과 150년-200년을 전후하여 만들어진 무덤이라는 결과로 인해 그 근거를 잃은 것으로 결론지었다.

결국 그에 관한 여러 이설들은 그가 시회를 좋아하는 방랑벽에서 나온 사단으로, 특히 옥구 출생설은 그가 태인 군수 시절 여러 곳을 다니면서 남긴 일화들이 전해져 설화로 고착된 것이 아닐까 생각된다.

제2장 최치원의 해외체험과 문화수용

1. 머리말

최치원은 문성왕 19년(857)에 태어나 12살에 해외유학을 하였으므로 오늘날로 보면 조기 유학생에 해당되는 인물이다. 그의 아버지 최견일 역시 '10년 안에 급제하지 못하면 나의 아들이라 하지 않을 것'이라는 엄명이 있었던 것을 보면 신라인들의 교육열이 대단하였음을 알 수 있다.

그는 아버지의 기대에 어긋나지 않으려고 중국어를 배워가면서 학문에 임해[重譯從學] 남들보다 몇 배의 노력을 한[人百之 己千之] 결과 6년 만인 874년에 18세로 당의 빈공진사(賓貢進士)가 되어 황금방을 뚫었다. 이후 당나라의 율수현위와 제도행영병마도통(諸道行營兵馬都統) 고변(高騈)의 종사관(從事官)까지 지냈지만, 난세의 어지러움 속에서 귀국을 결심하게 된다.

그의 해외에서의 체험은 당나라 장안에서의 6년여의 수학기간과 3년여의 율수현 생활, 그리고 4년여의 양주에서의 생활에서 얻어진 것이라고 하겠다. 그런데 그는 이 기간 동안 저술하였던 것을 『계원필경집』 등을 통해 남겨 놓았을 뿐 아니라, 귀국 후 한림학사 직에 있으면서 <사산비명(四山碑銘)>과 화엄결사문, 그리고 당에 보내는 외교문서 등에도 자신이 경험하였던 여러 일들을 술회하고 있어 그의 해외체험을 비교적 소상히 알려주고 있다. 또한 그는 귀국 후 한림학사를 지내면서도 수병부시랑(守兵部侍郞) 지서서감사(知瑞書監事) 등을 역임하고, 태인, 함양, 서산의 태수를 지냈을 뿐 아니라 시무 10여조의 정치개혁안을 찬진하였기 때문에 그의 치적에 묻어나는 문화수용의 양상을 거칠게나마 알 수 있게 해 준다. 그리고 「난랑비서(鸞郞碑序)」, 향악잡영(鄕樂雜詠)과 같은 글을 통해 고대문화의 원형을 잘 보여주고 있다.

그는 1020년 우리나라 최초로 문묘에 배향된 유학자 즉, 유종(儒宗)인 것이다. 이 글에서는 당에서 체험하였던 경험이 신라문화에 수용된 내용을 그의 생애와 저술을 통해 살펴보고, 정치적 측면과 문화적 측면으로 나누어서 신라문화에의 수용측면을 살펴보고자 한다.[1]

2.정치적 체험과 그 문화의 수용

1) 정치적 체험

최치원은 오랜 외국생활에서 많은 것을 체험하였다. 당에서 머문 17년 동안 정치적 체험이라고 할 수 있는 시절은 3년여의 율수현위 시절과 4년 여 동안의 고변의 종사관을 지낸 시기라고 할 수 있다.

최치원은 20세(876)에 강소성(江蘇省)의 작은 고을인 선주(宣州)의 율수현(慄水縣)의 현위(縣尉)가 되었다. 율수현은 남경(南京)에서 차로 한 시간 거리에 있는 진회(秦淮)의 발원에 해당되는 곳이다.[2] 그는 현위를

---

1) 최치원에 대해서는 이기백, 최병헌, 김지견, 김복순, 이재운 이래 최영성, 곽승훈, 장일규, 남동신 등의 논고가 이어지고 있다.(참고문헌 참조)
2) 율수현은 필자가 2000년도에 남경대 고전문헌연구소에 연구교수로 있으면서 3-4차 방문한 바 있는데, 『율수현지』 권5에 의하면, 율수현에는 종6품부터 종9품까지 현령·현승·주부·현위의 4단계 수령이 있었고, 현위는 종9품의 질(秩)로서, 번국민 즉 외국인에게 주어진 제일 말직으로, 전(田) 2경 50무와 연봉이라 할 수 있는 세녹봉(歲給俸) 49석 5두를 받았다. 김복순, 2002, 「중국 내의 최치원 유적과 계원필경」

지내는 동안 공적으로나 사적으로 지은 시문(詩文)을 모아 『중산복궤집(中山覆簣集)』을 꾸려 내었고, 쌍녀분의 기담이 생겨날 정도로 현민들의 어려움을 이해해 주던 목민관이었다. 율수현 남쪽 화산(花山)의 초현관(招賢館)에 투숙하게 된 최치원은 부근에서 우연히 천보 6년(747)에 죽은 장씨의 두 딸의 합장묘를 발견하고, 그 사연이 기특하고 묘주가 가엾어서 시를 지어 애도의 뜻을 표하였다. 그런데 그 날 저녁에 두 여인이 최치원의 꿈에 나타나 밤이 지새도록 이야기하다가 돌아갔고, 그것을 시로 남겨 알려지게 된 것이다.3)

그러나 최치원은 이국땅에 와서 자신의 포부를 펴기 위해서는 고급관료가 되어야 한다고 생각하였는데, 이를 위해서는 박학굉사과(博學宏辭科)를 치러야 하였다. 결국 그는 현위를 그만두고 시험준비를 하게 되었으나, 당시 당나라는 홍수와 가뭄이 계속되고, 왕선지(王仙芝)의 난에 이어 황소(黃巢)의 난을 당해 장안으로 갈 수 있는 형편이 되지 못하였다. 당시 회남에는 회남절도사(淮南節度使) 및 충염철전운사(充鹽鐵轉運使)로 기세를 떨치고 있던 고변(高騈)이 당 희종의 명으로 제도행영병마도통(諸道行營兵馬都統)이 되어 황소 일당을 토벌하게 되었다. 이에 주위의 많은 문인들이 고변의 휘하로 입막(入幕)하였다.

생활의 어려움을 겪게 된 최치원은 함께 급제한 친구인 고운(顧雲)의 도움을 받아, 24세 때인 880년에 고변의 종사관이 될 수 있었다. 그렇지만 그의 입막은 그가 고변에게 올린 30수의 기덕시(紀德詩)4)가 고변의 마음을 움직인 것이 큰 계기가 되었으므로, 결국 자신의 문장력에 친우의 천거가 더해진 것이었다고 생각된다. 그것은 그가 고변의 종사관으로 있었던 4년 동안 표(表), 장(狀), 서(書), 계(啓), 당장(堂狀), 별지(別紙), 위

『한국고대불교사연구』, 민족사, p.440 참조.
3) 『신라수이전』 「쌍녀분시(雙女墳詩)」
4) 『계원필경집』 권17 「헌시계(獻詩啓), 附詩三十首 七言記德詩三十首 謹獻司徒相公)」

곡(委曲) 등 공사문서가 모두 그의 손에서 나왔다고 하며, 「격황소서(檄
黃巢書)」는 황소가 이 글을 보고 자신도 모르게 자리에서 내려왔다는 사
실로 인하여, 그를 유명하게 만들기도 하였기 때문이다.[5] 그는 고변의
휘하에서 도통순관(都統巡官)과 관역순관(館驛巡官)으로 활약을 하였다.

2) 만당 정치문화의 수용

최치원은 29세인 헌강왕 11년(885)에 신라로 돌아왔다. 그는 귀국하
자 곧 시독 겸 한림학사 수병부시랑 지서서감사(侍讀兼翰林學士守兵部
侍郎知瑞書監事)로 임명되었다.[6] 이러한 그의 관직임명에 대해 그가 찬
술한 비명 등에 쓰여진 관직을 분석하여 한꺼번에 시독, 한림학사, 병부
시랑, 서서감사를 받은 것이 아니고 순차적으로 받은 것으로 보기도 한
다. 즉 비명에는 보이지 않지만 귀국 초인 885년에 시독겸 한림학사에
임명되었고, 890-893년 사이에 수병부시랑 충서서원학사(守兵部侍郎 充
瑞書院學士)인 중앙관부의 차관으로 문한 관서인 서서원에 속했다고 보
고 있다.[7] 그런데 한림대는 885년에 서서원으로 재편되었고, 서서원감
사직은 최치원에게서 최초로 보이고 있으며,[8] 890-893년은 그가 지방관
으로 나아갔던 시기이기도 하여 쉽게 단정하기 어려운 점이 있다.

여하튼 그의 중앙에서의 활동은 한림학사로서의 문장력을 발휘하는
일과 병부시랑으로서 개혁적인 일을 수행하였는데, 당에서의 식견이 도
움이 되었을 것이다. 또한 외직의 태수시절 역시 당에서의 정치적 체험

---

5) 이규보, 「백운소설」『고려명현집』 1, p.573.
6) 『삼국사기』 권46 「최치원전」.
7) 장일규, 1999, 「최치원의 귀국 후 활동과 은둔」『사학연구』76, pp.64-67, 그런데
   남동신은 2002, 「나말려초 전환기의 지식인 최치원」『강좌 한국고대사』 8, p.312
   에서 893년 부성군 태수로 있다가 하정사로 뽑혔지만, 입당하지 못하고 대신 중앙
   관으로 복귀하여 서서원학사로서 「지증대사비문」을 완성한 것으로 보고 있다.
8) 이기동, 1978, 「나말여초 근시기구와 문한기구의 확장-중세적 측근정치의 지향-」『역
   사학보』77, p.33.

을 신라에 수용할 수 있었던 시기였다. 그는 병부시랑으로서 당에서의 여러 개혁조치들을 감안하여 이의 준용을 여러 차례 주장하였으나 허물만 얻고 제대로 의견을 관철시키지 못하였다. 『삼국사기』 「최치원전」에는 "최치원이 중국에 유학한 것으로부터 얻은 바가 많아, 앞으로 자신의 뜻을 펴려 하였으나, [왕조] 말기여서 의심과 시기가 많아 용납되지 않았다. 나아가 태산군 태수가 되었다."[9]고 하여 당시 그의 형편을 알려주고 있다. 이 무렵의 신라는 왕거인(王巨仁)에 대한 정치적 탄압이 있었고(888), 이듬해인 889년에 원종과 애노의 반란에 이어, 892년에는 견훤의 후백제 건국이 이어지고 있었다. 그 자신도 당시의 모습을 "악중악(惡中惡)이 없는 곳이 없으며 굶어서 죽고 전쟁으로 죽은 시체가 들판에 별처럼 흩어져 있다"[10]고 하였다.

결국 그는 귀국한 지 얼마 안되어 중앙에서 밀려나 외직인 태산군(太山郡, 전북 태인현[11])태수, 부성군(富城郡, 충남 서산군)태수를 전전하면서도 신라 개혁에 대한 미련을 버리지 못하고 38세 때인 진성왕 8년(894)에 시무책을 올리었으나,[12] 아찬으로 가납되었을 뿐이었다. 그 후 그는 895년 무렵 방로태감(防虜太監) 천령군(天嶺郡, 경남 함양군)태수로 부임하여[13] 「해인사 묘길상탑기」 등의 글을 써주는 등 해인사와 관

---

9) 『삼국사기』 권46 「최치원전」.

10) 「해인사 묘길상탑기(海印寺 妙吉祥塔記)」.

11) 신라시대의 태산군은 현재 정읍시 칠보면 일대로 고현(古縣)이라고 불리는 지역이나, 『신증동국여지승람』에 의하면 태인현으로 되어 있고, 정읍현은 영현으로 되어 있다.

12) 『삼국사기』 권8 진성왕 8년조, 장일규는 위의 논문, p.74에서 경문왕계와 깊은 관계를 가지고 있던 최치원은 893년에 중앙관직으로 돌아와 이듬해 왕권 옹호의 입장에서 시무책을 헌납한 것으로 보고 있다.

13) 하일식, 1997, 「해인사 전권(田券)과 묘길상탑기(妙吉祥塔記)」 『역사와 현실』 24, 한국역사연구회, pp.24-25에서 『신증동국여지승람』 권31 함양군 명환조에 나오는 방로태감의 명칭으로 최치원이 아찬을 제수받은 894-895년 무렵에 함양군에 부임한 것으로 보고 있다. 또한 박지원이 쓴 「함양군 학사루기」 『연암집』

런을 맺고 있다가 유랑 끝에 결국 해인사로 은거하여 고승들의 전기와 해인사관련 저술을 하면서 생을 마치고 있다.

최치원이 당에서의 정치적 체험을 바탕으로 신라에 수용한 정치문화의 양태를 몇 가지로 나누어 살펴보면 다음과 같다.

첫째로 최치원은 한림학사로서 그의 문재를 국서(國書)의 작성에 활용한 점이다. 그는 신라와 당의 국제 교섭에 관련된 중요한 외교문서를 10여 년간 독점해서 쓰다시피 하였는데, 당시 신라에서는 최치원을 비롯한 당 빈공과 출신들이 나당 간의 국제교섭 분야와 유학에 대한 지식으로 왕권을 위해 매우 필요한 존재로 파악되고 있다.[14] 특히나 최치원은 고변의 종사관 시절에 쓴 글이 1만 여수를 헤아렸다고 하며, 귀국 후 『계원필경집』 등을 헌강왕에게 올린 것이, 그의 문재를 알리는 계기가 되어 이후 국서 작성을 전담하였을 것이다.[15] 그가 작성한 외교문서로 현재 전하고 있는 것은 다음과 같다.

〈표 1〉 최치원이 작성한 외교문서

	제　목	출　전
1	「사사조서양함표(謝賜詔書兩函表)」	『동문선』 권33
2	「양위표(讓位表)」	『동문선』 권43
3	「사사위표(謝嗣位表)」	『동문선』 권33
4	「사은표(謝恩表)」	『동문선』 권33
5	「기거표(起居表)」	『동문선』 권39
6	「신라하정표(新羅賀正表)」	『동문선』 권31

1에서도 "고운이 일찍이 십사(十事)를 올려 임금께 간하였으나 임금이 쓰지 않았다. 가야가 천령에서 백리가 못되는 가까운 곳이니, 그 초연히 떠나간 것이 어찌 군에 있을 때가 아니겠는가"라고 하여 함양 태수 후에 해인사에 은거한 것으로 보고 있다.
14) 이기동, 위의 논문, 1978, pp.42-49.
15) 『계원필경집』 서(序).

7	「견숙위학생수령등입조장(遣宿衛學生首領等入朝狀)」	『동문선』권47
8	「주청숙위학생환번장(奏請宿衛學生還蕃狀)」	『동문선』권47
9	「신라왕여당강서고대부상장(新羅王與唐江西高大夫湘狀)」	『동문선』권47
10	「사불허북국거상표(謝不許北國居上表)」	『동문선』권33
11	「여예부배상서찬상(與禮部裵尙書瓚狀)」	『동문선』권47
12	「상태사시중장(上太師侍中狀)」	『삼국사기』권46
13	「여청주고상서장(與靑州高尙書狀)」	『동문선』권47
14	「상양양이상공양관급계(上襄陽李相公讓館給啓)」	『동문선』권45

대개 표(表)와 장(狀)의 형식을 띠고 있는 최치원의 외교문서들은 신라 하대를 이해하는데 매우 유용한 내용을 담고 있어 주목받고 있다. 그 가운데 하나인 「상태사시중장」은 『삼국사기』권46 「최치원전」에 실려 있는데 가장 내용이 풍부하므로 전문을 몇 단락으로 나누어 분석해 보고자 한다.

1) "엎드려 듣건대 동쪽 바다 밖에 삼국이 있었으니 그 이름은 마한, 변한, 진한이었습니다. 마한은 곧 고구려요, 변한은 곧 백제요, 진한은 곧 신라입니다."

2) "고구려와 백제가 전성기 때에 강한 군사가 백만이어서, 남으로는 오(吳), 월(越)의 나라를 침입하였고, 북으로는 유주(幽州)의 연(燕)과 제(齊), 노(魯)나라를 휘어잡아 중국에 커다란 위협이 되었습니다."

3) "수나라 황제가 통제하지 못하여 이로 말미암아 요동을 정벌하였고, 정관(貞觀) 연간에 우리 당나라 태종 황제가 몸소 6개 부대를 거느리고 바다를 건너 토벌하니, 고구려가 위세를 두려워하여 화친을 청하였으므로, 태종이 항복을 받고 돌아갔습니다. 이때 우리 무열대왕께서 지극한 정성으로 한쪽의 어려움을 협조하여 평정하고자 당나라에 들어가 조회한 것이 이로부터 시작되었습니다. 후

에 고구려와 백제가 전철을 밟아 악을 지으므로, 무열왕이 입조하여 그 길잡이가 되기를 청하였습니다. 고종 황제 현경(顯慶) 5년(660)에 이르러 소정방에게 명하여 10도의 강병과 범선 만 척을 거느리고 백제를 대파하고 이어 그 땅에 부여도독부를 두고 유민을 불러 모아 중국 관리로 하여금 다스리게 하였습니다. 성향이 서로 달라 반란을 일으키므로 드디어 그 사람들을 하남(河南)으로 옮겼습니다."

4) "총장(摠章) 원년(668) 영공(英公) 서적(徐勣, 이적)에게 명하여 고구려를 깨뜨리고 안동도독부를 두었다가 의봉(儀鳳) 3년(678)에 이르러 그 사람들을 하남의 농산(隴山) 오른쪽으로 이주시켰습니다. 고구려의 유민이 모여 북으로 태백산 아래를 의지하여 나라를 세워 발해라 하였습니다. [발해는] 개원(開元) 20년(732)에 중국을 원망하고 한스럽게 여겨, 군사를 거느리고 등주(登州)를 갑자기 습격하여 자사(刺史) 위준(韋俊)을 살해하였습니다. 이에 당 현종이 크게 노하여 내사(內史) 고품(高品)·하행성(何行成)과 태복경(太僕卿) 김사란(金思蘭)에게 명하여 군사를 징발하여 바다를 건너 공격할 때, 저희 왕 김모를 태위(太尉) 지절(持節) 충영해군사(充寧海軍事) 계림주대도독(鷄林州大都督)에 임명하여 참전하게 하였습니다. 깊은 겨울눈이 많이 쌓이고 양국 군대가 추위에 시달리므로 회군을 명하셨습니다."

5) "그 후 지금까지 300년 동안 일방이 무사하고 평화로우니 이는 곧 우리 무열왕의 공 때문입니다. 지금 저는 유학의 학문이 낮은 자이고 해외의 평범한 사람으로서 외람되이 표(表)를 받들고 이 좋은 나라에 와서 조회함에 무릇 극도로 간청이 있어 예에 맞게 모두 진술하고자 합니다."

6) "엎드려 살펴보건대 원화(元和) 12년(헌덕왕 9년: 817)에 본국의 왕자 김장렴(金張廉)이 태풍을 만나 명주(明州) 해안에 다다랐을 때, 절동(浙東)의 어느 관리가 호송하여 서울에 들어갔고, 중화(中和) 2년(헌강왕 8년: 882)에 입조사(入朝使) 김직량(金直諒)은 중국

에서 반란이 일어나 도로가 통하지 않아 드디어 초주(楚州)에 내
렸다가 이어서 양주(楊州)에 이르렀습니다. (여기서)소식을 얻어
황제가 촉(蜀) 지방에 행차하신 것을 알았는데, 고태위(高太尉)가
도두(都頭) 장검(張儉)을 보내 서천(西川)에까지 호송하였으니, 이
전의 사례가 분명합니다."

7) "엎드려 바라옵건대 태사 시중께서는 굽어 큰 은혜를 내리시어
특별히 수륙의 통행증을 내려 주시고, 지방 관서에 명하여 선박과
식사 및 장거리 여행에 필요한 짐말과 사료를 공급하도록 하시고 아
울러 장졸을 파견하여 호위하여 어전에 이르도록 하여 주십시오."

이 외교문서는 그 보낸 년도는 나와 있지 않지만 최치원이 한림학사
직에 있던 885년부터 약 10여 년 사이에 작성된 것으로 보인다. 진성여
왕이 당에 보낸 사신이 제대로 황제를 만나지 못하고 있는 상황에서, 이
를 해결해 줄 수 있는 태사시중에게 헌덕왕(817)과 헌강왕(882) 당시의
예를 들어 필요한 사항을 요구하고 있는 것이다. 즉 수륙의 통행증과 지
방 관서에서 선박과 식사 및 장거리 여행에 필요한 짐말과 사료를 공급
하도록 하고 호위장졸을 붙여 황제에게 갈 수 있도록 해 달라는 것이다.

이를 통해 신라에서 당에 파견된 사신은 당나라의 장졸이 호위하였을
뿐 아니라, 수륙의 통행증과 지방관서에서 선박, 식사, 장거리 여행에 필
요한 짐말과 사료까지 공급받았음을 알 수 있다. 또한 이러한 여건이 제
대로 이행이 되지 않을 때에는 다시 외교문서를 보내 이를 제대로 시행
해 줄 것을 요구하고 있음을 알 수 있다. 그런데 그는 이 짧은 글에서
위와 같은 목적 외에도 많은 신라의 역사적 사실들을 언급하고 있다.

1)에서 언급한 삼한에서 삼국으로 이어진다고 하는 삼한삼국계승론
은 조선조의 한백겸의 고증이 있기 전까지 그대로 통용되었던 설이었
다. 『삼국유사』에서는 최치원을 고현(古賢) 내지 고덕(古德)으로 칭하면
서, 마한에서 고구려로, 진한에서 신라로, 변한에서 백제로 되었다고 본

설을 그대로 전제하고 있다.[16] 이러한 『삼국유사』에서의 언급은 후에 『신증동국여지승람』에까지 영향을 끼쳤다.[17] 또 권근은 마한이 백제, 변한이 고구려, 진한이 신라였다고 했는데, 한백겸은 이 설을 따를 경우 한사군과 삼한이 서로 지역적으로 겹치는 문제점을 지적하여 마한은 백제로, 진한은 신라로, 변한은 가야로 되었으므로 삼한은 한강 남쪽에만 있었고, 사군은 북쪽에만 있어 병립되어 있었다는 주장이었다.

이러한 제설은 실학자들에게까지 이어져 삼한의 위치비정에 대한 논란이 있었으므로 이를 정리한 논고도 있었다.[18] 근래 고구려의 마한계승 인식론과 관련한 조법종과 이도학의 논문은 최치원의 인식과 결부되어 언급된 바 있다.[19] 여하튼 최치원에 의해 제기된 삼한삼국계승론은 한국 고대사의 중요한 맥을 짚은 설로서 오늘날까지 회자되고 있는 내용이라 하겠다.

2)는 흔히 백제 요서경략설의 기본사료가 되는 내용이, 3)은 수·당의 원정으로 백제와 고구려가 멸망한 내용에 대해 언급하고 있다. 삼국통일에 있어 태종무열왕의 공을 강조한 이 내용은 「진감선사비」와 「법장화상전」에서도 언급되고 있는 내용이다.

4)에서는 발해에 대한 언급이 있어 당시를 남의 신라와 북의 발해라고 하는 남북국시대로 파악할 수 있게 하는 결정적 단서가 될 내용이 제시되고 있다. 그러나 그에 대한 평가는 매우 부정적인데, 이우성은 남북국시대를 언급하면서 최치원은 시대 속에 묻혀간 인물로 언급하고 있다.[20]

---

16) 『삼국유사』 권1 「마한」조, 「변한 백제」조, 「진한」조.
17) 『신증동국여지승람』 권6 「경기(京畿)」.
18) 김정배, 1968, 「삼한위치에 대한 종래설과 문화성격의 검토」『사학연구』20, pp.130-139에서 최치원 이래 실학자에 이르기까지의 삼한의 위치에 대한 제설을 소개하였다.
19) 조법종, 1998, 「고구려의 마한계승 인식론에 대한 검토」『한국사연구』102, pp.47-74; 이도학, 2005, 「최치원의 고구려 인식」『한국사상사학』24, pp.199-222.
20) 이우성, 1975, 「남·북국시대와 최치원」『창작과 비평』38, 창작과 비평사.

또한 신라와 발해의 당에서의 쟁장(爭長)은 「사불허북국거상표」와 「신라왕여당강서고대부상장」과 「여예부배상서찬상」의 문서를 통해 더욱 잘 알려진 바 있다. 두 가지 사건이 있었는데, 하나는 897년 7월에 발해에서 파견한 왕자 대봉예(大封裔)가 신라사보다 윗자리에 앉기를 요청하자, 당에서는 국명(國名)의 선후는 강약으로 따지는 것이 아니니 조제(朝制)의 순서를 나라의 성쇠를 근거로 바꿀 수는 없다고 하여 거절한 것에 대해 감사한 내용을 표문으로 쓴 것이요, 또 하나는 875년에 실시된 당의 빈공과에서 발해의 오소도(烏昭度)가 신라의 이동(李同)에 앞서 수석 합격하여 신라에 수치감과 굴욕감을 주었는데, 906년의 빈공과에서 신라의 최언위가 오광찬(오소도의 아들)을 제치고 상위에 합격하자 당시 당에 머물고 있던 오소도가 항의한 사건이었다.

5)에서는 발해가 등주를 공격하자 당의 요청으로 성덕왕이 군사를 파견하였으나 추위로 철군한 사실을 알려주고 있다.

이렇게 최치원이 쓴 당에 보내는 외교문서는 신라 하대의 정치 상황뿐 아니라, 신라와 발해, 당나라 등 주변국과의 상황도 전해주고 있어 그의 글은 일급사료로 취급받고 있다.

둘째로 최치원은 실제 조정에 참여하여 정치를 개혁한다는 것이 어렵다는 것을 깨닫고 외직에 있으면서 정치개혁을 건의하는 시무책을 올림으로써, 이후 최승로 등으로 이어지는 유학자들의 시무책 찬진의 확고한 전통을 만들었다는 사실이다.

최치원은 신라에 돌아와 수병부시랑직을 맡으면서 여러 개혁을 시도하였으나 계속되는 귀족들의 견제로 지방의 태수직에 물러나 있으면서 마지막으로 시무 10여 조의 정치개혁안을 구상하여 진성왕에게 올리었다. 그의 개혁안은 당에서의 견문을 참고로 찬진하였을 것으로 생각된다. 이에 대한 연구 성과를 정리하여[21] 그 내용을 제시해 보면 다음과

---

21) 이기백, 1986, 「신라 골품제 하의 유교적 정치이념」『신라사상사연구』, 일조각,

같다.

먼저 신라의 조세제도와 방위체제에 대한 개혁안이 강조되었을 것이다. 그것은 그가 당에 유학하였던 때가 양세법의 실시와 번진체제로 대표되던 시대였으므로 이를 참고로 언급하였을 것으로 생각된다.[22] 당의 양세법은 당대는 물론 송대와 청대까지 계속 실시된 민생의 안정과 조세확보의 두 가지 측면을 지니고 있던 조세정책이었다. 당대 말이기는 하지만 최치원은 이 양세법의 장점을 살려 신라에도 비슷한 조세정책을 실시하도록 건의했을 것으로 보인다. 실제로 신라는 진성왕 3년 이후 조세저항에 부딪히게 된 것이 『삼국사기』에 나타나고 있어[23] 당의 양세법 실시가 크게 참고가 되었을 것으로 생각된다. 또한 당의 번진제도의 장점 역시 강조되었을 것으로 보인다. 신라 하대에 일부 실시된 것으로 나오고 있는 부(府)의 설치와 개혁은 그 영향을 받았을 것으로 보인다.

다음으로 임금이 정치에 임하는 태도와 인재등용에 대한 개혁안이 있었을 것이다. 이러한 주장은 설총이 신문왕에게 올린 「화왕계(花王戒)」에서부터 비롯된 것으로, 신문왕을 화왕에 비유하면서 장미와 백두옹을 선택하도록 하는데 화왕이 장미를 선택하자 "무릇 임금된 자는 아첨하는 자를 가까이 하고 정직한 자를 멀리하지 않는 이가 드물며 맹가(孟軻)와 풍당(馮唐)이 그리하여 망하였다"고 하였다.[24] 이렇게 정치에 있어서의 임금의 도덕적인 규범을 주장한 내용의 화왕계는 인사정책의 객관성을 강조한 정책건의라 할 수 있다. 또 헌덕왕대에 충공각간에게 시무책을 올린 녹진은 인재등용에 관한 내용으로 잘 알려져 있다.[25] 녹진은 충공각간에게 인사정책의 공평성과 인재의 적재적소에의 등용을 건의하고

---

pp.232-236.

22) 신성곤, 1989, 「당송변혁기론(唐宋變革期論)」 『강좌 중국사』3, pp.23-44.

23) 『삼국사기』 권11 「진성왕」 3년조.

24) 『삼국사기』 권46 「설총전」.

25) 『삼국사기』 권45 「녹진전」.

있다. 그리고 무염화상 낭혜는 헌강왕과 정강왕의 양조(兩朝)에 걸친 국사로서 시정을 위해 능관인(能官人) 정책을 쓸 것을 조언해 주고 있다.[26] 적인국사 혜철은 경문왕의 귀의를 받고 그에게 나라 다스리는 요체로서 봉사 약간 조를 올린 바도 있다.[27]

이렇게 당시 신라의 왕들은 점차 기울어가는 신라 조정을 회복시켜 보고자 인망있는 이들을 초치하여 자문을 구하였다. 따라서 그는 진성여왕의 실정(失政)을 간하면서 문란한 인사행정의 개혁을 주장하고, 어진 신하의 발탁과 간신의 제거, 탕평책의 실시와 신진 육두품의 등용을 건의했을 것으로 보고 있기도 하다.

그 다음으로는 반진골(反眞骨)적인 성격을 띤 내용이 있었을 것으로 보았다. 최치원은 육두품으로서의 열세를 당의 권위와 학문의 힘으로 만회해 보려는 생각이 있었을 것이므로, 학문을 기준으로 해서 인재를 등용하는 과거제의 실시를 주장하였을 것이라는 점이다.

끝으로 그의 개혁안에는 불교의 사회적 기능의 회복과 불사(佛事)로 인한 폐해를 시정해야 함이 담겨져 있었을 것이다. 최치원은 사문(沙門)이 왕자에 예를 취하지 않아도 된다는 「사문불경왕자론(沙門不敬王者論)」의 주장을 편 혜원(慧遠)을 부각시켜, 신라 하대의 불교가 왕권과는 독립적이고 중도적인 입장에서 사회적 기능을 추구해야 함을 강조하였다고 생각된다. 이는 중국의 화엄결사와 혜원의 결사에 자극받아 이루어진 화엄결사 등이 신라 하대에 많이 나타나는 것과 연관지어 생각할 수 있다. 또한 그는 불교행사로 인한 과다한 비용지출이나 백성들의 심한 노역에 대해 비판하였을 것으로 생각된다.[28]

셋째로 최치원은 지방의 태수 직에 있으면서 풍수지리를 활용하여 민

---

26) 「성주사 무염화상비」.
27) 「대안사 적인선사비」.
28) 김복순, 1992, 「최치원과 최승로」『경주사학』11, pp.9-10.

생을 보살폈다는 점이다. 그가 함양의 태수 시절, 매년 수해로 지방민들
이 고충을 겪자, 들 가운데로 흘러내리는 위천(渭川)의 물길을 서남쪽으
로 돌리고 뚝을 쌓은 후 대관림(大館林)으로 불리어진 숲(護岸林)을 조성
하여 홍수를 조절함으로써 민생을 안정시킨 것이다. 이에 군민들이 그의
덕을 칭송하는 공덕비를 세우는 등 그의 함양태수 시절의 치적에 관한
내용이 남아있다. 현재는 상림(上林)이라 불리는 숲만 남아 상림공원으
로 변해 있는데, 대관림이 상림과 하림으로 나뉘어졌다가 상림만 남은
것이라 한다. 현재 남아 있는 상림만 해도 그 규모가 낙엽송으로 된 수
목공원으로는 우리나라에서 제일 크다고 할 정도이므로 최치원 당시 대
규모의 조림사업을 벌였음을 알려주고 있다. 이는 그가 당에 있으면서
도교 등 풍수지리에도 해박한 지식을 쌓았던 것이 도움이 되었을 것으로
생각된다. 또 대산군 태수시절 유상곡수의 흔적이 있는 등 여러 유적을
남겨 후일 무성서원의 모태가 된 태산사(泰山祠)와 같은 생사당(生祠堂)
이 세워질 정도로 목민관으로서의 소임에 힘썼다는 사실이다.

3. 문화적 체험과 수용

1) 문화적 체험

최치원이 당에서 급제를 하였다는 것은 그의 문인으로서의 역량을 익
히 대변해 주는 것으로, 그가 당에 있으면서 체험한 것은 시인 내지 문
인, 관인으로서의 문화적 경험이라 할 수 있다.

첫 번째로 시인으로서의 문화적인 체험을 살펴보면, 시회(詩會)를 즐
겼다는 사실이다. 그는 많은 친구들이 있었음이 기록에 전하는데 함께
시회를 즐긴 벗들이었다. 그가 중국에서 경험하였을 몇몇 시회의 예를

들어 보도록 하겠다.

하나는 그가 과거급제 후 곡강유음(曲江流飮)으로 불리는 시회에 참석하였을 것이라는 사실이다. 즉 당대의 수도 장안의 곡강(曲江)에서는 과거 합격자를 위해 술도 마시고 배도 타고 시도 지으며 놀다가 여흥이 남으면 시내에 들어와 행사를 계속하는데, 그 장소가 바로 내안탑이었다 한다. 과거에 급제한 최치원도 곡강유음의 시회 후 대안탑에까지 와서 축하행사를 즐겼을 것이다.

그는 과거를 준비하는 6년 동안 "느껴지는 심정을 읊고 사물에 빙자한 부(賦)와 시(詩)를 지은 것이 상자에 가득하였으나, 마치 어린아이의 장난거리 같아서 폐기하였다"[29)는 술회는 이미 18세 이전에 매우 많은 시를 지었음을 알려주고 있으며, 함께 공부하는 이들과 어설프게나마 시회를 가졌던 것이 이 때 그 실력을 발휘하였을 것으로 생각된다.

둘은 그가 과거에 급제 후 율수현위가 되기까지 3년 여를 낙양 등지를 유알(遊謁)과 거천(擧薦)을 위해 다녔다고 하는데, 이 때 지은 것이 부(賦) 5수, 시 100수, 잡시부 30수였다고 하므로[30) 역시 시회에 참석하여 이러한 시들을 지었던 것이다.

셋은 율수현위로 재직하면서 녹은 넉넉하였지만 시간이 많았던 까닭에 진회하(秦淮河)를 거슬러 남경(南京)을 거쳐 우이현(盱眙縣)에까지 놀러 다니면서 많은 시회를 경험하였다는 사실이다. 이 때 지은 시들 가운데 「강남녀(江南女)」는 대표적인 시로[31) 양자강 이남에 사는 부유한 여인들과 가난한 베짜는 여인들의 사회상을 그린 시이다.

또한 남경에는 오의항(烏依巷)에 왕희지(王羲之)와 사안(謝安)의 구거(舊居)가 있어 여러 번 왕래하였을 것이므로, 그곳에서 유상곡수의 시회

---

29) 『계원필경집』서.
30) 『계원필경집』서.
31) '강남땅은 풍속이 자유분방하여 딸을 아름답고 가냘프게 기르네'로 시작하여 '아무리 베짜기에 몸이 고달파도 비단 옷이 네게 갈쏘냐 비웃네'로 끝나고 있다.

를 경험하였을 것으로 생각된다. 소흥(紹興)의 난정(蘭亭)에 있는 유상곡
수와 같은 형태의 것이 이 곳에도 있었을 것이기 때문이다. 그리고 쌍녀
분 기담을 통해 알 수 있듯이 현위를 하면서 사연있는 이들을 만나 역시
시를 주고받으면서 그들을 위로하였던 사실도 보인다.

넷은 양주(揚州)에서 고변의 종사관 생활을 하면서도 여러 시회에 참
석한 것이다. 그것은 고변 자신이 유수한 시인으로 「산정하일(山亭夏日)」
은 『전당시(全唐詩)』에 실릴 정도였고, 종사관 동료인 고운(顧雲)과 배형
(裵鉶)은 시인이고 소설가였으므로, 그도 함께 시회에 참석하였을 것으
로 생각된다. 그는 재상급에 해당되는 정전(鄭畋), 정응적(鄭凝績) 부자
와 각별했으며, 소구(蕭遘), 배철(裵徹), 정종당(鄭從讜) 등과도 사신을 주
고 받을 정도로 친교가 있었다.[32] 또한 만당(晚唐)의 시인들이라고 할
수 있는 나은(羅隱), 장교(張喬), 오만(吳巒), 양섬(楊贍), 주번(周繁) 그리
고 고운 등과 가깝게 지내면서 여가를 이용하여 산천을 여행한다든지 역
사유적들을 돌아보면서 시회를 즐긴 것으로 생각된다. 「요주파양정(饒
州鄱陽亭)」, 「등윤주자화사상방(登潤州慈和寺上房)」, 「추일재경우이현
기이장관(秋日再經盱眙縣寄李長官)」, 「산양여향우화별(山陽與鄉友話別)」, 「고
소대(姑蘇臺)」[33] 등의 시는 이 때 지은 시들이다. 『계원필경집』은 양주
시절 지은 것들을 모아 엮은 것이다.

또한 그의 시는 중국 내에서도 매우 이름이 있었다. 처음 당에 유학하
였을 때 강동의 시인 나은(羅隱)과 서로 알게 되었다. 나은은 재주를 믿

32) 이기동, 1979,「신라 하대 빈공급제자의 출현과 나당문인의 교환」『전해종박사
화갑기념 사학논총』(『신라 골품제사회와 화랑도』, 1984, pp.298-301).

33) 요주(饒州)의 번양은 현재의 강서성(江西省) 번양(鄱陽)이고, 윤주(潤州)는 강소
성 진강시(鎭江市)이며, 우이(盱眙)는 양주(揚州) 서북에 있는 고대도시이고, 산
양(山陽)은 지금의 강소성 회안시(淮安市)이며, 고소(姑蘇)는 강소성 소주시(蘇
州市)이다. 당인평저·마중가역·김복순감수, 2004, 『최치원 신연구』, 한림대학
교 아시아문화연구소, pp.65-66.

고 자만하여 남을 쉽게 인정하지 않았는데 최치원에게는 자기가 지은 시 다섯 축을 보여주었다. 또 고운은 최치원이 귀국하려 하자 시를 지어 송별하였다. 이 시는 그의 중국에서의 정황을 요약해서 대변해 주고 있어 많이 회자되고 있다.[34]

두 번째로 그는 중국에서 체류하는 동안 문인으로서 좋은 문상을 많이 보았다는 사실이다. 그는 고변의 종사관으로 있으면서 많은 글도 지었지만, 입막(入幕) 초기에 고변이 자기의 소장 진품인 「법운사천왕비기(法雲寺天王碑記)」와 「연화각기비본(延和閣記碑本)」 1축을 빌려주어 보게 한 일이 있었는데, 이는 최치원이 글을 짓는데 참고하라고 한 뜻에서였을 것이다.

최치원은 이에 대한 답으로 글을 보내면서, 장차 신라에 돌아가 이 글을 펴 본다면 용의 턱구슬이 값이 떨어질 것이라며 매우 고마워한 바 있다.[35] 그런데 그는 특히 만당 시절 유행하던 4·6 변려체(騈麗體)에 능하여 많은 고사와 전거를 인용해 가면서 변려체를 구사하여 글을 지었는데, 이러한 경험은 후일 신라에서의 비문 찬술과 같은 저술을 하는데 영향을 주었다고 생각된다.

세 번째는 최치원이 관인(官人)으로서 중국에서 체험하였던 것 가운데 하나는 신라인이라는 차별이었을 것이다. 그는 양주에서 종사관 시절 도통순관(都統巡官)에까지 임명되었다가 스스로 사양하여 관역순관(館驛巡官)으로 내려온 바 있다.[36] 이는 그 스스로 주위의 눈을 의식해서였

---

34) 『삼국사기』 권46 「최치원」전에 소개되어 있는 고운(顧雲)의 시는 다음과 같다. "내 들으니 바다에 금자라가 셋이 있어 금자라 머리에 이고 있는 산 높고도 높구나. 산 위에는 구슬과 보배와 황금으로 장식된 궁전이 있고, 산 아래에는 천리만리의 큰 바다라. 가에 찍힌 한 점 계림이 푸른데 자라산 수재를 잉태하여 기특한 이 낳았네. 12살에 배를 타고 바다를 건너와 그 문장 중국을 감동시켰네. 18살에 글 싸움하는 곳에 나아가 한 화살로 금문책(金門策)을 꿰었네"

35) 「사차시법운사천왕기장(謝借示法雲寺天王記狀)」, 「사시연화각기비장(謝示延和閣記碑狀)」 『계원필경집』 권18.

을 것이다. 이와 함께 『신당서』「예문지(藝文志)」에는 "최치원의 『사륙집(四六集)』한 권, 『계원필경』 20권이 있다"고 하고 그 주(註)에 "최치원은 고려 사람으로 빈공 급제하여 고변의 종사관이 되었다"고 하였다. 그러나 이규보는 이에 대해 그가 입전될 정도의 인물이었음에도 그렇게 되지 못한 것은 신라인이었기 때문이었다고 토로한 바 있다.[37)]

2) 문화 수용의 형태

최치원이 중국에서 시회를 하였던 경험은 신라에 돌아와 여러 형태의 문화로 수용되었다.

첫째는 시회를 위한 유상곡수(流觴曲水)의 형태를 만들었을 것이라는 점이다.

유상곡수는 굽이진 물길을 따라 잔을 띄우고 그 잔이 자신에게 도착하기 전에 시를 지어 잔을 들고 읊은 후 다시 다음 사람에게 잔을 띄어 보내는 놀이로, 시를 짓지 못하면 벌주나 벌칙을 받아야 하는 시회의 놀이를 위한 일종의 장치이다. 현재 경주의 포석정(鮑石亭)과 정읍의 유상대 유적이 있는데, 이들 유적이 최치원과 관련이 있어 보이므로 살펴보도록 하겠다.

먼저 정읍의 유상대 유적이다. 정읍은 최치원이 태수로 간 태산군(太(泰)山郡)이 있던 지역이다. 태산군은 오늘날의 전북 정읍시 칠보면 일대로서 고현팔경(古縣 八景)을 지닌 곳으로, 8경 가운데 하나로 유상곡수가 나오고 있다. 이 유상대 유적은 최치원이 이 곳에 태수를 지내면서 만들었을 것으로 추정된다. 현재 마을을 관통하던 물길이 바뀌면서 옛 모습이 변하여 이 곳 향토사가들이 유상곡수터로 추정되는 곳을 발굴하

---

36) 당인평, 위의 책, pp.64-65.

37) 이규보, 「당서불립최치원열전의(唐書不立崔致遠列傳議)」 『동국이상국집』 권22, 잡문(雜文).

였으나 소기의 성과는 거두지 못한 듯 하다.

다음으로 포석정과 관련한 내용이다. 포석정에 관한『신증동국여지승람』의 기록을 보면 다음과 같다.

> 8) 포석정 : 부의 남쪽 7리, 금오산의 서쪽 기슭에 있다. 돌을 다듬어
> 포어(鮑魚, 전복)의 형상으로 만들었기 때문에 그렇게 이름지은
> 것이다. 유상곡수(流觴曲水)의 유적이 완연히 남아 있다.[38]

돌을 다듬어 전복 모양의 형상으로 만들었기 때문에 포석정이라 했지만, 유상곡수의 유적이라는 것이다. 현재 포석정지(鮑石亭址)는 사적 제1호로, 경주시 남산 서쪽 기슭에 위치한 신라시대의 정자터이다. 창건 연대는 기록이 없어 불분명한데, 신라 제49대 헌강왕이 이 곳에 온 기록이 처음으로 보여, 헌강왕대를 전후하여 건조되었을 것으로 보인다. 이곳은 원래 통일신라시대의 후궁인 이궁(離宮)으로, 현재 이궁건물은 없어지고 포석정으로 불리는 연회장소의 전복모양의 석구(石溝)만 남아 있다. 이 역시 천여년 간 방치한 까닭에 수로(水路)의 곡석(曲石)이 부분적으로 흩어져 없어지고 물을 대던 거북모양의 돌도 없어져 당시의 전모가 자세하지 못하다.

하지만 이 포어(전복) 모양의 석구는 돌거북의 입을 통하여 남산의 계곡에서 흘러내리는 물을 토하게 하여 그 물이 홈을 따라 흘러가면 그곳에 잔을 띄워 주위사람들이 그 잔이 자기 앞에 오기 전에 시를 짓는 '유상곡수(流觴曲水)'라는 시회(詩會)를 벌일 수 있도록 만든 것이었다.[39]

---

38)『신증동국여지승람』권21 경주부.

39) 홍사준, 1976,「경주포석정의 명칭과 실물」『고고미술사학』129·130합집, pp.155-161에 의하면, 물은 받아 토하는 거북모양의 돌은 1871-1873년 사이에 누군가가 안동으로 옮겨갔다고 전해질 뿐 소재를 알 수 없다. 현재는 이 토수(吐水)를 받는 원형의 석조(石槽)가 있고, 거기서부터 구불구불한 수로(水路)의 곡석(曲石)이 타원형으로 돌려져 되돌아오게 되어 있다. 1915년 유구를 개축할 때 옛

물론 기록상으로는 왕희지의 「난정집서(蘭亭集序)」에 중국 동진 목제(穆帝) 영화(永和) 9(353)년 3월 3일에 당시 명사 41인이 회계산 북쪽의 난정(蘭亭)에 모여 곡수(曲水)에 유상(流觴)하며 불계(祓禊)를 수행하고 시를 지은 것이 최초이므로, 최치원 이전에 신라에 소개되었을 것이다.

이 포석정은 후백제 견훤이 927년 갑자기 신라 도성으로 쳐들어 왔을 때 경애왕이 비빈, 종척들과 함께 이 곳에 있다가 변을 당하였기 때문에 좋지 않은 평가가 내려져 있는 곳이다. 하지만 포석정은 신라시대의 팔관회와 관련있는 종교적 성소였을 것이라는 설이[40] 제기되어 있는 곳이며, 또한 계(禊)라고 하는 흐르는 물에 몸을 씻어 부정(不淨)을 없애는 행사로, 푸닥거리와 같은 일종의 제사와 같은 행사를 거행하였던 장소로 보기도 한다.[41] 후자의 경우 포석이 곡수연(曲水宴)의 유구로서 정자가 함께 있었을 것으로 보고 있다. 또한 계의 행사 후에 곡수연이 베풀어졌는데, 원래의 계보다 유상(流觴)인 잔을 띄워 시를 짓고 노는 행사에 치중했을 것으로 보고 있다.

신라는 포석정에서의 유상곡수의 시회와 함께 안압지에서의 유희가 주목된다. 안압지에서 발견된 목제주령구(木製酒令具)는 주연에 흥을 돋우기 위한 놀이기구로, 신라 문무왕 14년인 674년 경에 조성된 안압지[月池]에서는 왕실 내지는 군신, 외국사신의 접대에 주연을 베풀고 이 주령구를 가지고 유희하였다. 그런데 점차 하대로 내려올수록 점차 시를 짓는 인구가 늘어나고, 특히 최치원의 귀국은 당대(唐代) 강남(江南)문화의 유입을 촉진하였을 것으로 생각된다. 따라서 최치원의 진언으로 포석정이 만들어졌다는 기록은 없지만, 그가 귀국한 헌강왕대에 처음으로 포석정의 기록이 나온다는 사실은[42] 양자의 관계성이 매우 밀접한 것으로

석재들의 이동이 있었고, 또 새로 임의대로 돌들을 놓아 수로 곡석의 원형을 잃게 되었다 한다.

40) 강돈구, 1993, 「포석정의 종교사적 이해」 『한국사상사학』 4·5합집, pp.57-66.

41) 윤국병, 1983, 「경주 포석정에 관한 연구」 『한국전통조경학회지』 1-2, pp.109-119.

생각된다. 즉 호석정(瓠石亭)으로 표기가 되기도 하였던 곳이었으므로,[43] 포석정으로 바뀐 후에 벌인 유상곡수의 시회에 최치원이 참석하였을 가능성은 매우 크다고 추정된다. 또한 앞서 언급한 태산군에 나오는 고현팔경의 하나인 유상곡수는 최치원이 태수를 지내면서 왕경문화를 지방에 이식시킨 것이 아닌가 한다.

둘째는 시회 후 잘된 시를 석벽(石壁)에 새겨 많은 이들이 보고 오래 전해 질 수 있도록 하는 이른 바 석각문화의 보급과 양산, 그리고 서체의 유행이다.

석각(石刻)과 관련된 내용은 큰 글씨의 친필석각과 선사비문인「진감선사비문(眞鑑禪師碑文)」이 있다. 이 비문은 그 가치가 높이 평가되는 명문장으로 유명한 데, 그가 직접 찬술하였을 뿐 아니라 글씨까지 써서 남겨 놓음으로써 서체 연구에 큰 도움을 주고 있다.

그는 여러 곳에 친필석각을 남겨 놓았다. 예를 들면 쌍계사의 쌍계(雙磎) 석문(石門), 부산의 해운대(海雲台), 양산의 임경대(臨鏡臺), 마산의 월영대(月影臺), 의창의 청룡대(靑龍臺), 하동의 세이암(洗耳嵒), 산청의 광제암문(廣濟嵒門), 문경의 야류암(夜遊岩), 백운대(白雲臺, 高山流水 明月淸風), 해인사 홍류동(紅流洞)과 석벽제시(石壁題詩) 등이 있다.[44]

이 석각들에 대한 친필 여부가 논란이 있으나 오랫동안 전해오던 것이어서 그 진위문제는 별도로 언급해야 할 것이다.

최치원은 그의 정책건의가 받아들여지지 않자, 정계에서 물러나 산천을 유오하였다. 그는 중앙에 있으면서 계속하여 혼란한 세상을 만나 발이 묶이고 걸핏하면 허물을 뒤집어쓰므로 스스로 때를 만나지 못한 것을

---

42)『삼국사기』권 헌강왕 5년의 기사에『삼국유사』권2「처용랑 망해사」조에 나오는 내용을 합하여, 흔히 헌강왕 5년인 879년에 헌강왕이 이곳에 왔다고 추정해 왔으나 단정할 수는 없다.
43)「각간선생실기」의 내용으로, 강돈구, 위의 논문, pp.64-65 참조.
44) 최준옥 편, 1982,『고운최치원선생사적고』, 보련각.

가슴 아파하여 다시 관직에 나갈 뜻이 없었기 때문이었다. 방랑하면서
스스로 위로하였고, 산림 아래나 강·바닷가에 정자를 짓고 소나무 대나
무를 심었으며, 책을 베개 삼아 읽고 시를 읊조렸는데, 경주의 남산, 강
주(剛州, 의성)의 빙산(氷山), 합주(陜州)의 청량사(淸涼寺), 지리산의 쌍
계사, 합포현(合浦縣, 마산)의 별장 등은 모두 그가 노닐던 곳으로『삼국
사기』에 전하고 있어45), 현재 남아 있는 석각이 있는 곳과 대개 일치하
고 있으나 이보다 더 많은 유적이 보고되어 있어 이를 유형별로 정리한
논고도 있다.46)

　　그리고 시를 지어 석벽이나 죽간에 쓰기 위해서는 서법(書法)의 연마
가 필요하였을 것으로 보인다. 최치원은 장안에서 급제하였지만, 남경
근처의 율수현에서 현위를 지냈고, 또한 양주에서 고변의 종사관을 하였
기 때문에 중국의 강남문화에 젖었던 인물이라 하겠다. 최치원의 귀국이
신라에 구양순체를 퍼뜨리는 계기가 되었다고까지 보고 있다.47) 진감선
사비문은 그가 찬하였을 뿐 아니라 직접 글씨까지 쓰고 있어 그의 서체
를 고운체라고 하면서 구양순체의 영향이 있었던 것으로 보고 이를 신라
에 들여 온 인물로 보고 있다. 그렇지만 신라에는 최치원에 의한 중국
서체의 유입이 있었다고 하더라도, 김생, 요극일 등에 의해 형성된 명필
의 전통이 있었으므로 유학생 출신의 한림학사들이 중국적 요소를 가미
해 가면서 신라 명필의 전통을 이어갔다고 할 수 있다.

　　세째는 중국에서 관인(官人)으로서의 차별을 받은 경험은 오히려 그
가 귀국 이후 저술을 하면서 신라문화의 국제성과 우수성의 고양이라는
형태로 수용하였을 것이라는 점이다.

---

45)『삼국사기』권46「최치원전」.
46) 최치원의 유적을 정치, 강학, 유람, 은일의 4가지 유형으로 나누어 문화경관으
　　로서의 특성을 살펴 본 논고로, 이석해·이행렬, 2005.6,「최치원 유적의 유형과
　　문화경관 특성」『한국전통조경학회지』23-2, pp.60-72이 있다.
47) 정상옥, 2000,「불교금석의 발흥과 왕희지 서풍」『불교미술』16, 동국대박물관, p.87.

먼저 신라 문화의 국제화에 따른 보편성의 보급에 관한 내용이다. 최
치원은 해인사에 은거해 있으면서도 많은 저술을 남겼는데 그 가운데
「부석존자전」과 「법장화상전」이 유명하다.[48] 현재 「부석존자전」은 단
편만 전하고 있어 그에 대한 복원시도가 이루어진 바 있다.[49] 그런데
「법장화상전(法藏和尙傳)」은 그 전기가 온전히 전해지고 있어 최치원의
생각을 잘 보여주는 글로 특히 후기를 남기고 있다.[50]

최치원은 중국 화엄종의 제3조 법장화상의 전기인 「법장화상전」을
지으면서 기존의 전(傳)과 비(碑)를 망라하여[51] 법장의 생애를 10과(科)
로 저술하였다. 법장은 당나라의 화엄종을 완성하였다는 평가를 받는 인
물로, 측천무후의 명으로 천복사(薦福寺)에 주석하면서 화엄종을 선양한
인물이다. 천복사는 현재 중국 서안의 소안탑이 있는 그 사찰이다. 그는
의상과 함께 중국 화엄종의 제2조인 지엄의 문하에서 동문수학하며 매
우 절친하게 지냈던 인물로, 의상의 귀국 후 그의 저술을 보내 읽어봐
줄 것을 요청하기도 할 정도였다.[52]

그런데 지엄, 의상, 법장은 모두 불타발타라가 번역한 60화엄을 주요
한 텍스트로 해서 『화엄경』을 수학한 이들이므로 경의 번역자와 번경
(飜經) 장소에 대해서도 관심을 가졌을 것이다. 60화엄의 번경 장소에 대
해서는 ⊙양주의 사사공사(謝司空寺)였다고 하는 청량징관의 설과 ⓛ혜
원의 주선으로 남경의 도량사에서 50권본의 화엄경을 이루었다가 다시
윤문을 거쳐 60권본의 화엄경이 이루어졌다고 「법장화상전」에서 언급
한 최치원의 설이 있다.

---

48) 의천의 『신편제종교장목록』에 수록되어 있다.
49) 장일규, 1999, 「최치원찬 부석존자전의 복원 시론」, 『북악사론』6.
50) 김복순, 1987, 「최치원의 「법장화상전」검토」 『한국사연구』57, pp.11-14.
51) 혜원(慧苑) 등이 쓴 『찬영기(纂靈記)』, 염조은(閻朝隱) 지은 비문, 호유정(胡幽
    貞) 찬의 『감응전(感應傳)』, 청량 징관의 『화엄경소연의초』 등이 참고되었다고
    보고 있다. 김복순, 1987, 위의 논문, p.15.
52) 『삼국유사』 권4 「의상전교」조.

번경의 자세한 시말은 접어두더라도 최치원이 중국화엄종의 제4조로 추앙되는 청량대사의 설을 채택하지 않고, 나름대로의 설을 가지고 전을 편찬한 것은 그가 남경과 양주에서 관인을 지내면서 이에 대한 나름대로의 식견을 가질 수 있었기 때문으로 생각된다. 그는 재당시 내지는 귀국 후에도 남경과 양주지방에서의 자료와 전문을 나름대로 구할 수 있었을 것이기 때문에, 여산(廬山)의 혜원을 중심으로 60화엄이 역출될 수 있었던 상황을 그려낸 것이다.

최치원은 후기(後記) 부분에서 "천복(天復) 4년 갑자에 신라 가야산 해인사 화장원에서 난리도 피하고 병도 요양하여 두 가지 편리를 도모하였다"고 하여 신라 효공왕 8년인 904년에 해인사에서 이 전을 저술하였음을 표기하고 있고, 또한 이 전에 대한 자부심도 다음의 글에서 표현하고 있다.

> 9) 전(傳)의 초안을 이룬 뒤 한 꿈을 꾸었는데, 어떤 노승이 책 한권을 들고 와서 나에게 일러 주었다. "영휘(永徽)는 이 영찬(永粲) 원년이니라" 이 글자를 써 놓고 시험삼아 스스로 해석해 보았다. 이것은 혹 찬술한 기록이 영원히 아름다운 소리를 떨치고 사적이 길이 맑아진다는 소리요, 오늘로부터 시작하기 때문에 원년이라고 한 것이 아닌가하고 생각하였다.

자신이 「법장화상전」을 지은 것을 신라가 중국 연호 영휘(永徽)를 처음 사용한 것에 비견하고 있다. 신라가 영휘를 사용한 것은 오늘날 서기를 쓴 것과 같은 것으로서 고유성에서는 부정적인 평가를 받고 있지만, 국제화라는 측면에서는 긍정적인 측면이 강한 것이다.

법장의 전기로 현재 전해지고 있는 23종 가운데 최치원의 것은 단연 으뜸되는 저술로 평가되고 있으므로, 「법장화상전」은 그의 국제적인 식견이 돋보이는 저술이라 하겠다. 그는 「법장화상전」으로 신라 지식인의 저술이 국제적인 경쟁력을 갖추게 된 선구적인 역할을 한 것으로 자부하고 있는 것이다.

그가 쓴『제왕연대력』은 신라, 고구려, 백제, 중국의 왕대력으로 거서간, 차차웅, 이사금, 마립간의 호칭을 모두 왕으로 바꿔 쓴 것으로 인해 김부식에서부터 비판을 받고 있다.[53] 그러나 일연은 김부식의 설을 언급하면서도 목차에서는 최치원의 설을 따르고 있다.[54] 때문에 고대문화의 원형을 보존한다는 측면에서는 비판의 대상이 되겠지만, 신라문화의 국제화내지는 보편성의 측면에서는 나름대로의 기준을 가지고 있었던 것을 보여주는 것이라 하겠다.

다음으로 신라 문화의 우수성 고양에 관한 내용이다. 최치원은 신라의 전통고수보다는 당 문화의 우위를 인정하는 선진문물의 도입에 적극적인 측면이 있었다고 평가되고 있다. 하지만 그는 신라문화를 풍류(風流), 향악잡영(鄕樂雜詠), 오기일(午忌日), 가야 시조에 대한 언급 등 신라, 가야문화 전반에 걸친 그의 관심을 당시의 언어로 기록을 남겨 놓으므로서 한국고대의 전통문화에 대한 내용을 오늘의 우리에게 알려주고 있다.

> 10) 우리나라에 현묘한 도가 있으니 풍류라고 이른다. 교의 기원은『선사(仙史)』에 자세히 실려 있는데 실로 삼교를 포함하여 군생(群生)을 접화한 것이다. 그리하여 집에 들어와서는 효도하고, 나가서는 나라에 충성하는 것은 노사구(魯司寇, 공자)의 주지 그대로이며, 무위지사(無爲之事)로 처리하고 불언지교(不言之敎)로 행함은 주주사(周柱史, 노자)의 종지 그대로이며, 모든 악을 짓지 않고 모든 선을 봉행함은 축건태자(竺乾太子, 석가)의 교화와 같은 것이다.[55]

---

53)『삼국사기』권4「지증마립간」조의 사론(史論).
54)『삼국유사』권1「제2대 남해왕」조.
55)『삼국사기』권4「진흥왕」37년조.

풍류에 관해 화랑 난랑(鸞郞)의 비문을 쓰면서 그 내용을 정의하고 있다. 즉 우리 고유의 풍류도를 유교, 불교, 도교의 용어로 새로이 지적한 것으로, 그는 풍류사상이 유·불·도 삼교를 포함한 중생을 교화하는 교임을 정의한 것이다. 그는 다시 이 삼교를 충효, 무위불언, 화복으로 의미를 규정하고 있다. 그는 자신이 살고 있던 신라말의 언어로 풍류를 해석하고 설명함으로써 현재의 우리에게 풍류사상이 어떤 내용이었는가를 분명히 해 준 것이다.

그는 또한 향악 잡영 5수와 오기일에 대한 기록을 남겨 신라인들의 풍속을 드러내 주고 있다.

『삼국사기』권32「제사지」에는 최치원이 지은 향악잡영 5수가 있는데 지금(고려)까지 전한다고 되어 있다. 금환(金丸), 월전(月顚), 대면(大面), 속독(束毒), 산예(狻猊)의 5수로[56] 성호 이익 이래 최남선, 최상수에 이르기까지 신라의 가면희를 표현한 것으로 설명하고 있다. 즉, 금칠한 공놀이인 금환에서부터 동물 의장무(擬裝舞)라 할 수 있는 사자탈춤인 산예에 이르기까지 최치원 시대에 이미 신라의 악(樂)으로 자리잡고 있었음을 이렇게 '시로 표현하고 있다.[57]

그런데 이 신라의 오기는 당희(唐戲) 가운데 서량기(西涼伎)에 혼탈대(渾脫隊)가 가미된 형태가 수입되어 형성된 것으로 보기도 한다. 즉 우선 재인(才人)이 나와 공놀이 묘기로 관중들의 관심을 모으고, 막이 열리면 서역에서 온 사람이 사자를 끌고 등장하여 신라의 위덕을 칭송하고 태평을 구가하는 가무를 한다. 잠시 후 다른 서역인이 등장하여 월전무를 추는데 술을 마시고 만취되어 우스운 동작과 노래로 사람을 웃기다가 대무

---

56) 금환(金丸)의 예를 들면 "몸돌리고 팔휘둘러 공을 돌리니, 달구르듯 별 뜬 듯 황홀도 하네. 비록 공을 잘 다루는 의료인들 이 보다 나을 수 있나, 고래노는 바다의 파도라도 잠잠해 지리라"

57) 이두현, 1959,「신라 오기고-특히 월전과 속독에 대하여-」『서울대 인문사회과학논문집』9, pp.183-208.

인 속독의 춤꾼들이 등장하여 신라와 임금의 위덕을 상징하는 우아한 춤을 추고 다시 두 쪽으로 나누어 군진의 세(軍陣之勢)와 전쟁지상(戰爭之象)을 나타내는 춤을 추어 신라의 국세가 강함을 상징하였다고 보았다.[58] 특히 대면과 산예는 당희와 관련이 깊은 것으로 보고 있다.[59]

오기일은 신라 풍속에 정월 보름(오기일)에 찰밥을 지어 제사를 지냈는데 달도(怛忉)라고 하는 이 행사는 슬퍼하고 조심하여 모든 일을 금하고 꺼린다는 뜻인데, 최치원의 설로 설명되고 있다.[60]

최치원은 해인사의 창건주로 나오는 승 이정과 순응에 대한 전기를 찬하였는데, 그 가운데 일부가 『신증동국여지승람』에 「석이정전」과 「석순응전」으로 인용되어 전해지고 있다.[61]

> 11) 최치원의 「석이정전」을 살펴보면 "가야산신 정견모주(正見母主)가 천신 이비가지(夷毗訶之)에 감응되어 대가야왕 뇌질주일(惱窒朱日)과 금관국왕 뇌질청예(惱窒靑裔) 두 사람을 낳았다. 뇌질주일은 이진아고왕(伊珍阿鼓王)의 별칭이고, 청예는 수로왕(首露王)의 별칭이다"고 하였으나, 이것은 가락국의 옛 사기에 실린 알 여섯 개에서 화하여 낳았다는 말과 함께 모두 허황하여 믿을 수 없다. 또 「석순응전」에는 "대가야국 월광태자는 정견의 10세손이요, 아버지는 이뇌왕이다. 이뇌왕이 신라에 구혼하여 이찬 비지배의 딸을 맞아다가 월광태자를 낳았으니 즉 이뇌왕은 뇌질주일의 8세손이다"라고 하였다. 그러나 이것 역시 상고할 수 없는 말이다.

상고할 수 없다는 편찬자의 말이 있기는 하지만, 분명히 최치원의 두 고승전을 인용하여 언급하고 있다. 이 내용은 가야사 연구에 반드시 인

---

58) 김학주, 1964, 「향악잡영과 당희와의 비교고석」 『아세아연구』 7-2.
59) 김학주, 1967, 「당희를 통해 본 삼국시대 가무희」 『중국학보』 6, pp.49-56.
60) 『삼국유사』 권1 「태종춘추공」조.
61) 『신증동국여지승람』 권29 「고령군」 건치연혁조.

용되는 내용으로[62] 가야의 시조로 정견모주가 확인되고 있고 대가야와
금관가야의 연맹의 모습, 그리고 월광태자와 신라왕녀와의 혼인 등 여러
가지 사실을 언급해 주고 있는 것이다. 이렇게 해인사에 있으면서 「석이
정전」과 「석순응전」의 찬술에 대가야의 역사를 포함시켜 언급해 주고
있다.

이렇게 향악잡영과 오기일에 대한 최치원의 설을 놓고 우리의 풍속을
중국의 언어로 개악(改惡)했다는 평가가 있기도 하지만[63], 그로서는 신
라의 고유풍속과 가야의 건국설화를 당시의 국제성을 띠는 언어인 한자
로 표기하여 우리문화의 우수성과 독창성을 오늘날까지 전해 주고 있는
것이다.

넷째로 최치원이 왕실의 불사(佛事)와 사찰에 관계된 많은 글들을 남
겨 이후 고려와 조선에까지 그 영향을 끼치고 있다는 점이다. 이는 고려
의 한림원(翰林院)이 불교와 도교의 소문(疏文)을 원칙적으로 수제한 것
을 참조하면, 신라 하대의 한림학사도 같은 경우였을 것이다.[64] 최치원
이전에 비문이 없었던 것은 아니나, 그가 비문을 찬술한 이후 유학자들
이 승려비문을 찬하는 전통이 확고해지면서 고려와 조선으로까지 이어
진 것이다. 만당의 4.6변려체가 신라의 선사비문에 수용되었고 서(序)와
명(銘)이 구분되어 쓰여진 것이다. 그가 지은 불사 관계 글들을 연대순으
로 정리하면 다음과 같다.[65]

---

62) 김태식, 1993, 『가야연맹사』, 일조각, pp.108-109; 백승충, 1999, 09, 「가야의 개
   국설화에 대한 검토」 『역사와 현실』33, pp.112-142.
63) 김철준, 1973, 「고려 중기의 문화의식과 사학의 성격」 『한국사연구』9, pp.81-82.
64) 변태섭, 1983, 「고려의 문한관」 『김철준박사화갑기념사학논총』, pp.201-202.
65) 김복순, 1990, 『신라화엄종연구』, 민족사, p.177 참조.

연 대	제 목	출 전
885	해동화엄초조기신원문 (海東華嚴初祖忌晨願文)	『원종문류(圓宗文類)』 권22
	고종남산엄화상보은사회원문 (故終南山儼和尙報恩社會願文)	『원종문류』 권22
	화엄사회원문(華嚴社會願文)	『원종문류』 권22
886	화엄경사원문(華嚴經社願文)	『원종문류』 권22
887	쌍계사진감선사비문(雙溪寺眞鑑禪師碑文)	『계원유향(桂苑遺香)』 『조선금석총람(朝鮮金石總覽)』
890	성주사낭혜화상비문(聖住寺朗慧和尙碑文)	「사산비명(四山碑銘)」
893	봉암사지증대사비문(鳳巖寺智證大師碑文)	『최문창후전집(崔文昌侯全集)』
887-893	대숭복사비문(大崇福寺碑文)	
895	해인사묘길상탑기(海印寺妙吉祥塔記)	『한국금석유문(韓國金石遺文)』
898	신라가야산해인결계장기 (新羅迦耶山海印寺結界場記)	『동문선(東文選)』 권64』
900	신라가야산해인사선안주원벽기 (新羅迦耶山海印寺善安住院壁記)	『동문선(東文選)』 권64』
900-904	석순응전(釋順應傳)·석이정전(釋利貞傳)	『신증동국여지승람 (新增東國輿地勝覽)』 권29
904	법장화상전(法藏和尙傳)	『송판법장화상전 (宋版法藏和尙傳)』
908	신라수창군호국성팔각등루기 (新羅壽昌郡護國城八角燈樓記)	『동문선(東文選)』 권64』

그의 불교관계 저술은 894년(진성왕 8) 시무책 찬진을 전후하여 그 성격을 달리하고 있다. 그는 귀국과 동시에 왕실에서 행한 화엄결사에 결사문을 썼을 뿐 아니라, 사찰의 창건과 선사의 입적에 따른 사적비와 선사비도 찬술하였음을 보여주고 있다. 3선사와 1사의 비명으로 통칭되는 <사산비명>은 4·6변려체의 고사성어로 점철된 난해한 비명이다. 근래 이들 금석문의 중요성이 크게 부각되면서 이에 대한 역주 작업이 활발해졌을 뿐만 아니라, 신라 하대 선종사 연구에 있어 필수불가결한 자료로 인식되고 있다.66)

---

66) 최병헌, 1972,「신라 하대 선종구산파의 성립」『한국사연구』7, pp.79-114에서

근래 낭혜무염과 성주산문을 중심으로 한 신라선종연구[67]와 중국 역
사사례를 분석하여 그의 개혁의지를 고구한 연구[68]가 나오기도 하였다.
후자의 경우, 「진감선사비명」의 찬술에 나타난 최치원의 잠재의식, 「대
숭복사비명」의 찬술에 나타난 귀국 직후의 정치개선 방안, 「대낭혜화상
비명」의 찬술에 나타난 최치원의 고민, 「지증대사비명」찬술에 나타난
최치원의 마지막 행보 등이 그것이다. 이렇게 <사산비명>은 하대 선종
사 연구에 단초를 제공하였을 뿐 아니라, 최치원의 문장력으로 신라 불
교 전반에 대한 사적 고찰을 할 수 있도록 하여 주었다.

화엄관계 결사문은 그의 모형(母兄)이 해인사승이었고, 그의 아버지
최견일(崔肩逸)이 숭복사 창건에 관여하고 있어 당에서 문명을 떨치고
돌아온 그에게 저술을 부탁하였다고 생각된다. 그의 이 저술로 신라 하
대에 화엄종이 건재하고 있었고, 왕실과 해인사가 매우 밀접한 관계 속
에서 불사가 이루어지고 있었음을 밝혀주는 좋은 자료가 되고 있다. 이
렇게 그는 한림학사로서 공적, 사적으로 쓴 저술들이 신라의 정치, 경제,
사회, 사상에 대해 많은 내용을 우리에게 알려주고 있다.

4. 맺음말

최치원은 현재의 평가보다도 역사적인 평가를 중시하였으므로, 귀국
후 그의 생각이 실제 정치에 관철되기 어려운 상황임을 간파하자 방랑과
은둔생활을 하면서 자신의 생각을 저술과 석각 등으로 남겨 놓았다. 때

는 최치원의 <사산비명>에 나오는 내용을 중심으로 서술한 것으로 이후 신라
하대 고려초의 선종사는 그의 사산비명을 기본으로 하고 있다.
67) 조범환, 2001, 『신라 선종연구-낭혜무염과 성주산문을 중심으로-』, 일조각.
68) 곽승훈, 2005, 『최치원의 중국사탐구와 사산비명 찬술』, 한국사학.

문에 그의 중국에서의 체험과 그것이 신라에 문화로 수용된 부분을 대체적으로나마 살필 수 있었다.

정치적 체험으로는 율수현위와 고변의 종사관 시절의 경험이 주요한 것으로, 그는 한림학사로서 당에 보내는 외교문서의 작성, 불사(佛事)에 관계된 저술들을 하면서 당의 문화를 이식하기도 하고 우리의 상황을 잘 표현하기도 하였다. 또한 시무책 찬진이라는 전통을 확립하였다. 그리고 외직의 태수로 있으면서 방풍림의 조성과 같은 치적을 살펴보았다.

문화적 체험으로는 시인으로서의 시회 참석과 문인으로서의 단련, 관인으로서의 작문 경험이 신라 사회에 유상곡수의 시회를 이식하였을 것이라는 점과 친필석각을 곳곳에 남겨 석각문화를 보급 양산하였다는 것, 그리고 「법장화상전」과 풍류에 대한 저술 등을 남겨 신라문화의 국제성과 우수성을 고양하였으며, 유학자들의 승려비문 찬술의 전통을 확고히 하였다는 점에 의미를 두어 보았다.

제3장 신라지식인들의 입당·귀국로

1. 머리말

신라지식인들이 중국에 유학하기 시작한 것은 6세기로 양(梁)나라와 진(陳)나라에 유학을 하였고, 7세기에는 수나라와 당나라에 유학하였다. 신라 유학승으로 그가 움직인 발자취를 남긴 이들로는 원광·원안·안함이 있다. 원광은 진나라의 수도인 금릉(金陵, 남경)으로 유학하였다가 소주(蘇州)의 호구산(虎丘山) 등에서 수도하였고, 진나라가 망하자 수(隋)의 수도 낙양에서 머물다가 귀국한 것으로 유명하다. 원안은 원광의 수제자로 중국에 갈 때 압록강과 두만강 일대와 요동지방을 여행하였다. 후에 당나라의 수도 장안에 가서 남전(藍田)의 진량사(津梁寺)에서 수행하였다.(『해동고승전』 권2 「원안전」) 또한 안함은 수나라의 서도 장안의 대흥선사(大興善寺)에 머물면서, 화산(華山)에서 선장(仙掌)까지 10개 역이나 되는 길을 하루 낮에 갔다 오고, 종남산이 있는 진령(秦嶺)에서 황제의 궁전이 있는 장안(長安)까지 천리나 되는 땅을 하룻밤 사이에 오르내렸다 한다.(『해동고승전』 권2 「안함전」) 정관 연중(627-649)에는 아리야발마, 혜업 등이 총령(파미르고원)을 넘어 서인도를 통해 나란다사나, 보리사에 머물면서 불경을 수학하였다. 혜초의 여행기는 너무도 잘 알려져 있다.

당나라에 유학한 신라 지식인으로 입당과 귀국에 관한 기록이 뚜렷한 인물은 자장, 김춘추, 의상이 보이고 있고, 9세기에 비명을 남긴 무염, 행적, 혜소선사의 입당경로와 최치원 등 유학자가 있다.

본고는 먼저 신라 지식인들의 입당로로서 중국에 도착해서부터 장안에 이르기까지의 이동로를 추적해 보고자 한다. 이는 당나라 전기 신라 지식인들의 입당 사례와 9세기 신라 지식인들의 입당 사례로 나누어 분석해 본 후, 신라 지식인들의 입당로를 추정해 보려는 것이다. 다음으로 이들이 신라로 돌아가는 귀국로는 김춘추와 최치원의 예가 전하고 있어 이를 중심으로 살펴보고자 한다. 또한 신라 지식인들의 중국 내에서의 활동도 살펴 이들이 중국에서 다닌 길도 함께 언급해 보려 한다.

2. 신라 지식인들의 입당로

신라인들의 입당로는 대부분 황해를 건너 등주에 도착하여 장안으로 가는 길이 일반적이었다. 그러나 뱃길의 경우 도착지가 일정하지 않았을 뿐 아니라 시대에 따라 주로 다니던 길도 바뀌었다.

초기에는 연안항로(沿岸航路)로 알려져 있는 노철산수도항로(老鐵山水道航路, 북부연안항로)가 이용되어졌으나, 항정(航程)이 길어서 신속한 내왕에 문제가 있었다. 점차 조선술과 항해술이 발달하면서 황해에서 직접 바다를 건너 등주로 직항하는 북부항로가 애용되었다. 많은 신라인들이 이용하게 되면서 등주의 황현(黃縣), 봉래현(蓬萊縣), 모평현 유산포(牟平縣 乳山浦), 문등현 적산포(文登縣 赤山浦) 등에 출해구(出海口)가 발달하였고, 또한 내주(萊州)와 밀주(密州)에도 대주산 교마포(大珠山 駁馬浦)가 널리 알려졌으며 점차 신라인들의 거주지도 늘어났다. 이와 함께 중부항로도 널리 이용되었다. 해주(海州)와 초주(楚州), 연수항(漣水港)이 크게 알려져 있다. 남부항로는 주로 신라 남서해안에서 사단항로

로 강소 남부, 절강의 명주(明州), 상주(常州)의 출해구가 있었다.[1]

이러한 여러 길을 통해 도착한 신라 지식인들은 대개 등주 - 장안로와 양주 - 장안로를 택하여 입당하였다.[2] 특히 등주 - 장안로는 직행으로 가는 경로와 오대산을 경유하여 가는 경로가 있었다. 이들 노선을 중심으로 구체적인 사항을 살펴보도록 하겠다.

1) 등주에서 장안까지의 노선

신라인들이 등주의 해안에 도착하여 장안으로 가는 노선은 시기적으로 크게 양분해서 볼 수 있다.

첫 번째는 당과의 외교관계가 수립된 신라는 진평왕 43년(621)부터 효소왕 10년(701)까지의 내용이다. 신라는 진평왕 43년(621) 7월에 최초로 견당사를 파견하였다. 중고기에 보낸 견당사는 26회가, 무열왕과 문무왕대에는 20회가 확인된다. 나당전쟁 이후 이른바 소강상태로 불리는 동안에는 신문왕 6년과 효소왕 8년의 사신 파견을 제외하고는 701년까지 공식적인 사신 왕래는 없었다.

이 기간에 보내진 견당사들의 공식적인 행로는 대개 등주에 도착하여 장안으로 갔을 것으로 추정되는데, 이들에 대한 자세한 행로는 남아있지 않기 때문이다. 반면 신라의 지식인으로 당에 유학을 한 이들의 전기에는 그 행적을 간략하나마 남기고 있어, 이를 중심으로 등주에서 장안까지의 행로를 살펴보도록 하겠다.

신라 지식인으로써 당에 유학한 공식적인 기록을 남긴 이는 자장이었다. "정관(貞觀) 12년 우리나라 인평(仁平) 5년 무술에 우리나라 사신 신

---

1) 허일, 최재수 외 공저, 2001, 『장보고와 황해 해상무역』, 국학자료원, pp.309-325.
2) 권덕영, 1996, 「신라 견당사의 나당간 왕복항로에 대한 고찰」 『역사학보』 149, p.13.

등주-장안 노선

통을 따라서 중국에 들어갔다(황룡사9층목탑찰주본기)"에 보이듯 자장
은 638년에 당으로 가는 사신 신통을 따라 수도 장안에 도착하였다. 여
정 상 별다른 기록이 나오지 않는 것으로 보아 등주를 통해 장안에 도착
했을 것으로 추정된다.3)

---

3) 다만 그의 입당 연대에 대한 이견이 있다. 신라시대의 기록인 「황룡사9층목탑찰
　주본기」에는 그가 선덕여왕 즉위 7년 대당 정관 12년 선덕여왕 인평 5년 무술
　년(638)에 사신을 따라 당에 들어갔다가 선덕여왕 12년인 계묘년(643)에 귀국한

이어 청병 외교차 당에 간 김춘추 역시 등주를 거쳐 장안에 간 것으로 보인다. 그가 귀국 시 위험을 무릅쓰고 고구려의 연안항로를 따라 돌아왔으므로, 입당 시에도 역시 연안항로를 따라 등주로 해서 장안으로 갔을 것이기 때문이다.[4]

다음으로, 의상은 『송고승전』에는 "총장 2년(669) 상선에 편승하여 등주에 도착하였다"고 되어 있기는 하지만,[5] 장안의 종남산으로 가기 전에 양주에 머문 기록이 나오므로,[6] 양주 - 장안 루트에서 상술하도록 하겠다.

당나라 전기에 신라를 출발한 이들은 주로 연안 항로를 거쳐 등주의 황현(黃縣), 봉래현(蓬萊縣), 모평현 유산포(牟平縣 乳山浦), 문등현 적산포(文登縣 赤山浦)에서 배를 내려 장안으로 향하였다. 『구당서』에 의하면, "등주(登州)는 서울 동쪽 3150리에 있고, 동도에서 2071리에 이른다"[7]고 나온다. 『원화지』 권11 하남도(河南道)7에는 "서남으로 상도 3000리에 이르고 서남으로 동도에 2140리에 이른다"로 되어 있다.[8] 『환우기(寰宇記)』 역시 경사(京師) 3,000리, 동도(東都) 2370리로 되어 있어, 등주에서 장안까지의 거리는 대략 3,000리 정도로 추산되고 있다.

것으로 되어 있다. 『속고승전』에도 "정관 12년에 문인인 승실 등 10여 명을 거느리고 동쪽나라를 떠나 서울에 이르렀다"고 하여 638년에 입당한 것으로 기록하고 있다. 그런데 『삼국사기』와 『삼국유사』에는 636년에 유학하여 불법(佛法)을 구하였다고 하였다.(『삼국사기』 권4 선덕여왕 5년조, 『삼국유사』 권3 「황룡사9층탑」조) 자장이 636년에 당에 유학하였다고 보는 입장에 서면, 오대산에 갔다가 638년에 장안으로 간 것이 된다. 그러나 자장은 공식적인 신라사신 신통의 행렬과 함께 움직인 만큼 장안에 가기도 전에 오대산으로 향했을 가능성은 없다고 생각된다.

4) 『삼국사기』 권5 신라본기 제5 진덕여왕 2년조.
5) 『송고승전』 권4 「의상전」.
6) 『삼국유사』 권4 「의상전교」조.
7) 『구당서』 권38 지리지18, "登州 在京師東三千一百五十里 至東都二千七十一里"
8) 李吉甫撰, 孫星衍校, 張駒賢考證, 『元和郡縣圖志』4, 中華書局, pp.336-337, "西南至上都三千里 西南至東都二千一百四十里"

또한 등주에서 장안까지는 당나라의 대로 가운데 하나로 포함될 만큼 자주 이용된 교통로였다.

이상의 내용을 정리해서 등주 - 장안의 노선을 보면, 등주(登州) - 내주(萊州) - 청주(靑州) - 치주(淄州) - 제주(齊州) - 운주(鄆州) - 복주(濮州) - 활주(滑州) - 정주(鄭州) - 동도 하남부(東都 河南府) - 섬주(陝州) - 화주(華州) - 상도(上都, 장안)로,9) 신라지식인 역시 이 길을 따라 장안으로 갔을 것으로 상정된다.

두 번째는 신라 성덕왕대 이후의 시기이다. 신라가 당나라와의 소강 상태를 끝내고 성덕왕 대부터 관계가 회복되면서, 신라 지식인들은 자주 당나라에 가게 되었다. 성덕왕 2년(703)-36년(737)까지 46회에 걸친 신라 사신의 파견이 이를 대변해 주고 있는데, 이 당시 신라 지식인들도 사신단의 배를 동승해서 중국으로 건너갔다.

이 기간에 입당 기록을 남긴 신라 지식인들은 다시 등주에서 장안으로 직행한 이들과, 등주에서 오대산을 거쳐 장안으로 길을 잡은 이들로 나누어 그 노선을 상정할 수 있다. 특히 신라 하대에는 등주에서 장안으로 가는 도중에 오대산을 다녀서 장안으로 가는 행로가 신라 지식인 사이에 크게 유행하였는데, 엔닌(圓仁) 조차 신라 승려가 교시해 준대로 이 길을 갈 정도였다.

먼저 장안으로 직행한 이들은 낭혜 무염과 낭공 행적, 최치원을 들 수 있는데, 이들은 신라 사신의 배를 타고 등주에서 장안으로 나아갔다.

> (1) 마침 국사(國使)가 서절(瑞節)을 지니고 중국에 가게 되었으므로 그 배에 함께 타고 서쪽으로 가다가 대양의 복판에 이르러 풍랑이 성난 듯 일면서 뒤집으니 큰 배는 무너지고 사람들은 다시 떨쳐 나가지 못하였다. 대사는 심우(心友)인 도량(道亮)과 함께 쪽 널빤지를 걸터타고 업보의 바람에 맡기었다. 밤낮없이 15일가량

---

9) 嚴耕望, 2002, 『唐代交通圖考』6-河南淮南區-, 上海古籍出版社, pp.1981-1987.

을 표류하여 흑산도에 도착하였다. 무릎걸음으로 굽어진 언덕에
올라 실의에 빠져 "물고기 뱃속에서는 다행히 몸을 벗어났으나,
용의 턱 밑에 거의 손을 잡힐 뻔하였다. 내 마음이 돌이 아닌데
어찌 물러날 수 있겠는가" 하였다. 장경(長慶, 821-824) 초에 조
정사(朝正使)로 가게 된 왕자 흔(昕)이 당은포(唐恩浦)에 배를 대
었기에, 태워줄 것을 부탁하니 그러라고 하였다. 마침내 산동의
지부산(之罘山) 기슭에 도착해서는 전에는 어려웠던 일이 이제
쉽게 됨을 생각하고서 해약(海若, 바다의 신)에게 공손히 절하고
서 "큰 파도를 자제하고, 바람의 마군과 잘 싸우셨습니다"고 하
였다. 다니다가 대흥성(大興城) 종남산 지상사(南山 至相寺)에 이
르러서는 화엄을 이야기하는 사람을 만나게 되었는데 부석사에
서 배운 것과 다를 바 없었다"10)

(2) 드디어 함통 11년(870) 당나라에 비조사(備朝使)로 가는 김긴영
(金緊榮)을 만나 입당 유학하려는 마음을 자세히 말하였다. 김공
이 갸륵하게 여기고 뜻이 통하여 같이 가는 것을 허락하였다. 그
후 얼마 되지 않아 편하게 바다를 건너 서안(西岸)인 중국 땅에
도착하였다. 그곳에서 천리를 멀리 여기지 않고 상도(上都)에 이
르렀다. 유사(有司)가 특별히 구법연유를 자세히 의종(懿宗)에게
알리니 칙명을 내려 좌가승록(左街僧錄)으로 하여금 보당사 공작
왕원에 대사를 편히 모시게 하였다.11)

   낭혜화상 무염은 1차로 난파를 당해 한 번의 실패를 맛보고, 재차 도
전하여 822년 왕자 흔이 조정사로 당에 가게 되었을 때 그 배에 편승하
여 산동의 지부산(현재 옌타이(烟台) 부근)에 도착한 후 장안으로 향하고
있다. 무염은 장안과 낙양 근처에서 머물면서, 마조 도일의 제자로 장안
에서 활약하던 마곡 보철에게 나아갔으므로, 그는 장안과 낙양을 크게
벗어나지 않고 있다. 낭공 행적 역시 신라 사신 김긴영의 배에 편승하여

---

10) 「성주사 낭혜화상비」.
11) 「태자사 낭공대사비」.

상도인 장안에 이르고 있다.

이들이 등주에서 장안으로 간 길은 역시 가장 빠른 길인 등주 - 장안 로인 등주(登州) - 내주(萊州) - 청주(靑州) - 치주(淄州) - 제주(齊州) - 운 주(鄆州) - 복주(濮州) - 활주(滑州) - 정주(鄭州) - 섬주(陝州) - 화주(華州) - 상도(上都, 장안)의 길을 택해서 갔을 것이다.

등주에 도착한 이들은 등주 관아에서 출입국 절차를 밟고, 등주부성 (登州府城) 남쪽의 신라관(新羅館) 등에 머물렀을 것이다. 현재 기록에 보이는 것은 청주 관내의 용흥사(龍興寺)와 치주 장산현(淄州 長山縣)에 있던 예천사(醴泉寺)에 신라원이 있었던 것으로 나오므로, 신라인들은 장안으로 가는 도중에 이곳에서 쉬기도 하고 숙식을 해결하였을 것이다.

다음으로 등주에서 오대산을 거쳐 장안으로 간 경우로, 오대산에서 장안으로, 장안에서 오대산으로 간 기록을 남긴 이는 도의(道義)와 행적 (行寂)이었다.

신라승 도의는 무염과 행적에 앞서 당에 유학한 이로 등주에서 오대 산으로 갔다가, 오대산에서 장안으로 가서 종남산 등을 유력하고 낙양을 거쳐 광부 보단사(廣府 寶壇寺)로 가고 있다.[12] 또한 장안으로 직행하였 던 행적은 장안에서 오대산으로 가서, 다시 성도부를 거쳐 호남으로 간 이동선을 기록에 남기고 있다.[13]

(3) 그 후 오대산 화엄사에 들러 문수대성 전에 기도하면서 감응을

---

12) 도의의 장안과 낙양 행에 대해서는 조영록, 2010, 「도의의 재당 구법항정에 관한 연구-『조당집』관련기사의 비판적 검토」『한국불교학』57, 차차석, 2002, 「남종선의 초전자 도의선사의 사상과 그 연원 탐구-중국선과의 관련을 중심으로」『한국선학』2, p.2에 의하면, 최치원찬의 「진감선사비문」에 의거하여 도의선사는 810년을 전후하여 장안과 낙양 인근에서 수행한 것으로 추정하고 있다.

13) 「태자사 낭공대사비문」에 의하면, 행적은 장안에서 오대산에 갔다가 다시 성도 부로 가기 위해서는, 일단 오대산에서 장안으로 와서 종남산과 진령을 둘러 성 도부로 갔으리라 추정된다.

구하게 되었다. 먼저 중대에 올라가 홀연히 머리카락과 눈썹이 하
얀 신인(神人)을 만나 머리를 조아려 절하고 가호를 빌었다. 신인
이 대사에게 이르되, "멀리 오느라고 고생이 많았다. 착하다 불자
여 이곳에 오래 머물지 말고 속히 남방을 향하여 가서 오색의 상
(霜)을 찾으면 반드시 담마(曇摩, 법)의 비에 목욕하리라"고 일러
주거늘 대사는 슬픔을 머금고 이별하여 점차로 남행하였다. 건부
2년(875) 성도(成都)에 이르러 이리저리 순례하다가 정중정사에
도달하여 무상대사의 영당에 참배하게 되었는데 대사는 신라인이
었다. 영정에 참배한 후 대사에 대한 아름다운 유적을 자세히 들
으니 한때 현종의 스승이기도 하였다.[14]

도의가 간 길은 엔닌이 적산법화원에서 오대산에 간 것과 같은 노선
을 밟아 갔을 것이다.[15]

엔닌은 원래 일본 천태종 승려로서 절강성에 있는 천태종의 총본산인
천태산을 순례할 작정이었다. 그러나 적산법화원에서 신라승 성림(聖琳)
의 이야기를 듣고(839.7.23), 오대산으로 일정을 바꾸고 적산법화원에 체
류하였다. 성림은 20여 년 동안 오대산과 장안을 두루 돌아보고 적산법
화원에 와서 머물던 승이었다.[16]

또한 엔닌은 신라승 양현(諒賢)으로부터 적산법화원에서 오대산에 이
르는 2,990리의 자세한 여정을 교시받고(839.9.1), 겨울을 지나고 이듬
해인 840년 2월 20일에 적산법화원에서 출발하였다.[17] 엔닌이 오대산
으로 간 길은 곧 신라 승들의 순례 길이었음은 다시 부언할 필요가 없
을 것이다. 엔닌이 적산법화원에서 오대산으로 갈 때,[18] 대개 3개월이

---

14) 「태자사 낭공대사비」.
15) 김복순, 2005, 「9-10세기 신라 유학승들의 중국 유학과 활동 반경」『역사와 현
   실』56, p.26.
16) 엔닌 지음 김문경 역주, 2002, 『엔닌의 입당구법순례행기』, 중심, pp.186-189.
17) 엔닌 지음 김문경 역주, 2002, 『엔닌의 입당구법순례행기』, 중심, pp.196-197,
   민영규, 1994, 「엔닌 입당구법순례행기 2칙」『사천강단』, 우반, p.87.
18) 엔닌의 여정은 文登 -> 牟平(2.27) -> 福山 -> 蓬萊(3.2-12) -> 平里店(3.15).

등주-오대산-장안 노선

소요되었다고 볼 때, 도의는 신라인으로 이들보다는 빨리 도착하였을
것이다.

膠水. 北海. 壽光 -> 靑州 益都(3.21-4.3) -> 金嶺驛 -> 長山. 章丘(醴泉寺, 4.7)
-> 臨濟 -> 淸河渡口 -> 禹城 -> 黃河渡口(4.11) -> 平原 -> 夏津 -> 貝州
靑河 -> 堂陽, 新河 -> 寧晋 -> 趙州 -> 欒城 -> 鎭州 正定 -> 行唐 -> 曲
陽 -> 阜平(4.22) -> 大復嶺(龍泉關, 4.27) -> 五臺山(竹林寺, 5.1) -> 五臺山
(大華嚴寺, 5.16)로 정리된다.

오대산에서 장안까지의 교통로는 역시 엔닌이 오대산에서 장안으로 향했던 길과 같은 길을 밟아 갔을 것이다. 오대산에서 장안으로 가는 길은 엔닌이 지난 길[19]이 있다. 그런데 이 노선에서 진양 - 장안의 길은 이미 당대에 장안(上都)과 낙양(東都) 그리고 태원(北都)을 잇는 길로 잘 닦여져 있었다.[20]

낭공 행적은 오대산에서 장안으로가 아니라, 장안에서 오대산으로 가는 노선을 지났을 것이다. 행적이 장안에서 오대산으로 간 여정을 상도(上都, 장안)에서 북도(北都, 태원)로 가는 길을 보완하면 좀 더 자세한 노선을 볼 수 있다.[21] 따라서 신라지식인들이 오대산에서 태원까지의 길을 잘 갈 수 있다면 큰 무리없이 장안에서 오대산, 오대산에서 장안까지 갈 수 있었다고 할 수 있다.

이들 외에도 진감선사 혜소는 산동에 도착하여 창주 신감선사에게 가서 수행하다가, 810년 숭산 소림사에서 구족계를 받고, 다시 창주로 가서 수행하고 있어, 창주 - 낙양 - 창주의 동선을 보이고 있다. 후일 공공산에 갔다가 낙양의 불광사, 장안 종남산, 자각(紫閣, 함곡관 밖)의 동선을 나타내고 있다. 그가 등주 - 창주, 낙양, 강남, 장안 등을 유행한 것은 이미 동도를 거쳐 장안으로 가는 길에 익숙한 때문으로 생각된다.

최치원은 12세(868)에 당에 유학하여 과거에 급제한 후 당의 관료로

---

19) 엔닌 지음 김문경 역주, 2002『엔닌의 입당구법순례행기』, 중심, p.311, 오대산 - 忻縣 - 三交驛 - 晉陽(현 太原) - 交城 - 文水 - 汾州 - 靈石 - 霍邑 - 趙城 - 洪洞 - 晋州 - 太平 - 稷山 - 龍門 - 寶鼎 - 臨晋 - 河中府 - 朝邑 - 同州 - 故市店 - 高陵 - 長安의 길이었다.

20) 嚴耕望, 2002,『唐代交通圖考』1-京都關內區-, 上海古籍出版社, pp.91-128, 圖三 唐代長安太原道驛程圖 참조.

21) 長安 - 高陵縣(神皐驛) - 故市 - 同州(馮翊縣) - 朝邑縣 - 河中府 - 臨晋縣 - 寶鼎縣 - 龍門 - 稷山縣 - 長秋驛 - 太平縣 - 晋州(臨汾縣)- 洪洞縣 - 趙城縣 - 益昌驛 - 霍邑縣 - 長寧驛 - 雁歸驛 - 靈石縣 - 冷泉驛 - 汾州(西河縣) - 文水縣 - 交城縣 - 淸源縣(梗陽驛)- 北都(太原)- 三交驛- 忻縣 - 五臺山의 노정이 되었을 것이다.

서 활동하다가 29세(885)에 귀국한 유학자이다. 귀국과는 달리 입당할 당시 아버지와의 대화만이 전하는 것은 그가 배로 등주에 도착하여 장안 으로 순조롭게 나아간 때문이라 생각된다.

2) 양주에서 장안으로의 노선

揚州 - 楚州 - 泗州 - 汴州 - 鄭州 - 洛陽 - 長安

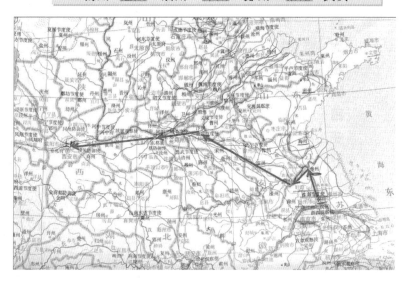

　신라는 진평왕 대에 진·수·당과의 외교관계가 연이어 이루어졌으므 로, 이미 남조인 진으로 가는 뱃길은 법흥왕 代부터 진평왕 대까지 보낸 사신단의 행로[22]와 대세(大世)와 구칠(仇柒)의 예에서도 보이듯이[23] 닦 여져 있었을 것이다.

---

22) 『삼국사기』 권4 법흥왕 8년, 진흥왕 10년, 26년, 27년, 28년, 29년, 31년, 32년, 진지왕3년, 진평왕11년조에 남조의 양과 진에 보낸 사행이 기록되어 있다.
23) 신라는 진흥왕 6회, 진지왕 1회, 진평왕 2회 등 진과 관련된 기사가 9회 보이며, 진평왕 5년 선부서(船府署)가 설치되고 있다. 대세와 구칠의 사실은 『삼국사기』 권4 진평왕 9년조 참조.

초기의 연안항로를 통한 항로의 경우, 신라를 출발하여 산동의 등주, 대주산(大珠山)에 도착한 배들은 남쪽으로 해주(海州)나 초주(楚州)의 근해지역을 운항하다가, 양주(揚州) 내지 명주(明州)까지 이어진 항로를 운항하였다.

그런데 이들 중국 동남해안 지역들은 수나라 이후 장안으로 가는 노정에 커다란 변화가 생겼는데, 그것은 남북을 잇는 대운하와 밀접한 연관이 있었다.[24]

이미 진나라의 소주(蘇州)에 있다가 수나라의 난병에게 위협을 당한 원광이 수의 수도인 낙양과 장안으로 간 사례가 있다. 하지만 수나라 양제 이후 강도(江都)로 불리었던 양주(揚州)에서 낙양(洛陽)까지는 운하가 잘 닦이게 되면서, 양주 - 장안 노선은 등주 - 장안 노선 이상으로 신라 지식인들이 애용하였던 길로 추정된다.

『구당서』에 의하면, 양주에서 장안까지 2753리, 낙양까지 1749리가 걸린다고 하였다.[25] 『통전』에는 2567리, 1749리로, 『환우기』에는 2700리로 나온다. 이들을 종합한 견해에 의하면 양주에서 장안까지 2600리, 동도까지 1740리로 추정하고 있다. 등주에서 장안으로 가는 길보다 양주에서 장안으로 가는 노정이 400리 가량이 덜 걸리는 것이 확인된다.[26]

양주에서 운하로를 따라 초주 우이현(楚州 盱眙縣)에 이른 후, 회하의 흐름을 거슬러 올라가 사주 임회현(泗州 臨淮縣)까지 200리를 지나, 다시 변하(汴河)의 운하로를 따라 변주(汴州)로, 이어서 낙양, 장안으로 이

---

24) 明州 - 揚州 - 江南河 - 山陽瀆 - 淮水 - 楚州 - 泗州 - 汴水 - 汴州 - 鄭州 - 洛陽 - 長安의 노선이 생긴 것이다.

25) 『구당서』 권40 지리지20, "揚州 在京師東南二千七百五十三里 至東都一千七百 四十九里"

26) 『원화지(元和志)』 권24 회남도(淮南道)의 내용이 결(缺)로 되어 있어 김성한, 2009, 「당 후기 각주에서 동도를 거쳐 경사로 가는 교통노선」 『중국고중세사연구』 21, pp.385-388의 내용으로 확인하였다.

동한 것으로 알려져 있다.[27)]

신라인으로 양주에 도착하여 머물렀다가 장안으로 간 지식인으로 확
실하게 나타나는 이는 의상이다. 의상은 영휘 원년인 650년 원효와 함께
입당하려고 고구려 지역에 이르렀는데 장애가 생겨서 돌아왔고, 백제가
멸망한 이듬해인 당 고종 초년 문무왕 원년(661)에 당에 갈 수 있었다.[28)]

『삼국유사』에 의하면,[29)] "영휘 초년에 귀국하는 당나라 사신의 배를
타고 중국에 들어갔다. 처음에 양주에 머무를 때, 주장(州將) 유지인(劉
至仁)이 자청하여 그를 관아에 머물게 하고 성대하게 대접하였다. 얼마
후에 종남산 지상사에 가서 지엄(智儼)을 뵈었다"라고 하여 의상이 중국
관선을 타고 당나라에 온 것을 알려 준다. 이때 의상이 편승한 중국 사
신의 배는 10월 29일에 도착한 조문겸책봉사(弔問兼册封使) 일행이 타
고 온 것으로,[30)] 사신 일행은 이듬해 정월까지 신라에 머물고 있었지만,
그들을 태워 온 배는 그 해 겨울에 돌아갔을 것이기 때문이다.

의상의 중국 도착은 양주설과 산동반도설로 나뉜다. 그가 662년에 장
안으로 들어 간 것을 감안하면 양주설이 보다 신빙성이 있어 보인다. 그
러나 의상은 일단 산동에 도착한 후 양주로 갔을 가능성도 배제할 수는
없을 것이다. 661년 겨울에 도착한 의상은 양주로 내려와 관아에 머물면
서 겨울을 지냈는데, 겨울 동안에는 운하를 이용하여 장안에 갈 수 없었

---

27) 견당사의 임무를 마치고 엔닌 일행보다 먼저 초주에 와있었던 일본사신단 일행
은 장안, 낙양, 정주를 거쳐 변하를 통해 사주에 이르고, 이어서 회수를 따라
초주에 이르렀을 것이다. 그러나 엔닌 일행의 경우 회창 5년(845) 6월 변주로부
터 변하를 따라 사주에 이른 후 회수를 따라 초주로 진입하고자 했으나 우이현
(盱眙縣) 현령의 저지로 육로를 따라 양주에 이르고 있다.

28) 의상의 입당 연도에 대해서 『삼국유사』「의상전교」조는 '영휘 초년(650)'이라고 하
였고, 『삼국유사』「전후소장사리」조가 전하는 부석사 본비에서는 '영휘 원년(650)'
에 1차로 시도하였다가 실패하고 '용삭 년(661)'에 2차로 시도하였다고 하였다. 지
금 『송고승전』이 전하고 있는 '총장 2년(669)'은 다소 신빙성이 떨어진다.

29) 『삼국유사』 권4 「의상전교」조.

30) 『삼국사기』 권6 문무왕 원년 冬10월 29일조.

기 때문이다. 변하(汴河)가 황하의 물을 주로 끌어들이기 때문에 황하의
수량이 줄어드는 음력 10월부터 이듬해 3월 사이에는 운하를 이용할 수
없어,[31] 의상은 양주에서 한겨울을 지내고 이듬해인 662년에 장안으로
향한 것이다.

의상은 주장인 유지인의 존대를 받아 관아에 머물렀다. 당시『양주지』
를 보면 그 곳의 주장들은 유씨 성을 가지고 있었음이 확인된다. 의상이
현장에게 가려던 발걸음을 화엄종으로 돌리게 된 것은 이곳에 머물면서
마음을 바꾼 때문으로 추정된다. 양주는『화엄경』과 매우 밀접한 곳으
로, 현재 양주 박물관으로 쓰이는 천녕사(天寧寺)는 양주 방락상가(邦樂
上街) 3호에 위치해 있는데, 이곳이 바로 동진(東晉) 때『화엄경』을 역출
했던 사사공사(謝司空寺)였다.[32] 의상은 60『화엄경』의 역경 사실과, 양
(梁)의 소명태자(昭明太子)가『금강경』32편의 편명을 붙이고『문선(文選)』
을 편찬한 곳이 양주임을 알고 크게 흥미를 가졌을 것이기 때문이다.[33]

양주는 대운하와 장강 하류의 요충지로 당나라 대에는 양주대도독부
(揚州大都督府)가 개설되어 있었고 756년에 회남절도사가 설치되어 11

---

31) 권덕영, 위의 논문, p.19. 青山定雄, 1963,「唐宋の汴河」『唐宋時代の交通と地
誌地圖研究』, pp.240-244 재인용.

32) 澄觀,『華嚴經演義鈔』,『대정장』35, p.523下. 사사공사(謝司空寺)는 동진의 태
부(太傅)인 사안(謝安)의 별서(別墅)였던 곳인데, 385년에 희사하여 절로 하였
다. 진나라 말엽에 서역의 고승 불타발타라(佛陀拔陀羅)가 이곳에서『화엄경』
을 번역하였고, 이로 인해 화엄을 일으켰다고 하여 이름을 홍엄사(興嚴寺)로 하
였던 곳이다.

33) 현재 양주에는 소명태자가『문선(文選)』을 만든 문선루(文選樓) 유지가 남아 있
다. 즉 양주시 인방리(仁邦里) 정충항(旌忠巷) 2호에 소재하고 있는 정충사(旌忠
寺)로서,『가정유양지(嘉靖惟揚志)』에 문선루 유지라고 되어 있는 곳이다. 진대
(陳代)에 절을 세워 적조선원(寂照禪院)이라고 했는데, 그 후 수 양제가 이 곳에
서 친히 지조(智操)대사의 설법을 듣기도 했다. 그 후 남송 함순(咸淳) 연간에
정충사(旌忠寺)로 사명(賜名)받아 현재에 이르고 있다. 김복순, 2003,「의상의
행적연구-수학과 활동을 중심으로-」『경주사학』22, pp.103-104.

개 주를 관장하였던 만큼, 강남 재부의 집산지로 국제통상의 심장부로 발전한 곳이었다.

근처의 초주(楚州, 淮安)와 연수향(漣水鄕)의 신라인의 취락지인 신라 방(新羅坊)은 대운하 변을 따라 집중되어 있었다. 초주는 회하 하류에 위치하여 대운하와 회수를 이어주는 조운(漕運)은 물론 경제적, 전략적 요지이다. 초주에서 장안까지의 거리는『구당서』경사 2501리, 동도 1660리,『환우기』경사 2530리 동도 1670리로 계상된다. 초주는 회수(淮水), 사수(泗水), 변하(汴河), 채수(蔡水), 영수(潁水), 와하(渦河) 등 수많은 하천이 이곳을 직, 간접으로 거쳐 가는 운송의 중심지이며, 남으로는 양주를 지나 장강으로 나아가고 운하를 거쳐 소주, 항주, 명주와 통하며, 북으로는 해주로 나아가 산동 반도와 직결되는 곳이다.[34]

양주, 초주, 명주에 도착하여 장안으로 나아간 이들의 몇몇 예가 기록에 보인다.[35]

신라 헌덕왕 9년인 원화(元和) 12년(817)에 신라 왕자 김장렴(金張廉)이 태풍에 밀려 명주(영파현)에 도착하여 상륙하였는데, 절동(浙東)의 어느 관원이 발송(發送)하여 당나라 서울로 들여보낸 사건이 있었다. 이 경우 명주에서 양주로 보내 변수 - 변주 - 정주 - 낙양을 거쳐 장안으로 갔다고 생각된다.

또한 신라 헌강왕 8년인 중화(中和) 2년(882)에 입조사(入朝使) 김직량이 반신(叛臣, 黃巢)의 작난(作亂)으로 길이 막혀 초주에 상륙하여 이리저리 헤매다가 양주에 이른 사건은 장안으로 가려다가 당 희종의 성가(聖駕)가 촉에 있음을 알고 서천으로 갔는데, 양주 - 남경 - 장강 - 서천(西川) 서부에 이른 것으로 추정할 수 있다. 그리고 신라 진성여왕 10년

---

34) 김문경(金文經), 1998,『청해진의 장보고와 동아세아』, 향토문화진흥원, pp.45- 49
35)『삼국사기』권46 최치원전,「상태사시중장」에 이 2예와 입회남사 김인규(884)의 예가 나오고 있다. 이외에도「광조사 진철대사비」에 의하면, 입절사(入浙使) 최예희(896)도 양주-장안 노선을 택하였다.

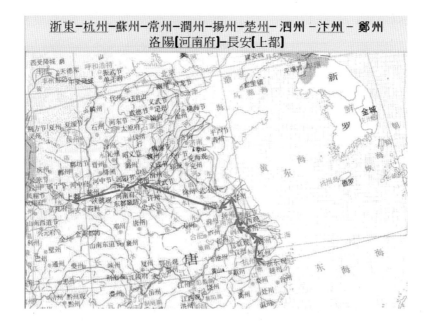

浙東-杭州-蘇州-常州-潤州-揚州-楚州- 泗州 - 汴州 - 鄭州
洛陽【河南府】-長安【上都】

인 건녕(乾寧) 3년(896)에 진철대사는 전당(錢塘, 浙江省)으로 가는 사신 최예희 대부를 만나 그 배에 편승하여 은강(鄞江)에 이르렀는데,[36] 이 경우에도 최예희는 항주 - 양주 - 변수 - 변주 - 정주 - 낙양을 거쳐 장안으로 갔을 것이다.

신라인들은 황해를 건너 한반도나 일본으로 향하는 해상교역의 주요 담당자 역할을 하였을 뿐 아니라, 등주, 내주, 밀주, 해주 등지를 따라 회수 하구를 통해 초주까지 연결되는 연해 교역의 주담당자이기도 하였다.

초주까지 이른 신라상들은 다시 운하로를 따라 남쪽의 양주로부터 물자를 입수할 수 있었다. 이렇게 등주와 초주를 잇는 왕래노선은 초주에서 운하로를 따라 연결된 양주까지 이어져 있었던 것이다. 신라인들은 초주의 치소에서 60리 정도 떨어진 회수 북안의 연수항에 신라인의 집단거주지인 신라방과 자치기구인 신라소가 있었던 것을 통해 신라인의

---

36) 「광조사 진철대사비」.

활동을 알 수 있다.

양주에서 초주를 거쳐 사주에 이르는 강회운하의 노선과 사주에서 변하를 거쳐 낙양, 장안으로 이어지는 운하로를 통한 물자의 수송은 당조의 재원확보와 직결되는 문제이기 때문에 당조로서는 남북운하의 연결지점에 위치한 사주(泗州) 일대의 장악에 특히 유의하였다. 사주 우이현(泗州 盱眙縣)은 변하와 회수를 잇는 주요 연결지점으로서의 기능과 함께 그 지정학적 중요성이 강조되고 있다. 당 조정은 안사의 난으로 황하유역의 대부분 지역이 전란 피해를 입고, 하북 삼진의 발호로 당조의 재원장악이 위협을 받게 되면서 강회지역에 대한 재정적 의존도가 높아지고 운하로에 대한 통제권의 강화와 수로의 정비를 지속적으로 강조하고 있다.37)

안사의 난 이후 숙종이 즉위하면서 지덕(至德) 원년 10월 숙종이 순화군을 떠나 팽원군(영주)에 이르렀을 때, 제5기가 숙종을 알현한 후, 강회지방의 조·용(租·庸)을 가벼운 재화로 바꾸어 양자강과 한수를 통해 양천군으로 보내고 이것을 한중왕 이우로 하여금 봉산군으로 옮기게 하여 군용으로 사용하기를 청하자, 숙종이 따랐으므로 이듬해 2월 숙종이 봉상에 이르렀고 10일 후 농우·하서·안서와 서역의 병사들이 모두 봉상에 모였고, 강회의 조와 용이 양천과 한중에 도착한 바 있다.38)

더구나 외국상인들이 안사의 난 이후 비단길이 막히고 이에 따라 해로를 통해 중국에 들어오게 되면서 이들은 대부분 양주를 거치게 됨에 따라 양주는 광주처럼 당조의 대외교역 사무를 전담하는 시박사(市舶司)가 설치되었다. 8세기 중엽 양주와 홍주에 많은 파사인, 대식인들이 거

37) 박근칠, 2004, 「당 후기 강회운하와 신라인의 활동-『입당구법순례행기』의 분석을 중심으로」 『한성사학』 19, pp.66-67; 史念海, 「唐代揚州長江下游的」經濟地區『唐代歷史地理研究』, 中國社會科學出版社, pp.234-245.
38) 『자치통감』 권219 지덕 2재 2월조, pp.7017-7018, 정병준, 2005, 「안사의 난과 왕사례」 『신라문화』 26, 동국대 신라문화연구소, pp.369-372.

주하고 있었고, 파사호점까지 설치되어 있었다. 아울러 장강 하구를 통해 한반도와 일본을 오가는 상선들이 역시 이곳에서 출항하기도 하였다.[39]

양주 - 산양독(山陽瀆) - 초주로 오는 길과 소주나 명주(- 소주 - 상주 - 윤주)를 거쳐 양주에 귀착하는 항로로서, 이 경우 양주에서 초주를 거쳐 변주(현재의 개봉)로 해서 정주 - 협주 - 화주 - 장안으로 갔는데, 변주까지는 뱃길로 그 이후는 육로를 이용한 듯하다.

3. 신라 지식인들의 귀국로

신라 지식인들의 귀국로는 입국하였던 경로를 역으로 나아가는 노선이었을 것이다. 이들 가운데 귀국로에 대한 기록을 남긴 이는 김춘추와 의상, 최치원이 눈에 띈다.

김춘추는 진덕여왕 2년에 청병외교를 위해 입당하였다. "김춘추가 해상에 이르러 고구려 순라병을 만났다. 종자 온군해가 높은 관과 큰 옷을 입고 배 위에 앉았더니, 순라병이 보고 춘추로 착각하여 잡아 죽이니, 그는 조그만 배를 타고 본국으로 돌아왔다. 왕이 듣고 슬퍼하여 온군해를 추증하여 대아찬을 삼고, 자손에게는 상을 후히 주었다"[40]는 내용이 『삼국사기』에 전하고 있다. 그의 귀국 경로는 나와 있지 않지만, 귀국길에 해상에서 고구려의 순라병을 만난 사실이 전해진다. 이로 볼 때, 김춘추는 등주에서 연안항로를 통해 귀국하였으므로, 장안 - 등주의 길을 통해 연안항로를 거친 귀국길을 잡았을 것으로 생각된다.

662년 종남산으로 가게 된 의상은 지상사에서 지엄화상에게 화엄경을 배우는 한편, 지금은 정업사로 되어 있는 도선율사의 절에 왕래하면

---

39) 박근칠, 2004, 위의 논문, pp.52-53.
40) 『삼국사기』 권5 진덕여왕 2·3년조.

서 7년 여에 걸친 교류가 있었다. 이는 지엄이 청선사(淸禪寺)의 반야원 (般若院)에서 입적할 때까지의 교류로 생각된다.

> 4) 옛적에 의상법사가 입당하여 종남산 지상사 지엄존자에게 가서 수업할 때, 이웃에 도선율사가 있어 항상 천공을 받고 재를 올리 때마다 하늘의 주방에서 음식을 보내왔다. 하루는 도선율사가 의 상을 청하여 재를 함에 의상이 가서 좌정한 지 오래도록 천공이 이르지 아니하였다. 의상이 헛되이 빈 발우로 돌아가자 그때에야 천사가 내려왔다. 율사가 "어째서 늦었느냐"고 물으니 "온 동내에 신병이 가로막고 있었기 때문에 들어오지 못하였다"고 대답하였 다. 이에 도선율사는 의상에게 신의 호위가 있는 것을 알고 그 도 의 수승함을 탄복하고, 천공을 그대로 두었다가 이튿날 다시 지엄 과 의상 두 스님을 재에 청하고 자세히 그 사유를 말하였다.[41]

의상이 당에서 수학할 당시의 모습을 보여주는 일화이다. 의상의 주 변에 항상 신병이 호위하고 있어 도선이 감탄할 정도였음을 말하고 있 다. 도선율사가 있던 곳으로 알려져 있는 현재의 서안시 교외에 있는 종 남산 정업사는 의상이 머물던 지상사와는 자오곡을 사이에 두고 이웃하 고 있다. 그러나, 정업사와 지상사가 잠시 다녀올 가까운 거리가 아닌데 이웃집 다니듯이 쉽게 다녔다는 것은 그가 종남산에 있으면서 주변의 고승들과 교류하는 등 활발히 수행하던 일면을 보여주는 사실이라고 하 겠다.

> 5) 오래지 않아 서당(西堂)이 입적하였다. 이에 빈 배에 (더 이상) 머 물 이유가 없어 외로운 구름처럼 홀로 떠나 여기저기를 돌아다니 니 몸에 그림자만이 따랐다. 돌아 다닌 이름난 산과 신령스러운 경계는 생략하고 싶지 않았다. 서주 부사사(西州 浮沙寺)에 이르 러 대장경을 열람하는데 조석으로 오로지 정진하였고 잠시도 그

---

41) 『삼국유사』 권3 「전후소장사리」조.

만 두지 않았다. 눕지도 않으며 자리도 펴지 않고 3년에 이르니, 경문의 오묘함을 궁구하지 못한 것이 없었고 이치는 음미하되 통달하지 않음이 없었다. 혹은 묵묵히 문장과 구절을 생각하여 깊이 깊이 마음에 새겨 두었다. 고국을 떠난 지 오래되었고 법을 선양하고자 하는 마음이 깊어져 드디어 군자의 나라 신라로 돌아가리라 하고 신기루같은 파도를 가로질러 개성 4년(838) 봄 2월에 귀국하였다.[42]

6) 머문 지 얼마 안 되어 스승이 열반에 드셨다. 검은 수건을 머리에서 벗고 "뗏목을 이미 버렸는데 배를 어디에다 매려 하는가"라고 말하였다. 이로부터 유랑함이 바람에 나부끼듯이 하였는데 그 기세를 막을 수 없었으며 그 뜻을 뺏을 수 없었다. 분수(汾水)를 건너고 향산(享山)을 오름에 있어 옛 자취는 반드시 찾아보고 진실한 승려는 반드시 만나 보았다. 무릇 머무는 곳은 사람과 떨어져 있으면서 가장 중요시한 것은 마음의 위태로움을 편안히 여기고 있었기 때문에 고생을 달게 여기는 것이었으므로 사체를 부르는 것을 종처럼 하되 마음을 임금처럼 받들었다.[43]

7) 쉽게 법왕의 심인을 받았다. 그 후 영남과 하북에서 여섯 탑파를 순례하였으며, 호외와 강서 지방에서 여러 선지식들을 두루 찾아보고, 드디어 북쪽으로 항산과 대산을 돌아다니며 찾아다니지 않은 곳이 없었고, 남으로는 형산과 여산 등 찾아가지 않은 산이 없었다.[44]

위의 사료는 신라에서 간 유학승들이 스승이 입적하자 머물던 곳을 떠나 전국을 유행하면서 선지식을 만나고 견문을 넓힌 사실을 보여주고 있다. 적인선사는 서당 지장이 입적하자 유행을 다니고 있고, 무염화상 역시 그의 스승 마곡 보철이 입적하자 역시 분수와 향산을 유행하였다.

---

42) 「대안사 적인선사비」.
43) 「성주사 낭혜화상비」.
44) 「광조사 진철대사비」.

진철대사는 운거 도응의 심인을 받고 선종의 6조사의 탑과 동정호 주변
과 강서지방의 고승들을 찾아보고, 항산, 대산, 형산, 여산 등 중국전역
의 명산들을 유랑하였다.

　의상도 이들의 예와 같이 스승이 심인을 전수하고 곧 입적하자 중국
전역을 유행하며 3년 동안 이름난 사찰과 승려들을 탐방하였을 것으로
생각된다. 다시 장안으로 돌아 온 의상은 김인문이 옥에 갇혔다는 소식
을 듣고 그를 찾아가 본 것으로 되어 있다. 이 때 김인문은 의상에게 당
이 50만 군사를 조련하여 설방(薛邦)을 대장으로 삼아 신라를 치려한다
는 사실을 일러 주고, 이 사실을 신라에 조속히 알려주기를 원하였으므
로 의상은 귀국을 결심하게 되었다. 그의 귀국은 선묘의 설화로 볼 때
장안 - 등주 노선을 거쳐 신라에 돌아왔다고 생각된다.

　최치원은 884년 28세로 양주를 떠나 신라로 돌아가려 하였다.『계원
필경집』에 의하면,[45] 김인규가 장안에 가서 희종에게 이 사실을 고하자
최치원에게 국신사(國信使)의 임무를 맡겨 돌아가게 하였다. 당시 고병
의 막부는 장안에 진주원(進奏院)을 두고, 공문의 왕래와 중앙의 일을 회
남 막부에 알리는 일을 하고 있었다. 김인규는 이들이 다니는 길을 통해
사신의 임무를 마치고 최치원을 국신사로 임명하는 조칙을 가지고 양주로
왔으므로, 최치원이 「사허귀근계(謝許歸覲啓)」를 써서 감사를 드리고 있
다. 양주 - 장안 노선이 매우 활발히 움직이고 있음을 알 수 있게 한다.

　최치원 일행이 귀국 도중 산양독(山陽瀆)에 머물 적에, 태위 고병이
옷감을 보내어 어버이를 뵙고 축수하는 예물로 삼게 하였다. 이에 최치
원이 시를 지어 사례한 사실을 통해서 볼 때, 그는 장안에서 온 김인규
의 국서를 받아 양주를 떠나 산양독으로 길을 잡은 것이다.[46] 산양독을

---

45)『계원필경집』권20「사허귀근계(謝許歸覲啓)」,「제참산신문(祭巉山神文)」.
46)『계원필경집』권20「行次山陽瀆蒙太尉寄賜衣段令充歸覲續壽信物謹以詩謝」山
　　陽瀆을 山陽續으로 읽어 거듭으로 해석하고 있으나, 여기서는 산양독을 지명으
　　로 해석하였다.

통해 양주에서 초주로 전운된 물자나, 낙양, 장안 등으로부터 변하를 거쳐 사주(우이현)에서 다시 초주에 수송된 물자들은 신라 상인들에 의하여 취합된 후, 산동지역을 통해 비교적 용이하게 신라에 전해진 것으로 알려져 있다. 이 경우 등주에서 초주를 왕래하는 선편이 주로 신라인들에 의하여 마련되거나 운행되었다고 한다.

　최치원은 운하 길을 따라 초주에 이르렀으나 배가 풍랑을 만나 등주 유산구로 떠내려가 정박하게 되었다. 정박해서 10여일이 지나도 다시 출범하기 어렵게 되었으므로, 고병에게 전후사정을 고하고 있다.[47] 최치원은 885년 봄에 무사히 귀국하였다.

4. 맺음말

　신라 지식인들 가운데에는 그들이 입당할 때와 귀국 당시의 상황이 전해지는 이들이 있다. 그 기록은 그들의 저술 내지 전기 가운데 전해지고 있다. 본고에서는 이들의 입당로와 귀국로를 추적하여 보았다.

　먼저 입당로는 등주 - 장안 직행로와 등주 - 오대산 - 장안으로의 길을 상정하여 자장, 김춘추, 의상과 도의, 무염, 행적의 기록을 통해 이들의 입당로를 추적하였다. 등주 - 장안 직행로는 대략 3,000리 정도로 추산되는데, 당나라의 대로 가운데 하나로 포함될 만큼 자주 이용된 교통로였다. 다음으로 등주에서 오대산을 거쳐 장안으로 간 경우로, 오대산에서 장안으로, 장안에서 오대산으로 간 기록을 남긴 이는 도의와 행적이었다. 도의가 간 길은 엔닌이 적산원에서 오대산으로 간 것과 같은 노선을 밟아 갔다고 보고, 엔닌의 기록에 따라 그 노선을 확정하였다. 이

---

47) 『계원필경집』 권20 「상태위별지(上太尉別紙)」 제4.

노선에서 진양 - 장안의 길은 이미 당대에 장안(上都)과 낙양(東都) 그리
고 태원(北都)를 잇는 길로 잘 닦여져 있었다. 따라서 신라 지식인들이
오대산에서 태원까지의 길을 잘 갈 수 있다면 큰 무리없이 장안에서 오
대산, 오대산에서 장안까지 갈 수 있었다고 할 수 있다.

중국 동남해안 지역들은 수나라 이후 장안으로 가는 노정에 커다란
변화가 생겼는데, 그것은 남북을 잇는 대운하와 밀접한 연관이 있었다.
수나라 양제 이후 강도로 불리었던 양주에서 낙양까지는 운하가 잘 닦이
게 되면서, 양주 - 장안 노선은 등주 - 장안 노선 이상으로 신라 지식인
들이 애용하였던 길로 추정된다. 양주에서 장안까지 2600리, 동도까지
1740리로 추정되는데, 등주 - 장안 길보다 양주에서 장안으로 가는 노정
이 400리 가량이 덜 걸리는 것이 확인된다.

양주에서 운하로를 따라 초주 우이현에 이른 후, 회하의 흐름을 거슬
러 올라가 사주 임회현까지 200리를 지나, 다시 변하의 운하로를 따라
변주로, 이어서 낙양, 장안으로 이동하였다. 양주에서 장안으로 간 지식
인으로 확실하게 나타나는 이는 의상이다. 문무왕 원년(661)에 의상이
편승한 중국 사신의 배는, 10월 29일에 도착한 조문겸책봉사 일행이 타
고 온 것으로 사신 일행은 이듬해 정월까지 신라에 머물렀지만, 그들을
태워온 배는 그 해 겨울에 돌아갔기 때문이다. 양주는 대운하와 장강 하
류의 요충지로 당나라 대에는 양주대도독부가 개설되어 있었고 756년에
회남절도사가 설치되어 11개 주를 관장하였던 만큼, 강남 재부의 집산지
로 국제통상의 심장부로 발전한 곳이었다. 근처의 초주(회안)와 연수향
의 신라인의 취락지인 신라방은 대운하 변을 따라 집중되어 있었다. 초
주는 회하 하류에 위치하여 대운하와 회수를 이어주는 조운은 물론 경제
적, 전략적 요지이다.

제II부 최치원의 역사인식과 서역인식

제1장 최치원의 역사인식 연구

1. 머리말

최치원은 유학자로서 당과 신라에서 벼슬살이를 하면서 틈틈이 글을 지어 많은 문장을 남겨 놓았다. 그의 글은 역사가로서의 면모는 보이고 있지만, 전문적으로 통사적인 서술은 하지 않았다. 그렇지만 자신이 처해있던 현실적인 상황, 즉 주로 문한을 담당하던 직에 있었다는 사실로 인해 다방면에 걸쳐 역사가 이상의 안목으로 많은 사안을 밝혀 놓았다.

그는 전 생애에 걸쳐 국내·외 여러 곳에 머물면서 석각을 새기는 등의 자취와 함께 글들을 남겨놓았다. 근래 중국 내에서의 관련 역사유적을 중심으로 한 그의 활동양상과 저술이 함께 살펴진 논고들이 나오고 있어, 관련 유적이 주는 현장감과 함께 그의 저술이 가지고 있는 시대적 배경을 이해하는데 도움이 되고 있다. 최치원은 신라인으로서는 최대의 저술가인 까닭에 그의 생애 내지는 그의 저술 자체를 연구하거나, 신라사와의 관련 속에서 연구한 논고도 있으며, 문인들의 한중 교류에 관한 내용도 있다.

그런데 그에 대한 평가는 긍정과 부정의 양극적 측면이 보이고 있다. 이에 기존에 나온 여러 연구 성과들을 근간으로 하여 그의 저술과 활동양상을 살펴본다면, 최치원을 종합적으로 인식하는데 도움이 될 뿐 아니라, 그의 역사인식의 문제도 정리해 볼 수 있으리라 생각된다.

본고는 그의 역사인식에 관한 연구이므로, 본론에 앞서 그의 역사인 식을 형성하게 된 생애와 저술을 간략히 살피고자 한다. 이는 그가 유학 자로서 현실적인 합리주의 사관을 형성하게 된 과정을 역사인식의 배경 으로 삼고자 하는 것이다.

그의 역사인식은 크게 두 부분으로 나누어 서술하려 한다. 첫 부분은 그의 역사인식이 후대에까지 영향을 끼침으로써 지속적으로 논의가 되 고 있는 문제를 김부식의 『삼국사기』와 일연의 『삼국유사』에서 취사선 택된 최치원의 저술들을 중심으로 다음과 같이 살펴보려는 것이다. 첫째 는 한국 상고사에 관한 인식의 문제이다. 둘째는 『제왕연대력』과 중국 과 신라와의 관계 설정에 관한 문제이다. 셋째는 유학자로서 3교 회통적 사상과 효선쌍미적 인식에 관한 문제이다.

다음 부분은 그가 당대에 인식하였던 현실적 역사인식을 다음과 같이 몇 부분으로 나누어 고찰해 보고자 한다. 첫째 당 중심으로 형성된 세계 관으로 역사를 인식하고 있는 문제, 둘째 사회개혁론에 드러난 인재등용 의 문제, 셋째 신라 불교와 풍속을 동아시아인들이 공유할 수 있는 한문 문장으로 표기한 점 등에 초점을 맞추어 언급해 보려 한다.

이상의 내용들은 필자가 그동안 틈틈이 써 왔던 최치원에 관한 일련 의 글들에서 조금씩 언급한 내용도 있고, 그의 역사인식과 관련된 내용 을 새로이 정리하는 과정에서 얻어진 사실도 있다. 따라서 본고는 이들 을 정리하여 최치원에 관한 역사인식을 체계화해 보려는 것이다.

2. 최치원 역사인식의 형성 배경

최치원의 역사인식이 형성되는 배경은 그의 생애와 저술에서 찾아낼 수 있으므로, 이를 개괄하여 정리함으로써 그 형성과정을 드러내 보이고

자 한다.

최치원은 어려서부터 문재(文才)가 있었고, 유학준비를 위해 이미 기초적인 경전은 신라에서부터 수학하였으리라 생각된다. 특히 12세에 당에 유학하여 빈공진사로 급제하기까지 남들보다 10배의 노력을 경주하였는데,[1] 주로 유교경전과 『문선』 등 시부에 관한 글들을 고구하였다. 그의 유학자로서의 문장가적 소양과 기반은 이 때 이미 형성되었을 것이다. 그는 장안과 낙양, 율수현, 양주에서 17년 동안 만당(晩唐)의 풍파를 겪으면서, 숙위학생에서 빈공진사로, 율수현위로, 고병의 종사관으로 활동하였다.

그가 문장가로서 펼친 활동이 「격황소서」에서 크게 빛이 난 바 있다. 귀국을 결심하고서 그는 자신이 썼던 글을 『계원필경집』 등에 모아 전해주었다. 이 책에서 그는 자신이 중국에 있는 동안 머물렀던 곳의 시대적 환경과 체험하였던 내용을 구체적으로 언급하고 있고, 율수현과 양주가 유학생 내지 재당신라인들과 어떠한 연관 관계에 있었는지도 살펴볼 수 있는 자료를 제공해 주고 있다.

최치원의 재당시절 사상적 특징이라 할 유·불·도 3교 융회의 경향은 시대적 간격이 있기는 하지만, 지속적으로 등장하는 문제이다.[2]

당나라는 불교가 매우 성황을 이루었으나, 최치원이 입당하기 전인 840년대에 회창 폐불이 일어나 불교세력이 약화되었지만 선종을 중심으로 한 불교문화가 형성되어 있던 상황이었다. 또한 도교도 황실과 성이

---

1) 최치원지음, 이상현옮김, 2009, 『계원필경집』1, 한국고전번역원, pp.66-67이 글은 최치원지음. 이상현옮김, 『계원필경집』(1)과 『고운집』, 2009의 발간을 기념하여 마련된 지면이므로, 최치원의 원전 등을 인용할 때 위의 책을 참고하여 작성할 것이다.(이하 『계원필경집』1, 『고운집』으로 생략)

2) 그의 저술에는 3교 혼용 내지 융통에 관한 기사가 많이 있다. 김복순, 1990, 『신라화엄종연구』, 민족사, pp.158-161, 최영성, 1998, 「고운 최치원의 삼교관과 그 특질」『한국사상과 문화』1, pp.160-161, 장일규, 2002, 「최치원의 유불인식과 그 의미」『한국사상사학』, pp.31-59.

같다는 이유로 번성할 수 있었고, 한나라 이래로 정치이념으로 자리한
유교 역시 세력을 가지고 있었다. 이를 유불도 3교의 융회라는 입장에서
개략해 보면 이렇다.

중국은 동진의 도안과 혜원 이래로 호계삼소(虎溪三笑)로 대변되는 3
교 융회적 경향이 있었고, 북위 대부터 점차 구체적으로 삼외(三畏)와 오
상(五常)이 삼귀(三歸), 오계(五戒)와 같다는 배대가 『위서(魏書)』「석노
지(釋老志)」 등에 기록되기 시작하였다. 그리고 당대의 현종은 『효경』,
『도덕경』, 『금강경』에 주를 달아 유포하는 등 유불도 3교융합의 경향을
보여주었다.

재당시절 최치원은 유학자로 자처하였지만, 황소의 난 등 어지러운
만당의 분위기 속에서 호국적인 측면에서 유불도 3교를 회통적으로 이
해하고 있음이 그의 저술 전반에 걸쳐 자주 언급되고 있다.

그는 재당시절 불교의 승정이 가지고 있는 행정적 임무에 대해 인식
하고 있을 뿐 아니라,3) 십지나 화택과 같은 『화엄경』이나 『법화경』에
나오는 용어를 쉽게 구사하고 있어,4) 그의 불교에 대한 기본적인 인식을
드러내고 있다. 또한 대운사 중수에 관한 모금을 하면서 3교 가운데 하
나로 불교를 인식하고 있고,5) 도관 중수에 관한 모금을 하면서 불교와
도교의 회통적 경향을 언급하고 있다.6) 그의 『계원필경집』에는 격식에
맞춰진 도교의 청사(靑詞)나 초제문(醮祭文)이 실려 있기도 하다. 그는
귀국 길에 좌초당하여 산동반도 유산포에 표류하여 잠시 머물게 되자,
그 곳의 참산신에게 제문을 써서 무사귀국을 빌7) 정도였다.

최치원은 신라로 귀국한 이후, 시독겸 한림학사 수병부시랑 서서원학

---

3) 『계원필경집』 권4 「주청승홍정충관내승정장(奏請僧弘鼎充管內僧正狀)」.
4) 『계원필경집』 권4 「사허홍정충승정장(謝許弘鼎充僧正狀)」.
5) 『계원필경집』 권16 「구화수대운사소(求化修大雲寺疏)」.
6) 『계원필경집』 권16 「구화수제도관소(求化修諸道觀疏)」.
7) 『계원필경집』 권20 「제참산신문(祭巉山神文)」.

사로서 중앙정계에서 활동하다가, 태인·서산·함양군수로서 지방에서 활동하였다.

중앙정계에서 활동한 기간 동안 그는 경세가로서의 사회개혁론을 내세워 자신의 포부를 펴보려 하였지만, 왕경의 신라인들은 그를 문장가로서 높이 평가하였을 뿐이지 정치가로서 신라의 중앙정치에 간여하는 것을 바라지 않았다. 이어 지방에 나아가 활동한 기간에 그는 지방고을의 책임자로서 태인, 서산, 함양태수를 지내면서도, 신라의 외교문서는 계속 작성하고 있었으며, 시무책 찬진도 이 시기에 이루어졌다.

그러나 그의 뜻을 관철하려던 것이 허무하게 끝났으므로, 전국을 소요하면서 명필로서의 진가를 석각을 통해 남겨놓았다. 결국 해인사로 은거하게 되었지만, 이 곳에서도 그는 「법장화상전」 등의 승전과 해인사 관련 글들을 저술하였다. 그는 전 생애를 통해 명문장을 구사한 문필가로서 큰 족적을 남기고 있다.

이렇게 최치원은 문장가답게 재당시절부터 활동하면서 지은 글들을 엮어 책으로 만들었고, 귀국 이후에도 왕명에 의하거나, 왕실과 사원의 부탁에 의해 많은 글들을 썼다. 질적인 면에서의 탁월함은 말할 나위도 없겠거니와, 양적인 면에서도 신라시대 다른 유학자들과 비교해도 타의 추종을 불허할 만큼 많다. 최치원은 신라의 최대문호로서 『동문선』 등에 다양한 장르의 내용이 전하고 있다.[8]

귀국 이후에도 그는 신라왕을 대신해서 쓴 당에 보내는 외교문서, 신라왕의 명을 받아 수찬한 4개의 비명인 <사산비명>, 『제왕연대력』, 「부석존자전」과 「법장화상전」 등 승려전기, 결사문, 해인사 관련 기문, 난랑비서, 향악잡영 5수 등이 남아 있다.[9]

---

8) 『동문선』에 실린 내용만 해도 16장르의 195개 작품이 실려 있다.

9) 김복순, 1983, 「최치원의 불교관계저술에 대한 검토」 『한국사연구』 43; 1987, 「최치원의 법장화상전 검토」 『한국사연구』 57; 2001, 「중국내 최치원 유적과 계원필경」 『동악미술사학』 2; 장일규, 2003, 「최치원의 저술」 『북악사론』 10;

이 저술들에서 그는 유·불·도 3교를 회통적으로 인식하는 경향이, 중국에서부터 있었는데 귀국 이후에도 계속 그 기조를 이어갔다고 할 수 있다. 그러나 온전히 전해지는 글이 있는가 하면, 제목만 전하는 글도 있고, 여러 역사책에 단편적으로 전하는 글에 이르기까지 최치원의 글들은 다양한 양태를 보이고 있지만, 이는 모두 우리 역사상 귀중한 사료로서의 역할을 하고 있다는 사실은 특기 할만하다.

때문에 그의 저술들을 활용하여 분석해 본다면, 당대의 역사인식을 드러낼 수 있으리라 생각된다. 그런데 그의 글은 동아시아적 가치라는 측면에서 평가해 볼 때, 그에 대한 긍정적 내지 부정적인 측면의 시각이 있으므로 이를 총체적으로 점검할 필요가 있다는 점이다. 그것은 「격황소서」의 풀이를 통한 최치원의 한계점을 지적한 논고[10]가 있는가 하면, 최치원에 대한 재당 시기의 고찰이 중국학자들에 의해 본격화되면서 한·중·일의 공동 어문학을 조성한 중심인물로 설정되기도 하기 때문이다.[11]

2004, 「최치원의 화엄승전 찬술과 해인사의 화엄사상」『신라사학보』 창간호; 곽승훈, 2005, 「신라말기 최치원의 승전 찬술」『불교연구』22; 2005, 『최치원의 중국사 탐구와 사산비명 찬술』, 한국사학.

10) 김혈조, 2006, 「최치원의 「격황소서」에 대한 일고」『동아인문학』9, p.104에서 "그 자신 신라의 비주류 출신이면서도 중국의 비주류 혹은 하천민인 황소를 정벌하는데 앞장 선 최치원은 엄격하게 말하자면 자기 정체성에 대한 허약한 인식의 소유자이며, 동시에 중국에 동화되어 자신이 마치 중국 중심부의 주류인 양 행세하는 것이 중국 변방국가의 비주류임을 벗어날 수 있다고 착각하는 허위의식의 소유자이기도 하다..... 문장과 글쓰기에 대한 평가는 그 역사성을 고려하지 않고 그 자체로서만 평가할 수 없다. 탈역사적 문장, 수사적 기교로만 이루어진 문장을 명문장이라고 평가하는 자세는 문학의 역사적 책무를 망각하는 것이다.... 이러한 교훈을 우리는 최치원의 「격황소서」에서 찾을 수 있는 것이다."라고 하였다.

11) 박병선, 2007, 「당대 한중 문인의 교류에 관한 연구-동국 문종 최치원을 중심으로 -」『중국어문학논집』46, pp.466-467에서는 "8-9C 즉 만당시기는 한자문화권인 동아시아에서 한시문학이 한·중·일 삼국에서 확산되어 공동어문학이 형성되던

3. 고려 사서에 남겨진 최치원의 역사인식
-『삼국사기』와 『삼국유사』를 중심으로-

　최치원의 역사인식에 관해서는 많은 논고들이 나온 바 있다. 즉,『계원필경집』의 내용과 함께 귀국 이후에 쓴 저술에서 그가 신라인으로서 드러내고자 하였던 역사인식과 사회개혁론, 그리고 우리문화와 중국문화에 대한 인식, 자신의 문장에 대한 자부심 등이다. 특히『제왕연대력』에 주목한 면이 크다고 할 수 있다.[12] 이러한 연구들을 기반으로 하여 그의 역사인식을 살펴보고자 한다.

　최치원의 역사인식은 고려조의 사서인『삼국사기』와『삼국유사』에 잘 드러나 있다. 최치원은 고려조에서 내사령, 문창후로 봉해진데서 나타나듯이 매우 긍정적으로 평가되어진 인물이다.[13] 때문에 김부식과 일연은 그들의 저술에 최치원의 저술을 많이 인용하여 서술함으로써 그의 저술이 보존된 측면이 있다. 따라서『삼국사기』와『삼국유사』에 나오는 내용을 통해 다음과 같이 최치원의 역사인식을 재추적해 볼 수 있을 것

　시기이다. 최치원은 한자문화권이 형성되던 만당시기 동아시아의 중심국가인 한·중·일 삼국에서 문학명성을 구가하며 공동어문학의 형성과 발전에 공헌했으며, 나말여초 한문학의 정립에도 기여했다..... 근래 한국과 중국 양국에서 최치원을 중심으로 한중교류문화사에 대한 연구가 깊이를 더해가고 있다. 보다 체계적이고 면밀한 분석을 통한 동아시아에서 공동 어문학이 형성되던 만당 시기 한중문인 상호간 교류와 함께 전개된 문화교류의 면모가 보다 명확하게 밝혀지길 기대한다"고 하였다.

12) 조인성, 1982,「최치원의 역사서술」『역사학보』94·5합; 이현혜, 1983,「최치원의 역사인식」『명지사론』창간호; 이재운, 1999,『최치원 연구』; 최경숙, 1997,「최치원의 역사인식」『고운의 사상과 문학』; 최영성, 1998,「고운 최치원의 역사의식 연구」『한국사상사학』11; 장일규, 2002,「최치원의 신라전통 인식과『제왕연대력』의 찬술」『한국사학사학보』6.

13) 김복순, 2008,「고려의 최치원 만들기-「지증대사비」의 건립을 중심으로」『신라문화』32, pp.69-90.

이다.

첫째, 한국 상고사에 대한 인식의 문제이다. 최치원은 『삼국사기』와 『삼국유사』에서 삼한에 관하여 언급한 것이 가장 오래된 역사에 대한 인식이었다. 그런데 그는 다른 곳에서 기자에 관해 언급한 내용이 다음 과 같이 보이므로, 그가 가장 멀리 인식한 것은 기자에 대한 것이었다고 할 수 있다.

> 1) "신이 살펴 보건대, 본국은 ..... 더군다나 9주(九疇)의 남은 법도 에 의지하고 일찌감치 8조(八條)의 교훈을 받았는데야 더 말해 무 엇하겠읍니까(矧假九疇之餘範 早襲八條之敎源). 말할 때에는 반드 시 하늘을 두려워하고, 걸어다닐 때에는 모두 길을 양보하였으니, 이는 대개 인현(仁賢)의 교화를 받아서 군자의 나라라는 이름에 실제로 부합되었기 때문입니다."14)

그는 신라의 연원을 9주와 8조를 빗대어 언급하였다. 즉 9주는 홍범 구주로 기자가 주 무왕을 위해서 백성을 다스리는 9가지 방법을 전해준 것이고, 8조는 기자가 남겼다는 8조의 법금을 말하므로, 인현인 기자(箕子)의 교화를 받은 군자국으로서의 신라의 근원을 서술한 것이다.

최치원은 전문적인 통사를 편찬하지는 않았지만, 『사기』의 기자동래 설, 『삼국지』「동이전」의 기록을 근거로, 신라가 일찍부터 그 문화의 기 원을 중국에 두고 있다는 것을 강조하고 이를 통하여 자신의 관념세계를 합리화시킨 것으로 보아왔다.15)

최치원이 중국 고대 사서인 『사기』와 『삼국지』 등에 보이는 기자까 지만 한국 상고사의 상한으로 언급한 것은, 그가 유학자로서 괴력난신 (怪力亂神)은 언급하지 않고, 앞선 사서(史書)에 나오는 내용을 술이부작

---

14) 최치원, 「양위표」『동문선』 권43(『고운집』, p.196).
15) 이현혜, 위의 논문, p.9.

(述而不作)의 태도로 찬술한 것을 의미한다. 이것은 김부식과 이후의 유학자들에게 큰 영향을 끼쳤다. 『삼국사기』「고구려본기」에 나오는 내용에 의거해 보면, 김부식은 단군으로 추정되는 평양의 선인(仙人)에 대한 언급도 다음과 같이 하고 있다.

> 2) (동천왕)21년. 평양성을 쌓아 백성과 묘사(廟社)를 옮겼다. 평양은 본래 선인(仙人) 왕검이 살던 곳이다. 혹은 왕의 도읍 왕험이라고도 한다.16)

김부식은 종래의 기록을 그대로 전재(轉載)하고 설화와 신화를 그대로 기술하던 고대의 역사학으로부터 탈피하여 나름대로 철저하게 문헌기록에 의존하여 역사를 서술하였다. 또한 사료의 사실 여부를 검토한 후 취사선택하여 수록하고도 있다. 그리고 자신의 견지에서 역사적 제 사실을 비판한 것으로 되어 있다. 즉 설화형태의 역사인식을 주조로 하면서 전통에 대한 당대적 재인식과 강조를 목적으로 하여 서로 전승되어 오던 사료에 대하여 유교문화적인 재인식을 시도한 것이 바로 『삼국사기』의 편찬인 것이다. 이에 그는 우리의 관점에서만 역사를 논하지 않고 당시 동아시아 세계에서 보편적 이념으로 기능하고 있던 유교라는 관점에서 자국의 역사를 인식하려고 노력함으로써 한국 중세 사학의 기초를 닦은 것으로 평가되고 있다.

물론 고대사를 편찬하면서 유교사관에 배치되는 고대 문화적 요소를 전부 삭제함으로써 큰 비판을 받고 있다. 특히 그는 유학자로서 다음의 내용에 보이듯이 한국 상고사의 상한을 기자로 못 박고 있다는 점이다.17)

---

16) 『삼국사기』 권17 「동천왕」 21년조.
17) 이에 대한 선학들의 언급은 이렇다. 김철준, 1973, 위의 논문(『한국의 역사인식』 상, 창작과 비평사, 1976, p.107)에서 "고대적 체질의 부인과 유교사관의 확립이라는 김부식사학의 성격은 스스로 고대문화에 대한 이해의 범위를 좁혔을 뿐

3) 해동에 나라가 있은 지는 오래이다. 기자가 주 왕실에서 책봉을
받음으로부터 위만이 한나라 초 칭왕(稱王)할 때까지 연대가 막연
하고 문헌이 소략하여 진실로 상세함을 얻을 수 없다. 삼국이 정
립함에 이르러서는 세상에 전해짐이 더욱 많아졌다. 신라는 56왕
992년, 고구려는 28왕 705년, 백제는 31왕 678년으로 그 시작과
끝을 살필 수가 있으므로, 삼국의 연표를 짓는다.(당나라 가언충이
이르기를 '고려는 한나라 때부터 나라가 있어 지금 900년이다'고 한
것은 그릇된 것이다)[18]

반면 일연은 최치원과 김부식이 쓰지 않았던 단군 등의 상고사에 대
해 특별히 언급하고 있어 신이사관을 나타내 주고 있다. 중국적 세계관은
인정하지만, 우리도 중국과 동등한 연원을 가진 나라로 인식한 것으로,
최치원과 김부식의 역사인식 위에 신이사관을 더한 면을 보인 것이다.[19]
　김부식은『삼국사기』에서 B.C.57년부터 신라. 고구려. 백제 3국의 역
사만을 다루고 있다. 조선시대의 유학자들조차도『삼국사절요』,『동국통
감』에서 삼국의 본기에 앞서「외기(外紀)」를 설정하여 단군과 기자에
대한 내용을 서술하고 있는 사실과 비견되는 모습이다. 조선시대 사서
에서의「외기」의 설정은 고려 말의 역사인식을 조선 초에 수용한 결과
일 것이다. 따라서 김부식의 수사방식 역시 앞선 유학자인 최치원의 역

아니라, 그 인식의 시대폭도 제한하게 되어 저절로 고조선사를 취급하지 않게
된 것이었다"라고 하였고, 한영우, 1994,「고려시대의 역사의식과 역사서술」『한
국의 역사가와 역사학』상, p.48에서 "'괴력난신은 말하지 않는다'는 신화에 대
한 비판정신이 결과적으로 단군신화를 삭제하게 만들었고, 무징불신(無徵不信)
이라는 증거주의 정신이 삼한의 역사를 매몰시키는 결과를 가져왔다. 그리하여
『삼국사기』의 연표에서만 기자조선과 위만조선의 실재를 가볍게 언급하고 박
혁거세의 신라건국에서부터 국사의 시발점을 적극적으로 인정하게 된 것이다.
그리고 고조선을 소홀하게 다루어 고조선 내부에서 성장한 고주몽 이전의 고구
려의 존재를 몰각하게 되었다"고 보았다.
18)『삼국사기』권29「연표」상.
19) 이기백, 1973,「삼국유사의 사학사적 의의」『진단학보』36; 고익진, 1982,「삼국
　　유사의 찬술고」『한국사연구』38.

사인식을 그대로 따른 것으로 추정된다. 특히 그가 삼국 이전의 역사를 언급하지 않고, 다만 「연표」에서 기자(箕子)와 위만에서부터 우리 역사의 시작을 언급한 것은 전적으로 최치원의 유학자로서의 인식과 궤를 같이 하는 것이라 하겠다.

　다음은 삼한에 대한 인식의 문제로서, 많은 이들이 관심을 가지고 언급한 바 있다. 즉 최치원은 삼한이 삼국으로 계승되었다고 보는 삼한삼국 계승론과 삼한이 곧 삼국이라는 인식론으로 보는 주장이 있다.

　삼한 문제와 관련해서는 『삼국사기』와 『삼국유사』에서 최치원설을 인용하여 '마한 - 고구려', '변한 - 백제', '진한 - 신라'의 연계 내용을 전해주고 있다.

> 4)-1. 신라의 최치원이 말하기를 "마한은 곧 고구려이고, 변한은 백제이며, 진한은 신라이다"라고 하였다.
>
> 4)-2. 삼가 듣건대 동해 밖에 세 나라가 있었으니, 그 이름이 마한 변한 진한입니다. 마한은 고(구)려요, 변한은 백제이며, 진한은 신라입니다.[20]
>
> 5)-1. 최치원은 이렇게 말했다. "마한은 고구려이고, 진한은 신라다" (『삼국사기』신라 본기에 의하면, 신라가 먼저 갑자년에 일어나고 고구려는 뒤에 갑신년에 일어났다고 하였다. 이렇게 말한 것은 조선왕 준을 두고 말한 것이다. 이것으로 본다면 동명왕이 일어날 때에 마한까지 병합하여 가졌던 것을 알 수 있다. 때문에 고구려를 마한이라고 부른다. 지금 사람들이 혹 금마산을 주목하여 마한이 백제가 되었다고 하는 것은 대개 잘못이다. 고구려 땅에 본래 마읍산이 있었기 때문에 마한이라 이름지은 것이다.)
>
> 5)-2. 또 최치원은 "변한은 바로 백제다"라고 하였다....마땅히 고현 (古賢)의 말을 좇는 것이 옳을 것이다.

---

20) a-『삼국사기』 권34 지리지, b- 권46 최치원전.

5)-3. 또 최치원은 이렇게 말했다. "진한은 본래 연나라 사람이 피난
해 와 있던 곳이다. 그런 때문에 탁수(涿水)의 이름을 따서 그들
이 사는 읍과 마을을 사탁, 점탁이라고 불렀다"[21]

삼한삼국 계승론 내지 삼한이 곧 삼국이라는 관념은 고려, 조선에 이
르기까지 그 위치를 어디에 비정할 것인가를 놓고 많은 학자들이 언급할
정도로 영향력이 있었다.[22]
그런데 근래 최치원의 마한 - 고구려 계승인식과 관련한 연구에서 여
러 이견이 나온 바 있다. 즉 최치원이 중국 군현과 대립했던 마한을 고
구려와 자의적으로 연결하여, 그 후예인 발해의 당에서의 정치적 입지를
축소시키려는 의도에서 이러한 계승인식이 나온 것으로써, 신라가 발해
와 대립하고 있던 현실의 산물이라는 견해가 있다.[23] 이에 앞서 최치원
이 『제왕연대력』을 제작하게 된 대외적인 의도로서 고구려를 이어 일어
난 발해에 대한 경계심의 발로였음을 주장한 논고가 있다.[24] 반면 고구
려의 마한 계승인식이 고려시대의 사서(史書)에 집중적으로 소개된 것은
고구려의 평양천도를 통해 형성된 고조선 계승인식이 준왕의 남래로 마
한과 연결되었고, 보덕국의 금마지역 건립과 연결되어 마한에서 고구려
로의 국가계승인식이 확립된 것이라는 주장이다.[25]
이는 신라와 발해를 보는 관점의 문제와도 연결된 것으로, 남북국문
제와 관련하여 언급한 선학의 연구에 이어, 신라인의 양면적 인식을 나
타내 준 것으로 의견이 모아져 있다.[26] 그러나 최치원이 현실적으로 발

21) a-『삼국유사』 권1 「마한」조, b-「변한 백제」조, c-「진한」조.
22) 김정배, 1968, 「삼한 위치에 대한 종래설과 문화성격의 검토」 『사학연구』 20,
    pp.130-139.
23) 이도학, 2005, 「최치원의 고구려 인식」 『한국사상사학』 24, pp.199-222.
24) 이재운, 앞의 논문, pp.14-18.
25) 조법종, 1998, 「고구려의 마한계승 인식론에 대한 검토」 『한국사연구』 102, pp.55-
    74.
26) 이우성, 1975, 「남북국시대와 최치원」 『창작과 비평』 10-4; 한규철, 1983, 「신라

해를 염두에 둘 수밖에 없는 상황이기는 하였지만, 삼한삼국 계승론은 삼국의 연원을 좀 더 올려 보고자 했던 그의 의도에서 나왔다고 하겠다. 즉 기자로부터 삼국과의 사이에 존재한 삼한과의 계승을 통해 고대사의 공백을 메우고자 한 것이다. 김부식과 일연은 그의 설을 적극적으로 채택하여 삼한에 관한 내용에 활용한 것이라고 하겠다.

둘째로『제왕연대력』과 중국과 신라의 관계 설정 문제이다.

『제왕연대력』은 중국의 제와 신라의 왕으로 표기된 중국과 신라의 역사적 사실을 비교 서술한 연표로,[27] 최치원은 신라의 왕호를 사실주의로 표기하지 않고, 신라의 거서간, 니사금, 마립간 등의 호칭이 비루하다 하여 전부 왕으로 바꾸어 쓴 것이다.[28]

이에 대해 일연은『삼국유사』「기이」편에서 혁거세왕, 남해왕, 노례왕, 탈해왕, 실성왕, 지철로왕 등으로 표기하고 있어 최치원의 주장을 그대로 수용하고 있다. 또한『삼국유사』「왕력」에는 남해차차웅, 노례니질금, 나물마립간 등을 쓰고 있기는 하지만, 중국 연호를 큰 글씨로 표기하여 중심기준으로 삼은 표기법과 삼국 이전의 국가는 모두 제외한 것은 최치원의 견해를 그대로 따르고 있음을 반영해 주고 있다.[29]

반면 김부식은 역사서술의 사실주의를 택해서 거서간 등을 그대로 쓰고 있다. 이는 역사인식이 전진된 모습이라고도 할 수 있지만, 당과 대면하고 있던 최치원과는 달리 김부식으로서는 승조(勝朝), 즉 전 왕조의 역사라는 점에서 부담이 적었기 때문으로 생각된다.

와 발해의 정치적 교섭과정-남북국의 사신파견을 중심으로」『한국사연구』43; 송기호, 1988,「발해에 대한 신라의 양면적 인식과 그 배경」『한국사론』19; 조이옥, 2001,「신라시대 발해관의 변천」『이화사학연구』28.

27) 조인성, 위의 논문, p.52; 장일규, 위의 논문, p.25.

28)『삼국사기』권4 지증마립간 즉위년조 사론(史論).

29) 이기백, 1985,「삼국유사 왕력편 검토」『역사학보』107, pp.1-13; 김상현, 1985,「삼국유사 왕력편 검토-왕력 찬자에 대한 의문-」『동양학』15, pp.221-237.

『제왕연대력』에 포함되는 나라로 중국과 삼국까지 포함되는 것에 대해서는 대개 인정하고 있으나, 가야와 발해에 대해서는 이견이 있다.[30]

다음은 향악(鄉樂)과 향사(鄉史)라는 용어를 통해 본 중국과 신라와의 관계 설정의 문제이다. 중국의 당악과 당사에 대비하여 우리나라의 음악을 향악이라고 하고 우리기록을 향사라고 한 것이다.

향악은 최치원의 향악잡영이란 표현 외에『삼국사기』박제상과 김인문의 내용에도 보이고 있다.[31] 이들은 모두 당과 고구려, 왜 등 신라와 국제관계를 가진 인물들로서 혹 대외적인 표현을 할 때 쓴 것이 아닌가 하는 생각도 든다. 향악이라는 표현은 중국의 당악에 대비해서 향악이라고 하였던 것인데, 조선조에 당악을 향악으로 바꾸는 과정이 나오고 있다. 결국 향악은 중국과의 관계 속에서 설정된 명칭으로, 기록상으로 최치원이 언급한 향악이라는 설정에서부터 우리의 것을 향(鄉)으로 표기한 것이 아닌가 한다.[32] 즉 유학자로서『제왕연대력』에서의 중국과의 관계 설정이 향악, 향사라는 용어를 사서에 정착시킨 것이 아닌가 한다.

다음으로 김유신과 문무왕에 대한 인식도 당나라와의 외교가 활발하게 펼쳐지고 있는 정국에서는 태종무열왕을 강조하는 서술로 변화된 점이다. 최치원은「무염화상비문」과「상태사시중장」에서 태종무열왕을 강조한 것이 보이고 있다.[33] 그것은 당 유학생 출신의 최치원이 당에 직접

---

30) 조인성은 가야를 포함시킨 반면 발해는 포함되지 않는 것으로 보고 있고, 이재운은 발해는 포함하였을 것으로 보았지만 가야는 포함이 되지 않았을 것으로 보고 있다.

31) 『삼국사기』권44「김인문」전, 권45「박제상」전.

32) 그것은 향가라는 용어도『삼국사기』권11 진성왕 2년 춘2월조에 보일 뿐, 실제로 향가는 현금포곡, 대도곡, 문군곡 등 곡명으로 쓰여지고 있다는 점이다.

33) 「무염화상비문」(『고운집』, p.349) "옛날 무열대왕이 을찬으로 있었을 적에, 예맥의 정벌에 필요한 원군을 청할 계책을 가지고 진덕여왕의 명을 받들어 소릉황제(당태종)를 섬돌 아래에서 알현하였다. 그 때 정삭을 받들고 복장을 바꾸기를 원한다고 면대하여 진달하니, 천자가 가상하게 여겨 윤허하고는 조정에서 중화의 복식을 내리는 한편 특진의 지위를 수여하였다..."『삼국사기』권46「최

가서 청병외교를 펼친 김춘추의 입장을 잘 이해하였을 뿐 아니라, 당과의 관계에 있어서도 신라를 고수한 문무왕과 김유신보다는 태종무열왕을 내세우는 것이 유리하다고 판단되었기 때문일 것이다.

그런데 당나라 사서에서 설인귀, 고간, 유인궤, 이근행이 나당전쟁에 참여한 내용을 거의 침묵으로 일관하고 있는 것과는 달리, 김부식은 『삼국사기』에서 문무왕을 권6과 권7에 입전하면서 나당연합군으로 고구려를 멸망시키고, 대동강 이남의 영토마저 넘보는 당나라군과 결전을 벌인 부분을 특기하고 있다. 이는 김부식이 승조로서의 당을 최치원만큼 의식하지 않은 까닭에, 신라의 삼국통일을 완수한 문무왕을 강조하여 드러냄으로써 역사서술에 있어 최치원보다 진전된 모습을 보인다는 점이다.[34]

셋째로 유학자로서 3교회통적 사상을 가지고 자료를 정리해 주었고, 효선쌍미적 인식을 보이고 있다는 점이다. 그는 자신을 늘 부유(腐儒)로 표현하면서도 유학자임을 잊지 않고 있지만, 3교 각각의 공능에 대해 분명히 인식하고 있었다. 즉 불교는 호국을, 유교는 정치를, 도교는 길흉화복을 각각 맡고 이 3교가 함께 공존하는 것으로 인식하였다. 앞서 살펴본 바와 같은 그의 재당시절의 이러한 3교회통적인 경향은 귀국 이후에 쓰여진 그의 불교관계 저술에서 유·불 내지 유·불·도의 회통을 통한 화합을 강조하는 것으로 나타나고 있다.

최치원의 3교회통적 입장이 가장 극명하게 나타나고 있는 「난랑비서」는 우리나라의 현묘한 도인 풍류를 3교의 특징을 들어 구체적으로 표현하였다. 뿐만 아니라, "경문대왕이 마음으로 3교에 융통하여 지증대사를 한번 보고자 하였다"[35]는 등 신라 하대의 분위기도 전하고 있다.

치원전」 "이때 우리 무열대왕이 온갖 정성을 다해 한 지방의 어려움을 평정하는데 도와줄 것을 요청했으니…. 오늘날까지 300여년 동안 한 지방이 무사하고 동방이 평안하였던 것은 우리 무열대왕의 공입니다"

34) 제미슨, 1969, 「나당동맹의 와해-한중기사 취사의 비교」 『역사학보』 44.

35) 「지증대사비문」 "景文大王 心融鼎敎 面謁輪工"

이러한 3교융회적인 조화정신의 강조는 경문왕과 헌강왕대 유교정치가 추구되면서 불교계도 일정한 대응의 필요성에서 유불일치론이 등장하는 것으로도 보고 있다.36)

최치원은 유교, 불교, 도교에 대한 글은 각각 쓰고 있지만, 이들 3교가 함께 행해지고 있음을 당연한 것으로 받아들이고 있다. 그는 "농인시자 위석위유 필야(東人之子 爲釋爲儒 必也)"라고 하여37) 신라인의 해외 유학이 불교와 유교가 별도로 있었음을 언급하고 있어, 유교와 불교가 분명히 서로 다른 길에 있었음을 인식하고 있었다. 또한 "공자는 인에 의해 덕을 세웠고 노자는 백을 알아 혹을 지켰다. 두 교는 천하의 격식으로 칭해지지만 부처와 겨루기는 어렵다"고 하는 등 그의 저술 곳곳에서 유불 내지 유불도 3교의 공존 내지 회통을 중시하고 있다.

신라 하대 경문왕과 정강왕 대의 유불일치론이 불교의 출가를 둘러싼 신라사회의 유불대립을 유교를 중심으로 조화하려는 경향에서 추구되었다고 보기도 하고,38) 유불일치론을 포함한 3교융합의 풍조가 당시 지식층의 대세였다고 보기도 한다.39)

그렇지만 최치원이 활동하게 되는 진성여왕 시대는 정치적인 불안 속에서 나라의 안위가 걱정되던 때였다. 때문에 그는 유·불·도 3교가 가지고 있는 각각의 공능을 인식하면서, 만당의 시기에 황소의 난을 당해 인식하고 있던 3교의 공능을 그대로 신라에 대입시켜 인식한 것으로 생각된다. 특히 그가 해인사에 은거하게 된 것은 유학자였지만 3교에 대한 회통적 입장이 있었기 때문으로 생각된다. 은거 이후 「법장화상전」과 「부석존자전」 등의 승전 찬술과 해인사 관련 저술들은 그의 불교 이해

---

36) 김영미, 1999, 「신라 하대 유불일치론과 그 의의」 『백산학보』52, pp.899-905.
37) 「진감국사비문」.
38) 김영미, 1999, 「신라 하대 유불일치론과 그 의의」 『백산학보』52, pp.917-919.
39) 남동신, 2002, 「나말여초 전환기의 지식인 최치원」 『강좌 한국고대사』8, pp.300-301.

를 대변해 주고 있기도 하다.

최치원의 이러한 인식은 외침이 잦았던 고려조에서도 널리 수용되었다. 그의 3교융회적 입장은 최언위, 최승로 그리고 고려 유학을 부흥시킨 최충에게도 보이고 있다. 즉 고려 현종이 안종의 뜻을 받들어 세운 홍경사의 갈기를 쓴 최충의 사고가 3교공존론이었음을 밝힌 논고에 의하면,[40] 최승로로 대표되는 고려 전기 유학 관료들은 수신(修身)은 불교가, 치국(治國)은 유교가 맡아서 한다는 양교역할분담론적인 사고를 하였는데, 최충에 이르면 불교용어인 화성(化城)을 도교나 유교의 거려(蘧廬)와 역려(逆旅)로 대비시키면서 3교공존을 도모한 것으로 보고 있다.

그런데 최승로의 경우 "3교는 각기 맡은 업이 있어 행함에 차이가 있으니 섞이어 하나로 할 수 없다"[41]는 입장은, 최치원이 3교의 공능을 각각 이해한 것과 상통하는 것이라고 할 수 있다. 즉 3교는 같은 것이 아니지만 치성(治性), 즉 성품을 다스리는 데에 있어 수행방식이 진성(盡性), 연성(鍊性), 견성(見性)의 차이는 있지만, 같은 곳을 지향하는 것으로 본 것이다. 따라서 3교는 상호 공능을 인정하고 서로 비교해 가면서 3교의 공존을 도모한 것이 3교공존론이라고 할 수 있다. 이는 고려의 유학자들 가운데 출가는 하지 않으면서 불교에 귀의한 거사로서 생활한 이들이라 할 수 있는 이자연, 윤언이, 권단, 채홍철 등에게서 나타났던 사안으로,[42] 해인사에 은거하여 거사로서 생을 마친 최치원에게도 보이는 것이라고 하겠다.

그의 이러한 인식은 많은 불교관계 저술을 남기게 하였고, 고대문화의 보존이라는 측면에서 매우 큰 역할을 한 것으로 평가받고 있다. 사서

---

40) 이인재, 2006, 「고려 전기 홍경사 창건과 3교 공존론」 『한국사학보』 23, pp.114-118.
41) 『고려사』 권93 「최승로전」.
42) 도현철, 2001, 「원천석의 안회적 군자관과 유불도삼교일리론」 『운곡원천석연구논총』, pp.280-281.

에서는 불교관계 내용을 전혀 언급하지 않은 김부식도 대각국사 의천의
비문을 찬술한 것은 최치원의 예를 참고한 것이라고 하겠다. 하지만 김
부식은 최치원이 국제적인 사고를 가진 인물로서 당(唐) 위주의 역사서
술을 한 점에서는 후한 점수를 주고 있지만 그가 불교에 대해 긍정적이
었던 것에 대해서는 함구하고 있다. 이러한 평가는 이후 조선조의 유학
자들도 그대로 따르고 있다.

다음으로 일연의 『삼국유사』에 나오는 효선쌍미(孝善雙美)적 인식이
최치원이 찬술한 선사들의 비명에 그대로 드러나고 있다는 점이다.

몽고의 압제 하에서 전 생애를 보낸 일연은 유교와 불교를 각기 효와
선으로 표현하여, 신라인들이 조화를 잘 이루었음을 효선쌍미의 개념을
통해 강하게 드러내고 있다.

즉 김부식이 『삼국사기』 권48 「성각」전을 세워, 성각이 출가하였다
가 환속하여 부모를 공양한 것을 특기하여 선보다 효를 강조하고 있지
만, 일연은 성각에 대해 『삼국유사』에서 한 마디도 언급하지 않음으로
써 자신의 불만을 표시하였다.[43] 오히려 그는 『삼국유사』에 「효선」편을
설정하고 진정사가 효선쌍미를 실천한 것을 드러내었다. 즉 아들의 출가
와 부모에 대한 추복을 선과 효로 보아, 효와 선이 모두 아름다운 행실
이 됨을 강조하고 있는 것이다.

그런데 최치원은 선사들의 비명을 찬술하면서 이들의 출가와 효의 문
제를 여러 곳에서 언급하고 있다.

6)-1. 처음 모친이 꿈을 꾸니, 한 거인이 나타나 고하기를 "나는 옛날
승견불(勝見佛, 비바시불)의 말세에 승려가 되었는데, 성을 잘 냈
으므로 오래도록 용의 과보를 받게 되었습니다. 이제 그 업보가
끝나서 법손(法孫)이 될 예정이기 때문에 묘한 인연에 의탁하여

---

43) 김복순, 2009, 「『삼국유사』 '진정사 효선쌍미'조와 일연과 김부식의 효인식」『신
라인들은 孝와 善을 어떻게 실천했는가?』(신라문화제학술논문집 30), pp.37-60.

자비의 교화를 넓히고자 합니다"하였다. 이 꿈을 꾸고는 임신하여 거의 400일이 지난 관불일(灌佛日) 아침에 탄생하였다.

6)-2. 9세에 부친을 여의고는 너무 슬퍼한 나머지 거의 목숨을 잃을 정도로 몸이 상하였다. 이에 고인의 명복을 빌어주는 승려가 가련하게 여겨 타이르기를, "허깨비 같은 몸은 사라지기 쉽고, 장한 뜻은 성취하기 어렵다. 옛날 부처가 부모의 은혜를 갚을 적에 큰 방편을 사용한 일이 있으니, 그대는 힘쓰거라"고 하였는데, 이 말을 듣고 깨달은 점이 있어서 호곡을 멈추었다. 그러고는 모친에게 아뢰어 불도에 귀의하겠다고 청하니, 모친이 그가 어린 것을 애처롭게 여기고 또 집안을 보전할 주인이 없는 것을 염려하여 결코 허락하지 않았다. 그러나 부처가 왕성을 몰래 빠져나간 옛일을 귀로 듣고는 도망쳐서 부석산으로 가서 수학하였다. 그런데 어느 날 홀연히 가슴이 뛰며 마음이 불안해져서 자리를 여러 번 옮겼는데, 이윽고 의려(倚閭, 모친)가 병들었다는 말을 듣게 되었다. 이에 급히 귀성하자 병도 나았으므로, 당시 사람들이 이 일을 완효서(阮孝緖)의 고사에 견주었다. 그런데 얼마 지나지 않아서 대사가 병에 전염되었는데 의원에게 보여도 아무런 효험이 없었고, 여러 곳에 점을 쳐 보아도 누구나 말하기를 "큰 신령인 부처 아래에다 이름을 두어야 좋을 것이다"하였다. 모친이 예전의 태몽을 떠올리고는 시험삼아 방포(方袍, 가사)를 몸 위에 덮어주고 울면서 맹세하여 말하기를, "이 병이 낫기만 한다면 부처님의 자식으로 바치겠습니다"하였는데, 이틀밤을 자고 나자 병이 실제로 깨끗이 나았다. 이렇게 하여 위로는 염려하는 모친을 깨닫게 하고 끝내는 평소의 뜻을 이룸으로써, 지독(舐犢, 어버이)로 하여금 애정을 끊게 하고 음사(飮蛇, 의심하는 자)로 하여금 의심을 풀게 하였으니, 효감의 기이함이 그 셋째이다.

6)-3. 함통 8년(867, 경문왕 7) 정해에 단월인 옹주가 여금 등을 시켜 가람의 토지와 노비문서를 건네주며 승려의 전사(傳舍)로 삼게 하고 영원히 바뀌는 일이 없게 하였다. 대사가 이 일을 계기로 … 중략 … 마침내 건부 6년(879, 헌강왕 5)에 장 12구와 전 500결을 희사하여 사원에 소속되게 하였...... 이는 밖으로는 군신이 땅

을 보태도록 도와주고, 안으로는 부모가 천상에 태어나도록 이바
지 한 것으로서……44)

7) 왕성에 들어가서 모친을 찾아뵈니, 모친이 크게 환희하며 말하기
를, "돌이켜 보건대, 내가 옛날에 꿈을 꾼 것은 바로 우담이 한 번
꽃을 피운 것이 아니겠느냐. 내세에 제도되기를 바라노니. 내가
다시 의문(倚門, 네가 돌아오기를 바라는 마음)에 흔들리지 않으
련다"하였다.45)

8)-1. 부친은 창원이라고 하는데, 재가 중에 출가인의 행동을 보였
다. 모친 고씨가 일찍이 낮에 잠깐 잠든 사이에 꿈을 꾸니 범승
한 사람이 나타나서 말하기를, "내가 어머니의 아들이 되고자 합
니다"하고는 유리병을 주는 것이었다. 이 꿈을 꾸고 얼마 지나지
않아서 선사를 잉태하였다. … 머리를 땋은 아동 때부터 관을 쓴
어른이 될 때까지 어버이의 은혜를 갚으려는 뜻이 절실해서 잠시
도 잊은 적이 있지 않았다.

8)-2. 어버이의 상을 당해서는 흙을 직접 등에 지고 날라 봉분하고는
말하기를, "길러주신 은혜에 대해서는 애오라지 힘닿는 대로 보답
하려고 노력하였다. 이제 희미(稀微)의 경지(도)를 마음 속으로 구
하지 않을 수 있겠는가. 내가 어찌 뒤웅박처럼 젊은 나이에 그냥
한 곳에만 죽치고 있어서야 되겠는가"하였다.

8)-3. 원화 5년(810, 헌덕왕2)에 숭산 소림사 유리단에서 구족계를
받았으니, 이는 성선(聖善, 모친)의 예전의 꿈과 부절을 합친 것처
럼 완전히 들어맞는 것이었다.46)

위의 내용은 최치원이 지증대사, 무염화상, 진감선사들의 비문을 쓸

---

44) 『고운집』, pp.425-426, pp.427-428, pp.433-434.
45) 『고운집』, p.329.
46) 『고운집』, p.361, p.362, p.364.

진성여왕 당시에도 출가의 문제는 부모 특히 어머니와 마찰이 야기되고 있음을 여실히 보여주고 있다.

그러나 최치원은 지증대사가 효감의 기이함으로 어머님이 설복하므로써 출가하여 큰 뜻을 이룬 것을 6)에 보이듯이 잘 서술하고 있고, 무염화상이 큰 인물이 되어 당나라에서 귀국하여 신라의 도성에 들어오자, 다시는 환속해서 집으로 돌아오기를 바라지 않겠다고 한 사실을 7)에서와 같이 서술하고 있으며, 진감선사가 부모님을 잘 봉양한 후 출가하여 뜻을 이룬 것을 8)에서와 같이 찬술하였다.

특히 6)-3.에 보이는 것과 같이 지증대사가 자신 소유의 토지를 사찰에 기진한 것이 부모가 천상에 태어나도록 이바지한 것이라는 최치원의 서술은 일연의 효선쌍미의 의도와 잘 들어맞는 것이라고 할 수 있다. 따라서 일연은 최치원의 유불 이해에 공감하여, 그의 설을 『삼국유사』에 적극 반영한 것이라 생각된다.

4. 최치원의 현실적인 역사인식

최치원이 합리주의적인 유학자라는 점은 주지하는 사실로서, 그의 역사인식은 매우 현실적인 측면을 나타낸다는 점이다.

그는 당대의 기록을 많이 남긴 정치가이자 경세가였다. 때문에 그는 한림학사 직에 있으면서 현실의 문제를 과거사에 투영하여 수많은 고사성어로 구성된 내용을 4·6 변려체의 화려한 문체로 서술하였다. 예를 들면, 『삼국사기』 권46 「최치원」전에 실려 있는 「상태사시중장」은 신라의 역사를 삼한삼국, 중국과의 관계 등 장황하게 기술해 놓고, 그로부터 연유된 현재의 상황을 기술하여 신라의 입장과 주장을 상술하고 있다. 현재의 문제를 과거와 연결하여 수많은 사례들 속에서 문제를 해결하고자 한 모습을 보인 것이다.[47] 이러한 그의 인식은 다음에 언급할 몇몇 내용의 전반적인 기조를 이루고 있음을 알 수 있게 한다.

첫째로 그의 역사인식은 당나라를 중심에 둔 세계관을 기본 바탕으로 한 특징을 보인다는 점이다. 최치원은 12세의 어린 나이에 조기 유학생으로 당에 유학하여 당나라의 진사, 현위, 종사관을 지내고 17년 만인 29세에 신라에 왔으므로, 그가 당 위주의 세계관을 가지게 된 것은 당연하다고 할 수 있다. 때문에 그의 저술 전반에 걸쳐 나타나는 소중화적 자존의식에 대해, 중국의 제후국 가운데 중국과 가장 유사한 나라라고 자부하는 것으로 보기도 하고,[48] 혹은 자기 역사와 문화를 동방문화권의 중심주체로 인식한다고 주장하기도 한다.[49]

그가 중국 중심의 세계관을 보인 예를 그의 저술 속에서 들어 보면 이렇다.

우선 하나는 중국 연호를 매우 중시하고 있다는 사실이다. 최치원이 『계원필경집』 권1의 제일 첫머리에 「하개연호표(賀改年號表)」[50]를 배치해 놓은 것은 그가 얼마나 연호를 중요하게 생각하고 있는지를 웅변해 주는 것이라 하겠다. 또 하나는 「법장화상전」에서 그가 신라인으로 중국 화엄종의 제3조 현수법장의 전기를 쓴 것이 신라가 당의 연호인 영휘(永徽)를 처음 쓴 것에 비유할 정도로 자부심을 내보인 바도 있다.[51]

---

47) 김복순, 2006, 「최치원의 해외체험과 문화수용」 『한국문화연구』 10, 이화여대 한국문화연구소, pp.15-18.
48) 이기동, 1979, 「고대국가의 역사인식」 『한국사론』 6, 국사편찬위원회 : 조인성, 위의 논문.
49) 이현혜, 최경숙, 이재운, 최영성, 위의 논문.
50) 당이 광명(廣明) 원년(880)을 중화(中和) 원년(881)으로 고친 것에 대한 축하의 글.
51) 김복순, 2009, 「최치원의 해외체험과 동아시아적 소통의 문제」 『신라문화』 33, pp.238-239. 최치원은 신라가 중국의 연호를 사용하는 것을 현재 우리가 서기를 쓰는 것 정도로 생각한 것으로, 그가 보다 넓은 세계인 동아시아적 세계관 속에서의 체험에서 나타난 현상으로 생각된다. 즉 영휘 연호의 사용을 신라가 동아시아 세계의 일원으로 참여한 것으로 보고, 최치원 자신이 쓴 글이 동아시

이는 그가 당나라를 세계시장으로 간주하고 있음을 보여주는 것으로, 신라인으로 당당히 자신의 저술을 내세우고 있는 것이다. 그 다음 하나는 그가 찬술한「무염화상비문」에서 낭혜 무염화상의 입적 시기를 당의 문덕(文德) 연호와 연결시켜, 화상의 덕을 첫머리에 드러내고 있다.52) 이상의 예에서 보이는 바와 같은 그의 중국 연호 중시 현상은, 뒤에서도 언급하겠지만『삼국유사』왕력에서도 이를 차용하여 연호를 연대를 구분하는 기준으로 제시하는 등 그대로 통용되고 있다.

다음 하나는 신라 하대 선사들의 선조의 근원을 중국에서 찾기도 하였는데, 진감선사의 선조를 중국의 화족(華族)으로 비유한 것을 말한다.53) 이러한 그의 서술은 나말여초 선사비문을 작성한 유학자들의 전범이 되기도 하여 많은 선사들의 선조를 중국에서 구하는 현상이 있기도 하였다.54) 그는 중국 중심의 세계관을 보이는 중에서도 특히 당 중심의 세계관을 가지고 있다는 점이다. 그것은 신라와 수나라와의 관계 설정에서 단적으로 드러나고 있다.

신라는 중국과의 외교관계에 있어서 수유학승인 원광과 안함(혹은 안홍)의 노력에 힘입은 바가 컸다. 원광의「걸사표(乞師表)」작성55)과 안함의 수문제 불교치국책의 도입과 같은 것이다.56) 안함은 안홍과 같은 인

아세계에서 인정받을 수 있는 작품임을 언급한 것이다.

52)『고운집』, p.311.

53)「진감선사비문」"선사의 법휘(法諱)는 혜소요 속성은 최씨이다. 그의 선조는 한족(漢族)으로 산동에서 벼슬하는 집안이었다. 수나라군대가....", (『고운집』p.360)

54) 이기백, 1977,「육두품연구」『신라정치사회사연구』, 일조각, p.48에서는 최치원조차도 진감의 선조는 고구려인이었을텐데, 이를 윤색하여 중국에서 가져다 붙인 것으로 보고 있다.

55)『삼국사기』권4 진평왕 30년, 김복순, 2006,「원광법사의 행적에 관한 종합적 검토」『신라문화』28, pp.272-275 참조.

56) 신종원, 1992,「안홍과 신라 불국토설」『중국철학』3, pp.167-189(1992,『신라초기불교사연구』,민족사, pp.232-249 이 내용을 좀 더 쉽게 풀어서 쓴 것이 1998,『신라 최초의 고승들』, 민족사의 pp.130-138에서 그 내용을 참조할 수 있다)

물로 보고 있는데,『해동고승전』에 의하면, 신라 최초의 국비 유학승으로 기록되어 있는 안함은 진평왕 23년인 601년에서 진평왕 27년인 605년 사이에 중국에 다녀왔다.57) 즉 안함은 수에 유학하였다가 서역출신 삼장법사 3인인 북천축 오장국의 비마라진제, 농가타, 마두라국의 불타승가와 수나라 승려 2인을 대동하고 귀국하였다. 이들은 황룡사에 머물면서 밀교계통의 경전으로 추정되는『전단향화성광묘녀경』을 번역해 내고, 신라승 담화는 필수(筆受)를 하였다.

> 9) 최치원이 지은「의상전」에 말하기를 "의상은 진평왕 건복 42년 (625)에 태어났다. 이 해에 동방의 성인 안홍법사가 서역의 세 사람의 삼장과 중국 승려 두 사람과 함께 당나라에서 돌아왔다"고 하였다. 주석하여 말하기를 "북인도 오장국의 비마라진제(毘摩羅眞諦)는 44세, 농가타(農加陀)는 46세, 마두라국의 불타승가(佛陀僧伽)는 46세였다. 52개 국을 경유하여 비로소 중국에 이르렀고, 드디어 신라에 왔다. 황룡사에 머물면서『전단향화성광묘녀경(栴檀香火星光妙女經)』을 번역하였는데, 신라 승 담화(曇和)가 그것을 받아 적었다. 얼마 뒤에 중국 승려들이 글을 올려 중국으로 돌아가게 해 달라고 청하므로 왕은 허락하여 보냈다" 그 안홍은 아마 (안함)화상일 것이다.58)

> 10) (진흥왕)37년에... 안홍법사가 수나라에 들어가 구법하였다. 호승인 비마라 등 2인의 승려와 함께 돌아와『능가경』·『승만경』 및 불사리(佛舍利)를 바쳤다.59)

---

57)『해동고승전』권2「안함전」 "천왕이 불러 친히 보고 크게 기뻐하여 칙명으로 대흥선사에 머물게 하였다. 단시일 내에 깊은 뜻을 훤히 깨달았다. ....십승의 비법과 (법화)현의, 진실한 문장을 5년 동안에 두루 보지 않은 것이 없었다. 그 뒤 27년(605)에 우전사문 비마라진제, 사문 농가타 등과 함께 본국으로 돌아왔으니, 서역의 호승이 직접 계림으로 온 것은 대개 이때부터였다."
58)『해동고승전』권2「안함전」.
59)『삼국사기』권4「진흥왕」37년조.

각훈이 「안함전」을 찬술하면서 최치원이 쓴 「의상전」의 내용을 인용한 것이 9)의 사료이고, 김부식이 이 기사를 축약해서 『삼국사기』 권4에 실은 것이 10)의 사료이다. 안함에 대한 기록에 있어, 안함의 귀국 연대를 최치원은 625년 수나라가 아닌 당나라에서의 귀국이라는 두찬(杜撰)을 한 반면, 김부식은 진흥왕 37년에 자리매김하면서도 수나라를 명시하고 있다는 사실이다. 신종원은 (10)의 『삼국사기』의 기사에 대해 강한 의문을 표시한 바 있다. 즉 당시는(576) 수나라 건국 이전이므로 유학한 국명에 잘못이 있으며, 여타 구법승들과는 달리 편년 상의 출국과 입국 기사가 없이 유학간 그해에 돌아 온 것처럼 쓰여져 있다는 것이다. 그는 안홍의 활동연대와 사상을 염두에 두면, 『삼국사기』 권4 진흥왕 37년조의 기사가 착오임이 분명하다고 언명하고 있다.[60] 그런데 같은 내용의 기사를 최치원은 진평왕 건복 42년인 625년에 당나라에서 돌아온 것으로 기록하고 있다.[61]

이렇게 안함의 귀국연대에 대해서는 진흥왕 37년인 576년의 『삼국사기』설, 진평왕 47년인 625년의 최치원설, 그리고 진평왕 27년인 605년의 『해동고승전』설 등 다양한 견해가 나와 있다. 즉 최치원은 625년에 당에서 돌아왔다고 하였고, 김부식은 576년에 수에 들어가 구법을 하였다고 하였다. 최치원이 수나라 대신 당나라에서 귀국하였다고 하여 당을 의식한 반면, 김부식은 수나라는 그대로 두되 연대에 있어 엉뚱한 곳에 위치시키고 있는 것이다. 이는 김부식이 최치원의 기록을 보고 선택한 방법이 진흥왕 37년 조의 배치였다고 생각된다.[62] 수나라의 건국이 581

---

60) 신종원, 위의 논문, p.168.
61) 이 기사에 대해 조인성은 토론 과정에서 사료에 대한 의구심을 끝내 버리지 않았으나, 곽승훈, 2005, 「신라 말기 최치원의 승전 찬술」『불교연구』22, pp.213-219에 기술된 「의상전」을 참조할 수 있고, 장일규, 1999, 「최치원찬 <부석존자전>의 복원 시론」『북악사론』6, p.43에서도 인용하고 있다.
62) 김복순, 2006, 「수당의 교체정국과 신라 불교계의 추이」『한국고대사연구』43,

년임을 감안하여 5년간의 유학시기를 따져 576년으로 배치한 것이 아닌
가 추정된다.

605년 안함이 수나라에서 귀국한 일은 613년 수나라 사신 왕세의(王
世儀)가 방문하여 황룡사에서 백고좌법회를 열었던 사건[63] 만큼이나 신
라 사회에 파장을 일으켰을 것이었다. 중국에서 사신이나 승려의 내방은
간혹 있는 일이었지만, 인도승려가 신라에 온 것은 매우 이례적인 일이
었을 것이기 때문이다. 더구나 경전의 번역까지 이루어지고 신라승이 필
수까지 하였으므로, 신라사회는 이를 계기로 중국어는 물론 범어까지 외
국어에 대한 관심을 불러 일으켜, 원측과 같이 여러 나라 말에 능통하였
을 뿐 아니라 천축의 말을 듣고 중국어로 번역할 수 있었던 인물을 배출
할 수 있었던 배경이 되었을 것이다.[64] 신라사에서 본다면 버리기에는
아까운 사료라고 할 수 있다.

그러나 중국이 수나라에서 당나라로 바뀐 정국에서 신라 조정은 이들
수나라 유학승 출신의 친수파(親隋派)들을 어떻게 평가할 것인가의 문제
가 생겨났을 것이다. 최치원의 저술에 나타난 안함에 대한 두찬은 이러
한 그의 고민을 대변한 것이었다고 할 수 있다.

이는 전술한 바와 같이 수·당의 교체정국의 상황에서 동방의 성인으
로까지 평가된 안함에 관한 기사를 버릴 수도 없고, 그렇다고 제대로 서
술할 수도 없었기 때문에 벌어진 현상으로 보인다. 즉 안함의 친수적인
경향이 당나라에서 사환까지 한 최치원으로써는 신라가 당과의 외교가
긴밀한 상황에서 문제 삼아지지 않도록 사안의 조정이 필요했을 것으로
생각된다. 이는 그가 찬술한 「법장화상전」이 중국인들 특히 당나라 사
람들이 읽어볼 것을 염두에 두고 썼다는 사실에서, 「부석존자전」인 「의

---

pp.188-190.
63) 『삼국사기』 권4 진평왕 35년 "가을 7월 수나라의 사신 왕세의가 황룡사에 와서
    백고좌를 마련하고 원광 등의 법사를 청하여 불경을 강경하였다"
64) 김복순, 2004, 「삼국시대의 불교교류」 『신라문화』 24, pp.186-187.

상전」역시 당나라 사람들이 볼 것을 염두에 두지 않을 수 없었을 것이기
때문이다.

둘째로 그의 사회개혁론에 주장되었을 인재등용에 관한 인식을 특징
으로 들 수 있다. 최치원은 중앙정계에서 그의 포부가 실현될 수 없음을
느끼고, 마지막으로 시무책을 내세워 신라 정치의 개혁을 원하였으나,
이 문제는 자신에 의해서는 실행될 수 없었다. 그의 시무책은 전하지 않
으나, 그가 주장하였을 개혁론에 대해서는 많은 추정이 있었다.[65] 이를
통해 볼 때, 그가 시무책을 통해서 주장하고자 했던 가장 핵심적인 주장
은 인재등용이라 할 수 있다.

특히 「무염화상비문」에서 능관인(能官人)[66] 즉 제대로 사람을 임용하
는 것을 크게 내세운 것은, 설총의 「화왕계」를 통한 인재등용 주장, 녹
진의 충언, 낭혜화상의 '능관인'을 이어, 그 자신도 시무책을 통해 인재
등용에 관한 것을 강하게 주장하고 싶어서였다고 보여진다. 그것은 골품
제 하에서 신분보다 능력에 의한 적재적소의 인재등용이 그가 주장한 가
장 중요 요소였을 것이기 때문이다. 이는 그의 역사인식의 측면에서 유
학자로서 관철시켜야 할 가장 중요한 문제였다고도 할 수 있다. 그것은
유학자들이 공통으로 인식하고 있던 문제로서, 정치는 유학자들이 하고
임금은 인재를 능력에 맞게 잘 택해서 등용해 써야 한다는 생각이 최치
원에게서도 나타나기 때문이다.

셋째로 그가 대문장가라는 자부심을 가지고 신라불교와 풍속 등을 한
문문장으로 정리하려 한 점을 특기할 수 있다. 최치원은 귀국하자 그의
문장을 기대한 왕과 왕실, 사원으로부터 선사비문, 화엄결사문, 원문, 고
승전기 등 많은 글들을 부탁 받고 이를 쓴 바 있다. 그는 이 글들을 쓰면

---

65) 이기백, 1969, 「신라 골품체제하의 유교적 정치이념」 『대동문화연구』6·7합; 조
　　인성, 최영성, 위의 논문.
66) 「무염화상비문」, 『고운집』, p.338에서 능관인을 '제대로 사람을 임용하는 것'으
　　로 번역하였다.

서 점차 신라 불교사를 정리하려는 의도가 있었음이 「지증대사비문」에서 보이고 있다.[67] 그가 심혈을 기울여 쓴 「법장화상전」(904)은 자신의 글이 동아시아 세계에서 인정받을 수 있는 명문장임을 나타내려고도 하였는데, 신라불교와 중국과의 관계 역시 정리하고자 하는 생각을 가지고 있었다. 현재 「부석존자전」이 편린만 전하는 상황에서 이 글의 동아시아적 위치를 짚어 보는 것은 중요하다고 생각된다.

신라의 풍속을 한문문장으로 표현한 것은, 그가 당의 국제적인 문화에 신라문화를 소개 내지 포함시키고자 하는 의도를 보인 것이라 할 수 있다. 이는 이미 경덕왕 대에 실패하기는 하였지만, 한식(漢式)으로 개혁하고자 하였던 사건 이후 지속적으로 노력한 측면이 최치원에게서 나타난 것으로 보인다. 그는 신라의 이모저모를 한문문장으로 표현하여 기록으로 남겨 놓은 것이다. 이렇게 그에 의해 한문 문장으로 채록된 신라의 풍속과 불교관계 기사는 『삼국사기』등에 빠져버린 고대문화를 보존해 주었다는 측면에서 매우 큰 역할을 한 것이다. 이와 함께 유상곡수(流觴曲水)터와 관련한 시인들의 시회(詩會), 전국에 남긴 그의 친필 석각과 같은 측면은 신라의 문화를 국제적인 풍토로 변화시키려는 노력이라 할 수 있다.[68]

하지만 그의 이러한 노력에 대한 평가는 엇갈리고 있는데, 동인의식을 잘 표현한 것으로 긍정적인 평가를 하고 있는가 하면,[69] 신라문화를 개악한 처사라고 부정적으로 평가[70]하고 있기도 하다. 현재적 관점에서 볼 때, 최치원의 이러한 노력은 신라문화를 세계화하는 과정에서 생겨난

---

67) 최병헌, 1972, 「신라 하대 선종구산파의 성립-최치원의 사산비명을 중심으로-」『한국사연구』7, p.81에서 최치원은 신라불교사를 3기로 구분하고 있다고 하였다

68) 김복순, 2006, 위의 논문 『한국문화연구』 10, pp.25-30.

69) 유승국, 1991, 「최치원의 동인의식에 관한 연구」『동과 서의 사유세계』; 최영성, 1998, 「고운 최치원의 동인의식」『동양철학의 자연과 인간』.

70) 김철준, 1973, 「고려 중기의 문화의식과 사학의 성격」『한국사연구』9, pp.81-82.

문제라고 할 수 있으므로, 시대에 따라 변화되는 그에 대한 평가를 고려할 필요가 있을 것이라 생각된다.

5. 맺음말

최치원의 역사인식을 김대문 사학과 김부식 사학의 가교로 보기도 하나, 그의 유학자로서의 측면은 김부식에게로, 효선쌍미적 인식과 최치원의 불교관계 내용은 일연에게 영향을 끼쳤으므로, 그들의 저술 속에서 최치원의 역사인식을 되짚어 낼 수 있었다.

『삼국사기』와 『삼국유사』에 보이는 최치원의 역사인식은 세 부분으로 나누어 정리해 보았다. 우선 그는 한국 상고사에 있어 기자를 가장 멀리 인식하고 있었는데, 이는 『삼국사기』에서 기자를 상한으로 삼은 것과 같은 맥락으로서 김부식이 유학자로서의 최치원의 인식과 그 궤를 같이 한 때문으로 보았다. 반면 『삼국사기』와 『삼국유사』에서 삼한과 관련한 '마한 - 고구려', '변한 - 백제', '진한 - 신라'의 내용을 적극 수용하였음을 확인하였다. 또한 『제왕연대력』에 보이는 왕호의 인식이 김부식에서는 사실주의에 입각한 진전된 모습으로 바뀐 반면에 일연은 최치원설을 그대로 따르고 있음을 비견해 보았다. 태종무열왕의 강조는 두 사서가 같은데, 『삼국사기』에서는 문무왕의 당과의 결전을 특기하여 신라의 독자성을 크게 부각시킨 면이 진전된 모습임을 밝혀 보았다. 그리고 최치원은 유학자이기는 하지만 유불도 3교의 회통적 인식을 보여주었는데, 이는 고려조 전반을 거쳐 비슷한 유형의 학자들에게서 공통적으로 나타나는 모습이었음을 알 수 있었다. 그는 특히 효선쌍미적인 인식을 선사들의 비명에서 드러내고 있는데, 이는 일연이 『삼국유사』에서 「효선」편을 설정한 것과도 같은 맥락에서 인식할 수 있는 것이었다.

최치원 역사인식의 또 다른 측면은, 그가 합리주의를 표방하는 유학자로서 그의 역사인식이 매우 현실적인 측면을 나타내고 있다는 것이다. 이는 당나라를 중심에 둔 세계관, 즉 당 연호의 중시라든가 당 중심의 외교관계 등을 기본 바탕으로 한 것에 주의해 보았다. 이 과정에서 최치원과 김부식에 의해 두찬된 수유학승 안함의 귀국연대 기사를 정리해 볼 수 있었다. 또한 인재등용의 문제, 신라문화의 한문문장으로 표기한 문제 등을 들어 보았다. 특히 그에 의해 한문문장으로 채록된 많은 불교관계 기사는 고대문화의 보존이라는 측면에서 일정한 역할을 한 것이다.

　　이러한 최치원의 역사인식으로 볼 때, 비록 그는 신라인이었지만 국제적인 안목을 가지고 사실적인 역사서술을 남겨 놓음으로써, 한국의 역사가로서 한 획을 그을 수 있을 정도의 역사인식을 소유한 인물이었음을 확인할 수 있다.

제2장 신라 지식인들의 서역(西域)인식

1. 머리말

신라 지식인들의 저술에는 서역에 대한 인식을 알려주는 내용이 종종 보인다. 현재까지 가장 많이 언급된 것이 「향악잡영」 5수이고, 혜초의 『왕오천축국전』과 최치원의 불교관계저술, 승려들의 불경 주석 등에서 도 찾아 볼 수 있다. 「향악잡영」 5수는 최치원이 관람하고 지은 관극시 (觀劇詩)인데, 5수는 월전(月顚, Khotan)과 속독(束毒, Soghd), 산예 등으 로, 서역의 가무희가 신라에 전해져 신라의 향악으로 정착된 것을 시로 쓴 것이다. 본고에서는 이들 자료들을 정리하여 다음과 같이 신라인의 서역인식을 살펴보고자 한다. 서역의 범주에 대해서는 정수일의 견해를 대개 따라왔다. 본고도 같은 입장이지만 중앙아시아를 비롯하여 혜초가 다녀온 5천축과 귀국길에 들렀던 지역을 총칭하는 용어로 사용하였다.

첫째, 그동안 널리 알려진 신라에 정착한 서역풍물 가운데, 석사자상· 산예·승가대사 사적의 간략한 정리를 통해 신라 지식인들의 서역인식에 대한 단초를 열고자 한다.

둘째, 신라와 신라인에 대한 호칭 등을 범어(梵語)로 쓴 것에서 서역 에 대한 신라인의 호의와 함께 서역인들의 신라에 대한 인식을 살펴보 고, 신라인의 국제적인 언어 감각이라 할 수 있는 범력(梵曆)의 용어를 살펴보려 한다.

셋째, 신라인들의 천축행과 관련된 문헌에 나오는 해동(海東)과 고려(高麗)의 용례를 기준으로 하여, 그동안 논란이 있어왔던 아프라시압 도성 유적에 보이는 한국인 사절이 고구려 사절을 지칭하는 것일까 하는 의문과 함께 신라국 사절로 보는 입장을 개진해 보고자 한다. 이는 신라인의 서역행과도 관련이 있으므로 살펴보려는 것이다.

2. 신라에 정착한 서역풍물(西域風物)에 보이는 인식

신라 하대 왕경은 당나라 장안에서 유행하던 서역풍의 정취를 닮아가고 있었다. 서역의 각종 향료, 에메랄드, 옥기(玉器), 양모, 공작꼬리, 서역말, 유리공예품 등 페르시아 계통의 물품이 거래의 주종을 이루고 있었다.[1] 이는 흥덕왕 9년(834)에 내린 교서에 사치금지품목으로 슬슬(瑟瑟, 에메랄드), 공작미(孔雀尾, 공작꼬리), 자단(紫檀), 침향(沉香)을 포함하고 있어 이를 입증해 주고 있다.[2]

이러한 분위기 속에서 9세기 신라의 왕경, 경주에는 서역의 풍물이라 할 괘릉을 비롯한 흥덕왕릉 등 3곳에 서역인 석상이 세워졌다. 눈이 깊고 코가 높은 심목고비(深目高鼻)의 무인상은 십이지상과 더불어 왕릉을 지키는 수호신으로 묘사된 신라 조각품 가운데 가장 우수한 작품으로 손꼽히는데 외형상 당당하고 치밀함이 보인다. 실크로드를 통한 서역과의 교류를 보여주는 귀중한 풍물인 이 석상들은 매부리코에 주걱턱의 턱수염을 가진 소그드인으로 추정되고 있다. 또한 이들은 당에서 무인으로

---

1) 윤재운, 2006, 『한국고대무역사연구』, 경인문화사, pp.107-118.
2) 『삼국사기』 권33 색복·거기·기용·옥사조.

활약하며 명성을 떨친 견문이 더해진 소그드 무인에 대한 형상화로도 보고 있다.[3)]

근래 실크로드에 대한 관심이 높아지면서 이 상들의 조성배경에 대한 논의가 활발하다. 즉 이 상의 제작이 소그드인을 직접 보고 조각했다기 보다는 소그드인의 모형 내지 사본을 가지고 조성하였을 가능성에 대한 논의이다.[4)] 이렇게 신라에 정착한 서역 풍물의 예를 들어, 신라와 서역 간의 교류와 토착화 내지 인식을 살펴 왔다고 할 수 있다.

본고에서 주목하고자 하는 신라에 정착된 서역풍물의 첫 번째는 석사자상의 조성이다. 사자는 인도에서 불교를 외호하는 동물로 등장하였는데, 신라에서는 불교 공인 이후 불법(佛法)을 수호하는 사자좌형식으로 도입되어 본존불대좌 양 끝에 1쌍이 대칭으로 묘사되었다. 또한 이는 7세기 후반 연기지역 불비상(佛碑像)에도 나타나고 있다. 통일신라시대 사자상은 석불·부도·석탑·석등·석비에 다양하게 표현되었는데, 환조상으로 제작된 사자석탑과 능묘조각의 사자상은 네모서리에 배치되어 불사리를 외호하고 왕릉을 수호하는 역할을 하였다.[5)] 신라의 성덕왕릉, 홍덕왕릉, 괘릉에 4구의 석사자가 등장하고 있다. 신라가 불교를 공인한 이후 꾸준히 조성된 사자상은 자세와 묘사에서 서역의 영향을 받은 것으로, 불교적 상징물로서의 역할을 넘어서서 고분미술에 까지 폭넓게 사자

---

3) 김창석, 2006, 「8-10세기 이슬람 제종족의 신라 來往과 그 배경」『한국고대사연구』 44, pp.102-112에서는 원성왕대에 당나라 사신을 따라왔던 하서국인을 통해 신라에는 소그드인의 내왕이 있었음을 시사하고 있다. 그러나 권영필, 1992, 「경주 괘릉인물석상 재고-이란계무인·위구르계문인석상-」『미술자료』 50, pp.76-78에서는 하서국과의 관련을 위구르인과 연계하고 있기도 하다.

4) 임영애, 2002, 「'서역인'인가 '서역인 이미지'인가 -통일신라미술 속의 서역인식」『미술사학연구』 236, 한국미술사학회, 신라 하대 왕릉 3곳의 무인석상은 그 모습에서 차이를 보여주고 있어, 이 상들이 모두 모형에 의한 것일까라는 생각이 든다.

5) 국립경주박물관, 2006, 『신라의 사자』, pp.210-221.

문양이 애용되고 있음을 알려준다.

그런데 신라는 성덕왕대 이후 당과의 '승평(升平)'관계가 열리면서[6] 『금광명최승왕경』, 『무구정광대다라니경』 등 신역 불경의 도입과 함께 새로이 3단 8각 연화대좌의 형식이 나타나고 있다. 즉 황복사 불상대좌, 석굴암 본존상 대좌, 경주 보리사 석불좌상 대좌, 석남사 비로자나불좌 상 대좌를 초기 양식으로 들고 있다.

이 3단 8각 대좌의 초기 양식은 8세기 후반에서 9세기 전반 변화가 나타나게 되는데, 중대석의 높이가 높아지면서 안상을 새기거나 안상 안 에 부조가 등장하였다. 9세기 중엽부터는 안상 안에 부조로서 사자상 이 새겨지는데 8구, 7구 그리고 2구 등이 새겨져서 연꽃과 구름무늬, 가릉빈가상 등과 함께 3단의 중대석 내지 하대석의 안상 속에 연출되 어 있다.[7]

이렇게 9세기의 신라에는 전국적으로 등장하는 3단 8각의 연화대좌 에 중대석 내지 하대석의 안상 속에 장식성이 강한 사자문양이 다수 드 러나고 있다. 즉 비로자나불좌상의 연화대좌 안상 속에 사자상을 배치한 문양과 선사들의 부도탑인 팔각대좌의 안상 속에 사자상을 배치한 양식 이 크게 유행하고 있는 것이다. 이를 정리해 보면 다음과 같다.

〈표 1〉 9세기 신라 석조비로자나불좌상 3단8각 연화대좌
속의 사자상 일람표[8]

시기	제목	사자상의 형태	기타
	밀양 천황사 비로자나불 불상대좌의 중대석	11구 사자상 원각 표현	보물 1213
	법수사지 문수보살 사자좌		
863년경	동화사 비로자나불 좌상 대좌의 중대석	7구의 사자상	보물 244

---

6) 이기동, 2005, 「신라 중대 서설」 『신라문화』 25, pp.10-13.
7) 임영애, 2011, 「'삼단팔각'연화대좌의 통일신라 수용과 전개」 『신라문화』 38, pp.281-294.
8) 국립경주박물관, 2006, 『신라의 사자』, pp.26-27, p.30, pp.42-83.

9세기	비로사 비로자나불 좌상대좌의 중대석 7면	7구의 사자상	보물 996
	심복사 비로자나불 좌상대좌의 중대석	2구를 대칭으로 조각	보물 565
	각연사 비로자나불 좌상팔각대좌의 중대석7면	7마리의 사자	보물 433
	금복리 비로자나불팔각 대좌 중대석 6면	상반신 6마리 사자	보물1121
	부석사 자인당 석조여래좌상 팔각연화좌 하대석	8구 사자를 돋을 새김	
	부석사 자인당 석조비로자나불좌상 동불과 서불의 팔각 연화좌 하대석	8구의 사자상	보물 220
	축서사 석조 비로자나불 좌상 팔각대좌 하대석 8면	8구의 사자상	보물 995
	국립중앙박물관 석조 비로자나불 좌상 팔각대좌 하대석	안상에 7구 사자상	
	창원 불곡사 석조 비로자나불 좌상팔각연화좌 하대석	안상에 7구 사자상	보물 436
	양양 서림사지 석조 비로자나불 좌상 팔각대좌 하대석	8구의 사자상	
	경북대학교박물관 석조 비로자나불 좌상 팔각연화좌 하대석	안상에 8구 사자상	보물 335
	안동 마애동 석조 비로자나불 좌상 팔각연화좌 하대석	안상 속에 7마리의 사자상	
	법주사 석조여래 좌상 팔각대좌 하대석	안상 속에 8마리의 사자상	보물 542
	홍천 물걸리 사지 대좌편 팔각기대석편	6면에 6마리의 사자상	
	서혈사지 석조 비로자나불 좌상 팔각 기대석	4면에 사자상	
	공주 반죽동 석조 여래좌상 팔각대좌 하대석	안상에 8마리의 사자상	
	일산동 석조 비로자나불 좌상 동불과 서불 각각의 팔각 연화좌 하대석	안상에 8마리의 사자상	
	영천 화남동 석조 비로자나불 좌상팔각연화좌 하대석	3면의 안상에 3마리의 사자상	보물 676

〈표 2〉 신라 하대 선사들의 팔각원당형 부도 속의 사자상

시기	제목	사자상의 형태	기타
844(문성왕 6)	염거화상탑 하대석 8면	돋을 새김 사자상 8구	국보 104
	대안사 적인선사탑 하대석 8면	돋을 새김 사자상 8구	보물 273
	쌍봉사 철감선사탑 하대석 8면	돋을 새김 사자상 8구	국보 57
	보림사 보조선사탑 하대석 8면	돋을 새김 사자상 3구, 5구 마멸	보물 157

	봉암사 지증대사탑 하대석 8면	돋을 새김 사자상 8구	보물 137, 국보 격상
886년경	선림원지 부도(홍각선사탑 추정) 4면	돋을 새김 사자상 8구	보물 447
	실상사 수철화상탑 하대석 8면	돋을 새김 사자상 8구	보물 33
	석남시 부도 하대석 4면	돋을 새김 사자상 4구	보물 369
	연곡사 동부도 하대석 8면	돋을 새김 사자상 8구	국보 53
	굴산사지 부도 하대석 8면	돋을 새김 사자상 8구	보물 85

〈표 3〉 9세기 이후 쌍사자 석등에 표현된 사자상

시기	제목	사자상의 형태	기타
	법주사 쌍사자 석등	쌍사자상	국보 5호
	중흥산성 쌍사자 석등	쌍사자상	국보 103
	영암사지 쌍사자 석등	쌍사자상	보물 353
	청량사 석등 팔각기대 4면	사자상 돋을새김	보물 253
	황룡사터 사자무늬 수막새	사자상	

　　<표 1>에 나오는 법수사, 동화사는 왕실과 관련된 사찰로 보이고,[9] 9세기 비로사, 부석사, 축서사는 의상의 화엄종계 사찰이다.[10] <표 2>는 거의 선사의 부도탑으로 선종의 확산에 따른 부도탑의 조성에 사자상이 동반된 것이라 할 수 있다. <표 3>은 쌍사자 석등에 나오는 쌍사자, 청량사[11], 황룡사 출토의 사자상으로 왕실과 관련된 조성으로 생각된다.

　　기존 연구에 의하면, 신라 하대의 비로자나불의 유행은 화엄종과 법상종, 선종 사찰에 나타나고 있다.[12] 이 통일신라시대 비로자나불상은

---

9) 법수사는 신라말 경순왕의 막내아들이 화엄종승려가 되어 머문 사찰이고(『삼국유사』 권2 「김부대왕」조), 동화사는 헌덕왕의 아들 심지(心地)가 진표의 간자를 받은 곳과 연관된 법상종 사찰이다.(『삼국유사』 권4 「심지계조」조)
10) 비로사와 부석사는 『삼국유사』 권4 「의상전교」조에, 축서사는 『한국사찰전서』 (권상로 편, 1979, 동국대학교출판부)에 의상과 관련되어 창건한 사찰로 나온다.
11) 청량사는 신라 하대 왕실의 후원을 받은 해인사보다 먼저 창건된 사찰로 출토 유물로 볼 때 해인사와 함께 왕실과 관련된 사찰로 보인다.

금강계 대일여래의 수인인 지권인을 채용하였다는 점과 80권『화엄경』
에 근거하는 화엄신앙에 의해서 여래형 비로자나불상이 처음으로 출현
하며, 이후에 화엄종과 선종사찰의 주존불로 조성되었다는 사실은 여러
논고에서 공통적으로 언급하고 있다.13)

앞에서 살펴본 석사자상은 신라 하대 비로자나불의 조성과 함께 유행
한 것으로 추정된다. 즉 초창기의 용맹스러운 사자상을 통한 서역에 대
한 낯선 이미지가, 9세기 들어서 장식성이 강한 해학적 모습의 사자상으
로 3단 8각 불상대좌 안의 안상 속에 등장하고 있다. 특히 이 사자상은
그 표현이 각각 다르게 나타나고 있어 주목된다. 이에 대해 7사자의 표
현은 중기 밀교 경전에 근거하는 금강계 대일여래의 승물(乘物, 동물좌)
에서 기원된 것이라는 연구가 있다.14) 그러나 현존하는 팔각연화좌 하
대석에 나오는 사자상은 7구(6예)도 있지만, 대개는 8구(17예)이며, 드물
게 6구 내지 4구의 예도 보인다. 이를 설명해 보자면, 초기에는 중기 밀
교의 영향을 받아 조성되다가 점차 신라의 대좌형식으로 정착되면서 8
구로 조성되어진 것이라 생각된다. 즉 <표 2>에 나오는 바와 같이 선
사들의 팔각원당형 부도탑에서는 8구의 사자상으로 정형화된 모습이 보
인다.

그렇다면 이와 관련된 사상적 동향은 무엇일까? 이는 황룡사승들의
80화엄의 수용과 확산, 의상계 화엄종의 지방 확산, 821년 도의의 귀국
이후 선종의 급속한 유행 등과 관련을 생각해 볼 수 있다.15) 신라 하대

---

12) 문명대, 1992,「지권인 비로자나불의 성립문제와 석남암사 비로자나불상의 연구」
『불교미술』11; 1994,「비로자나불의 조형과 그 불신관의 연구」『이기백선생고
희기념 한국사학논총』상, 일조각(2003,『통일신라 불교조각사연구』상-원음과
고전미-, 예경).

13) 서지민, 2006,「통일신라시대 비로자나불상의 도상연구 -광배와 대좌에 보이는
중기밀교 요소를 중심으로」『미술사학연구』252, p.47.

14) 朴亨國, 1995,「七獅子蓮華坐の成立と傳播 -韓國統一新羅後期の石造毘盧遮那
佛坐像を中心に-」『密敎圖像』14, 密敎圖像學會

선종의 확산은 이미 주지의 사실이므로, 『화엄경』의 확산에 대해서만
간략히 살펴보도록 하겠다. 먼저 황룡사승들의 80화엄의 수용과 확산이
다. 경덕왕 대부터 시작된 신라왕실과 화엄승과의 관련은 하대에까지 나
오고 있다. 경덕왕 대의 화엄승 법해의 『화엄경』 강경과 황룡사 연기법
사의 80화엄경의 사경,16) 그리고 표원의 80화엄을 텍스트로 한 『화엄경
문의요결문답』이 있다. 또한 원성왕이 황룡사승 지해(智海)를 대궐 안으
로 청하여 『화엄경』을 50일 동안 강론하게 한 예를 들 수 있는데, 이들
은 주로 80화엄을 텍스트로 하여 강경과 사경을 했다고 추정된다. 이와
함께 의상계 화엄종은 부석산을 중심으로 영주, 안동, 예천 등에서의 사
찰 창건과 화엄 10대학으로 일컬어지는 곳에서의 의상의 영향력을 볼 때
의상이 소의경전으로 하였던 60화엄의 넓은 분포양상을 알 수 있다.17)

다시 말하자면 서역 풍물로서의 불교와 호법을 상징하는 사자가 수백
년을 거치면서, 향악으로서 「산예」와 같은 가무희가 되었고, 서역과 관
련이 있는 『화엄경』의 전래와 유통이 신라 하대에 크게 확산되고, 선종
이 신라에 정착되면서 나타난 현상이 아닐까 한다.

신라에 정착된 서역풍물과 관련하여 주목하려는 두 번째는 서역풍물
에 대한 인식의 문제이다. 신라 하대 유학자 최치원이 쓴 「향악잡영」은
『삼국사기』에 전하는 5수의 관극시(觀劇詩)이다.18) 향악은 당악(唐樂)에
대비된 말로 신라악을 의미하는데, 금칠한 공놀이인 금환에서부터 동물
의장무(擬裝舞)라 할 수 있는 사자탈춤인 산예(狻猊)에 이르기까지 신라

15) 문명대, 1994, 「비로자나불의 조형과 그 불신관의 연구」 『이기백선생고희기념
    한국사학논총』 상, pp.500-501
16) 『삼국유사』 권4 「현유가 해화엄」조, 「백지묵서화엄경」, 표원의 80화엄을 텍스트
    로 한 『화엄경문의요결문답』, 『삼국유사』 권2 「원성대왕」조.
17) 김복순, 2003, 「의상의 행적연구」 『경주사학』 22, pp.110-113과 최치원, 「법장
    화상전」, "學遍十山(海東華嚴大學之所有十山焉..중략)雜花盛耀蟠桃" 참조.
18) 박진태, 2007, 「쿠차(龜玆) 사자탈춤의 전파와 한국적 변용」 『비교민속학』 33, pp.403-
    406.

의 악으로 자리잡고 있음을 시로 표현한 것이다.[19] 앞서 언급한 소그드
인 석상과 석사자상 등의 서역풍물에 대한 신라인의 인식을 보여주는 것
이 「향악잡영」 5수 가운데 「속독(束毒)」과 「산예」이다.

> 1) 「속독」 더벅머리 남색얼굴 괴상한 인간들이 떼 지어 뜰에 와 난
> 새 춤 시늉하네. 북소리 두둥둥 바람은 살랑살랑 남에 닫다 북에
> 뛰다 두서없이 노니누나.

> 2) 「산예」 흐르는 사막 만리 길을 건너오자니 헐어질 털가죽에 먼지
> 끼었네. 인과 덕에 길들인 갖가지 놀이 뭇짐승 재주쯤이야 어이
> 같으리.[20]

「속독」은 우즈베키스탄의 타쉬켄트·사마르칸트에 위치한 소그드, 즉
속특(粟特)지역을 가리키는 말인데, 신라 향악의 하나로 나오는 속독은
이곳에서 유래되어 신라에 전해진 가면희를 말한다. 「산예」는 사자와
관련된 것인데, 최치원은 「산예」를 신라 향악 5수 가운데 하나로 지은
것이다. 그렇다면 서역의 가무희가 어떻게 신라의 향악으로 인식될 수
있었을까. 이에 대해서는 대개 고구려를 통해 신라에 유입되었다가 통
일 이후 삼국의 음악을 정리하면서 함께 신라악으로 정립되었다고 보고
있다.[21]

그러나 신라가 수·당과의 직접적인 교류가 이루어지면서 신라에 유
입되었을 가능성도 배제할 수 없다. 신라와 수와의 관계에 있어 수유학

---

19) 김학주, 1964, 「향악잡영과 당희와의 비교고석」『아세아연구』 7-2; 전덕재, 2006,
「한국 고대 서역문화의 수용에 대한 고찰 -백희·가무의 수용을 중심으로」『역사
와 경계』 58, 부산경남사학회.
20) 『삼국사기』 권32 제사지, 향악잡영 5수.
21) 전덕재, 2009, 「신라 서역음악의 수용과 향악의 정립」『2008신라학국제학술대
회 논문집』, pp.188-192.

승 원광, 안함의 활동을 감안해야 하기 때문이다. 특히 안함은 진평왕
23년(601)에 수나라로 유학하였다가 605년 수나라 유학을 마치고 신라
로 귀국하였다.[22] 안함은 3인의 서역승려와 2인의 중국승려를 대동하고
돌아왔다. 신라에 와서 불경을 번역하려는 목적이었다. 수나라에 온 북
천축 오장국과 마두라국의 승려가 신라에 와서 경전을 번역하고 신라승
이 필수까지 한 것은 역사적 사건이었다. 이들은 번역을 마친 후 이를
기념하기 위해 축하행사를 벌였을 것이다. 이 행사는 『낙양가람기』의
행사내용을 참고해 볼 수 있다. 즉 북위 낙양 장추사(長秋寺)에서 궁궐로
불상을 옮기는 행사에 벽사와 사자 모양의 행렬이 앞서고 기인들이 뒤따
른 기록이 전하는데, 북위에서 수나라로, 수에서 신라로 전해졌을 것이
다. 따라서 경전번역의 축하행사에 산예가 등장하여 길을 열고, 기인들
이 뒤따르며 기예를 뽐냈을 것을 생각해 볼 수 있다.

신라 하대에 정착된 서역풍물로 주목하려는 세 번째는 서역 출신 승
가대사(628-710)와 관련된 사적의 조성이다. 승가대사는 용삭 초(661-
663)에 당에 왔는데, 사주(泗州) 임회현(臨淮縣)에 보조불(普照佛)을 모시
는 보광왕사(普光王寺)를 건립하여 활동하였는데, 중종이 장안으로 불러
친필 사액을 하였다. 대사가 710년 장안의 천복사에서 입적하자 중종이
제자의 예를 갖추어 시신에 옻칠을 하게 하였으며 만조백관으로 하여금
영구를 배송하게 하였다.

그런데 『동문선』에 나오는 다음의 기록이 흥미롭다. "최공 치원의 문
집을 보니, '옛날 신라 때 낭적사(狼迹寺) 승 수태(秀台)가 승가대사의 거
룩한 행적을 익히 듣고는 삼각산 남쪽에서 좋은 곳을 찾아, 바위를 뚫어

---

22) 『해동고승전』「안함전」에 나오는 안함의 605년 귀국 기사를 『삼국사기』권4,
　　진흥왕 37년(576)조에 "安弘法師入隋求法 與胡僧毗摩羅等二僧廻"으로 둠으로
　　써 안함은 김부식에 의해 승명, 유학과 귀국연대, 활동상 등이 축약되고 두찬되
　　었음을 알려준다. 김복순, 2006, 「수·당의 교체정국과 신라 불교계의 추이」『한
　　국고대사연구』43 참조.

굴을 만들고 돌에다 조각하여 형상을 묘사하니, 대사의 도용(道容)이 더욱 동토를 비추었다'라고 하였다. 만일 나라에 천지의 재변이나 수재·한재가 있을 때, 그리고 모든 의심스러운 일이 있을 때 기도를 올려 이를 물리치고자 하면, 그 자리에서 반응이 없은 적이 없었다"23)는 것이다.

최치원은 서울 승가사의 승가대사상이 낭적사 수태가 바위굴을 뚫어 조성하였음을 그의 문집에서 언급하였는데, 이 사실이 고려에 가서 금강거사 이오가 중수기를 쓰면서 알려진 것이다.24) 최치원은 「법장화상전」을 집필할 때 현수법장을 당나라 장안의 천복사 승으로 기록하고 있어 승가대사에 관해 이미 알고 있었을 것이나, 그에 앞서 재당시절 이미 승가대사에 대해 알고 있었을 가능성이 높은 것으로 추정된다. 그것은 최치원은 고병의 종사관으로 양주에 4년여를 머문 바 있는데, 이곳과 가까운 남통주의 광교사는 승가신앙의 대본산으로 알려져 있다. 서역인(중천축국인)으로 중국에 들어온 승가대사의 활약상이 재당 신라인들이 집중적으로 거주하던 사주(泗州)에 크게 퍼져 있어 최치원이 이를 들었을 것이라고 생각되기 때문이다.25)

이렇게 신라 하대에는 왕경을 비롯한 전국적으로 서역풍물이 실재해 있고, 이러한 사실이 신라 지식인의 저술 등에 나타나므로, 이를 상보하는 관계로 이해해 보았다.

---

23) 『동문선』 권64 「삼각산중수승가굴기」.
24) 남동신, 2000, 「북한산 승가대서상과 승가신앙」 『서울학연구』 14, pp.5-48. 이 승가신앙은 이후 고려 현종의 삼각산 신혈사와 사수현과 연관되어 승가대사상의 광배가 1024년(현종15)에 제작되었다. 이후 승가신앙은 송과의 교류사절들의 역할과 대각국사 의천의 접촉 등으로 고려 왕실의 승가굴 행차가 잦았고, 조선시대에는 약사신앙으로 흡수되어 소멸되었다고 하였다.
25) 『계원필경집』 권18 「헌생일물장」에서 최치원은 고병의 생일 선물로 올린 해동인형삼, 해동실심금, 인삼, 천마가 신라에서 바다를 건너온 것이라고 하였는데, 이는 양주와 가까운 지역의 신라교민들에게서 매입하였을 것으로 생각되므로, 신라교민들의 동향에 대해 알고 있었을 것이다.

3. 범어(梵語)와 범력(梵曆)에 대한 인식

신라인들이 범어를 사용하고, 중국과 서역, 천축을 왕래하면서 이들 국기를 서로 교류하는 대상국으로 인식하고 있었음이 다음의 글에 보인다.

> 3) 성씨마다 불교에 참여하여(姓參釋種) 존귀한 임금님이 삭발을 하고 승려가 되었으며, 언어가 범어의 소리를 답습하여 허를 굴리면 불경의 문자가 되었다.26)

최치원은 「지증대사비문」을 통해 신라의 말 속에 범어를 답습한 용어들이 제법 쓰였음을 알려주고 있다. 신라인들이 쓴 범어는 다음과 같이 두세 가지로 분류된다.

첫째로 신라 천축 유학승의 이름(법명)을 범어로 쓴 경우이다. 아리야발마는 천축식 이름으로 생각되는데, 범문으로 Aryavarman으로 쓰고 성개(聖鎧) 혹은 성주(聖胄)로 의역된다고 보고 있다.27) 현태는 범문으로 Sarvajnadeva로 쓰고, 일체지천(一切智天)으로,28) 혜륜은 Prajna Varman으로 쓰고 혜갑(慧甲)으로 의역되었음29)이 전한다. 이러한 현상은 현재 외국에서 활동하고 있는 기업인이나 유명인들이 현지에서 불리는 이름이 있음을 생각할 때, 당시 그들의 천축에서의 활동과 깊이가 매우 넓고 인상적이었음을 알려주는 내용이라 생각된다.

또한 최치원의 「법장화상전」 첫 부분에는 현수법장의 이름에 대한 상

---

26) 최치원, 「지증대사비문」.
27) 王邦維 校注, 『大唐西域求法高僧傳』, 中華書局, 2000(2刷), p.41;『삼국유사』 권4 「귀축제사」조.
28) 王邦維 校注, 위의 책, p.43.
29) 王邦維 校注, 위의 책, p.101; 장휘옥, 1991, 『해동고승전』, 민족사, p.214의 주 268.

세한 풀이가 있어 주목된다. 즉 석법장자(釋法藏者)는 범언으로 달마다라(達摩多羅)라고 하였으며, 자(字)인 현수(賢首)는 범언으로 발타라실리(跋陀羅室利)라고 하며, 황제가 국일(國一)법사라고 별호를 하사하였다는 내용이다. 「법장화상전」에는 이어서 이에 대한 풀이를 하고 있다. 즉 법장은, 속성이 강씨(康氏)로 본래 강거국(康居國) 사람이며,[30] 태어난 곳을 따라 성(姓)을 준다는 『춘추좌씨전』의 내용을 들어 설명하였다. 담제(曇諦)와 법호(法護)가 지씨(支氏)라 한 것은 법호가 월지국(月支國)인이어서 지씨라 하고 길장이 안식국(安息國)인이어서 안씨라 한 것인데 서사(西師)를 따라 고친 것이며, 길장(吉藏)과 법장(法藏)이 석씨라 한 것은 내전(內典, 불전)에 따른 것이라는 설명을 덧붙여 외국인들의 성을 붙이는 원칙을 알려주고 있다.

신라인들은 천축을 왕래하면서 범어로 된 이름을 사용하였을 뿐 아니라, 신라와 연관이 깊은 법장의 경우 그의 범어 이름과 그 유래에 대해서까지 명쾌한 이해를 하고 있었음을 알 수 있다. 이는 의정의 『대당서역구법고승전』에 나오는 신라승들이 범어로 된 이름을 가진 것과 같은 양상으로, 법장이 서역 이름을 가진 것은 그의 스승 일조(日照)와 희학(喜學) 때문이기도 하고 또한 당시 경전 번역과 관련하여 서역승들과의 교류 시에도 필요했기 때문으로 보인다.

둘째로 최치원의 저술에 보이는 범어이다. 그는 유학자로서 여러 비명을 저술하였고, 말년에 해인사에 머물면서 화엄종 승려들의 전기와 해인사관련 저술을 하였는데, 그 속에서 범어를 구사하고 있다.

   4) 대경에 이르기를 "세간 및 출세간의 선근들은 모두 가장 수승한

---

30) 최치원은 법장의 고향인 강거국(康居國)에 대해 천축국과 접하고 있으며, 사람들은 승려와 같았으므로 이미 사자후를 들어 법왕의 아들이 된 것으로 이해하였다.

시라(尸羅)의 땅에 의지해야 한다"고 하였다. 그리고 보면 신라 가
야산의 지명이 이와 부합된다는 것을 천어(天語)에서 확인할 수
있다. 나라 이름을 시라라고 부르니 이는 실로 바라제의 법이 홍
기한 곳이요, 산의 이름은 가야(伽倻)라고 칭하니 이는 석가문의
도가 이루어진 장소와 같다."31)

그가 898년에 쓴 「신라가야산해인사결계장기」의 일부이다. 그는 신
라와 가야산의 명칭을 천어, 즉 범어에서 확인해서 언급하고 있다. 천어
는 고대 인도의 바라문들이 자신들의 언어를 범천이 쓰는 언어라 하여
천어라고 칭하였다 한다. 시라는 범어 sila의 음역으로 계(戒) 혹은 율(律)
의 뜻인데, 신라를 가리키면서 계행이 청정한 곳의 의미로 부각시키고
있다. 바라제는 범어 pratimoksa를 음역한 바라제목차의 준말로 계율을
뜻한다.

최치원은 이외에도 여러 곳에서 유가(瑜伽), 표하건나(驃訶健拏), 비나
야(毗奈耶), 비바사(毗婆沙, vibhasa)32)와 아나율(阿那律, Aniruddha),33)
반열반(般涅槃, parinirvana), 솔도파(窣覩波, stupa), 필추(苾蒭, bhiksu),34)
도사다(都史多, Tusita),35) 마하연(摩訶衍, mahayana, 마하연나(摩訶衍那)
의 준말)36) 등의 용어를 쓰고 있다.

셋째로 천축에서 신라인을 부른 용어이다. 천축에서는 해동인을 구구
타예설라(矩矩吒翳說羅)로 별칭하였다. 계귀(鷄貴)를 번역하여 불린 별
명인데, 해동이 천축에 알려진 것을 대변해 주는 용어이다. 「귀축제사」
조에 정관(貞觀, 627-649)이, 『대당서역구법고승전』에는 정관 연중 뿐

---

31) 최치원, 「신라가야산해인사결계장기」.
32) 최치원, 「선안주원벽기」(900).
33) 최치원, 「신라수창군호국성팔각등루기」.
34) 최치원, 「무염화상비」.
35) 최치원, 「대숭복사비문」.
36) 최치원, 「지증대사비문」.

아니라 승 현태의 기록 가운데 당나라 고종 영휘(永徽, 650-655)의 절대
연대가 제시되어 있어, 이 기사들이 7세기의 사실임을 확인해 주고 있
다. 당나라 현장법사가 중국으로 귀환한 해인 645년을 전후하여 해동인
들도 천축에 다녀온 것이다.

　다음으로 범력의 사용에 대한 것이다. 이에 대해서는 이미 신라에서
범력을 사용하였으며, 흑백월 역일 자료를 쓴 것으로 알려져 있다.[37] 신
라의 천문관련 자료가 일본 원흥사(元興寺) 사문 원효(願曉, 728-798)의
『금광명최승왕경현추(金光明最勝王經玄樞)』권9의 제12 「사천왕호국품」,
제15 「대변재천녀품」, 제18 「견뢰지신품」에 나온다. 그 내용에서 원효
와 경흥, 승장의 주소(註疏)를 효운(曉云), 흥운(興云), 장운(莊云)의 형식
으로 인용하여 서술하고 있다.

　원효의 주석은 『금광명경소』인데 228회를, 경흥의 『금광명최승왕경
술찬』 등을, 승장의 『금광명최승왕경소』를 참조한 것으로 생각된다. 원
효는 수나라 보귀의 『합부금광명경』 8권을 주석한 것이고, 경흥과 승장
은 당나라 의정이 번역한 『금광명최승왕경』 10권을 주석한 것이다. 시
대적으로 원효가 7세기 후반이라면, 경흥과 승장은 8세기 초로 추정되는
데, 이들 신라승의 찬술 내용 가운데 범력에 관련된 자료가 보인다. 즉
『금광명경현추』「대변재천녀품」에서 28수의 귀수(鬼宿)를 범어로 포쇄
성(布灑星)이라 일컫고 이 날을 길상일(吉祥日)로 보았는데, 신라의 원효
는 이 포쇄성, 곧 귀수가 든 날을 구하는 방법을 설명하였다. 이 과정에
서 신라 승장이 "매월 13일을 백팔일이라 이름한다(莊云, 月十三日, 名
白八日)"고 하였고, 이에 대해 당나라 승려 혜소(慧沼, ?-714)가 "서방월
법에 흑반은 앞에 있고 백반은 뒤에 있다(沼云, 西方月法, 黑半在前, 白
半在後)"고 하였다. 서방월법은 서쪽 천축의 역월법이란 뜻이며, 이 범력

---

37) 김일권, 2013, 「신라의 금석문과 「신라본기」의 천문역법사 고찰」 『신라문화』
　　42, pp.191-193.

은 우리와 달리 초하루가 아니라 만월의 다음날인 기망(旣望)부터 다음
만월까지를 한 달로 삼는다. 이에 이 범월(梵月)의 전반부를 흑월 또는
흑분(黑分)이라 일컬으며 음력 16일부터 그믐날까지 된다. 후반부는 백
월 또는 백분(白分)이라 일컫고 초하루부터 보름날까지 해당한다. 그런
데 승장이 말한 백팔일은 백월 8일이란 뜻이고, 초하루부터 헤아려서 8
일째이므로 매월 13일이 아니라 초8일에 해당되어 착오가 보이기도 한
다는 것이다.

원효와 승장 등 신라 승려들의 주석에서 범력의 언급이 보이므로 이
들이 활동하던 통일기 7-8세기 신라 사회에서 이미 범력이 사용되었을
개연성이 높으며, 불교의 재일(齋日)과 수행 날짜 택일 등에서 이 흑월과
백월로 칭하는 범력의 역일법을 사용하였을 것으로 보고 있다.[38]

또한 최치원의 「무염화상비문」과 「지증대사비문」에는 범력을 사용하
여 날짜를 표시한 내용이 나온다. "易元以文德之年, 暢月, 月缺之七日,
日蘸咸池時"와 "至冬抄旣望之二日, 趺坐悟言之際, 泊然無常. 嗚呼! 星廻
上天, 月落大海."로 월결(月缺)과 기망(旣望)에 주목할 수 있다.

이렇게 범력에서는 초하루와 보름달을 기준으로 백월과 흑월이라는
15일 간격의 월간법(月間法)을 사용하는데, 백월은 점점 커져 밝아지는
달이고, 흑월은 점점 이지러져 어두워지는 달이다. 이에 따라 월결은 흑
월을 지칭하며, 월결 7일은 흑월 7일이라는 의미여서 16일 기망부터 헤
아려 제7일인 22일을 지칭하게 된다는 것이다.[39] 최치원은 이런 범력의
전통을 활용하여 저술 내용을 풍부히 하였다.

---

38) 김일권, 2000, 「원효와 경흥의『금광명경』주소(註疏)에 나타난 신라의 천문 성
    수 세계관」『신라문화』17·18합집, pp.168-181.
39) 김일권, 2013, 위의 논문, pp.191-194.

4. 해동과 고려, 아프라시압 한국인 사절도

『삼국유사』「귀축제사」조에는 신라인을 구구타예설라, 즉 계귀로 부른다는 유명한 구절이 나온다. 일연은 이를 해동이라 하였고, 이 사료를 가져온 의정의 『대당서역구법고승전』에는 고려라고 하였다. 고려=해동=신라가 같은 의미로 쓰인 것이다. 의정이 691년에 신라를 고려로 쓴 것을, 일연은 1280년 경에 고려를 해동으로 고쳐서 쓴 것이다. 필자는 혜초의 『왕오천축국전』과 『삼국유사』「귀축제사」조와 관련된 논문을 쓰면서40) 이 사료는 늘 의문의 대상이 되었던 구절이었다.

근래 신라 지식인들의 서역인식을 살피는 과정에서 관련 논문들을 읽으면서 의정의 『대당서역구법고승전』에 언급된 고려가 당나라 대에 신라를 지칭한 중요한 사료가 된다는 사실을 인지하게 되었다. 그것은 고려라는 용어가 당나라 미술에 보이는 조우관을 쓴 사절도의 국적을 가늠해 주는 문헌자료로서의 역할을 하고 있다는 사실 때문이었다.

1965년 우즈벡에서 발견된 아프라시압 도성유적 궁전벽화의 사절도에 나오는 조우관을 쓴 2명의 사절단이 처음에는 신라 사절로 알려졌으나,41) 현재 고구려 사절로 굳어져 인식되고 있는데42) 이들 사절단의 국적을 결정짓는 문헌자료는 당나라 대의 도관칠개국육판은합(都管七箇國六瓣銀盒)에 나오는 '高麗(고려)'라는 칭호에서 기인한 것이다.

---

40) 김복순, 2007, 「혜초의 천축순례 과정과 목적」『한국인물사연구』 8; 2012, 「『삼국유사』「귀축제사」 연구」『신라문화제학술논문집』 33.
41) 김원룡, 1976.6, 「사마르칸트 아프라시압 궁전벽화의 사절도」『고고미술』 129·130; 문명대, 1990, 「실크로드상의 신라사절상 고찰」『이재룡박사환력기념 한국사학논총』 등.
42) 노태돈, 1989, 「고구려-발해인과 내륙아시아 주민과의 교섭에 관한 일고찰」『대동문화연구』 23; 김리나, 1994, 「당 미술에 보이는 조우관식의 고구려인 -돈황벽화와 서안출토 은합을 중심으로-」『이기백선생고희기념 한국사학논총』 상; 권영필, 1997, 『실크로드의 미술 -중앙아시아에서 한국까지-』 등.

우리나라의 조우관에 관해서는 이미 많은 논문이 제출된 상황이며, 이에 대한 연구사까지 정리된 상황이므로,[43] 미술사학에 문외한인 필자가 이를 전문적으로 논할 생각은 없다. 다만 조우관과 관련하여 당나라 대에 쓰인 고려의 용어에 대한 궁금증을 풀고자 이 문제를 본격적으로 생각해 보려는 것이다. 먼저 『삼국유사』「귀축제사」소의 '해동'과 『대당서역고법고승전』의 '고려'에 대해서 살펴보고, '고려'를 신라로 쓴 용례를 찾아 이 문제를 문헌적 입장에서 접근해 보고자 한다. 『삼국유사』에는 해동과 관련하여 다음과 같은 사료가 전한다.

> 5) 천축인이 해동을 불러 구구타예설라라 하였으니 구구타는 계를 말함이요 예설라는 귀를 말함이다. 그 나라에서 서로 전하여 이르기를 그 나라에서 계신(鷄神)을 받들어 존경하는 까닭에 그 깃을 꽂아서 장식한다 하였다.(『삼국유사』 권4, 「귀축제사」조)

일연은 천축인들이 '해동'을 부를 때 계귀라 하였는데, 그것은 계신을 받들어 존경하는 까닭에 그 깃을 꽂아서 장식하므로 구구타예설라라 하였다는 것이다. 일연은 이렇게 구구타예설라, 계귀가 '해동'을 가리키는 것으로 쓰고 있다. 흥미로운 것은 이제껏 연구자들은 위 사료의 해동을 신라로 여기고 써 왔다는 사실이다.

닭은 신라사회에서 각별히 취급되었는데 계림·계정·계룡 등의 존재로 확인이 되며, 이러한 사실은 외국에도 알려져 있어 신라인들이 계신을 받들어 존경하여 그 깃털을 꽂아 장식한다는 천축인의 견문이 그것이라 한 것이다.[44] 결국 구법승들 외에 많은 신라인들이 여행이나 순례,

---

43) 조윤재, 2012, 「고대 한국의 조우관과 실크로드 -조우관 관련 연구사 검토를 중심으로-」 『고려대학실크로드학술대회』.
44) 권오영, 1999.6, 「한국 고대의 새[鳥] 관념과 제의」 『역사와 현실』 32, p.111. 새는 태양, 즉 천의 별태이며, 조상의 별태, 전령이기도 하므로 태양=천신=조상=새 라는 등식이 산출된다는 것이다. 따라서 조익관 형식과 결합된 금관을

차 혹은 향 등을 사기 위한 이유로 천축에 갔음을 알 수 있게 하며, 이들
이 닭의 깃을 머리에 꽂고 다니자 신라인을 희화하여 부른 명칭으로 쓴
것이다.

  당나라에서는 신라를 해동으로 불렀다. 원효의 『대승기신론소』가
『해동소』라 불린 것을 대표적인 예로 들 수 있다. 그런데 해동은 중국에
서 우리를 지칭한 용어로,[45] 해동 삼국으로 쓰여 중국에서 고구려·백
제·신라에 공히 사용하였으며, 통일신라와 발해에도 해동을 사용하였
다.[46] 이와 함께 해동이 신라를 지칭한 것으로 원효의 『해동소』(『대승
기신론소』)는 너무 유명하다. 원효는 해동법사로 8세기 중반부터 그 이
름이 나타나고 있는데,[47] 이는 당의 불교계가 원효를 통일신라를 대표
할 인물로 본 때문이다. 또한 대각국사 의천도 해동교주 원효보살로 부
르고 있다.[48]

  다음으로 『대당서역구법고승전』의 고려라는 기록이다. 이는 앞서

    착용함으로써 신라의 왕족은 자신이 천신족임을 자임하였을 것이라고 하였다.
45) 김정배, 2004, 「중국사서에나타나는 '해동삼국'」『북방사논총』창간호에는 중
   국사서에 나오는 해동삼국의 내용을 잘 정리해 놓았다.
46) 『삼국사기』권32 제사지, 권15 태조대왕 조에 『해동고기』가 나오고, 소수림왕
   대의 해동불법의 시초라는 기사와 당 사신이 영양왕 때 고구려에 온 것을 해동
   으로 표현하고 있다. 백제가 해동을 칭한 것은 의장왕을 해동증자라 한 것과 견
   훤이 해동사면도통지휘병마제치등사백제왕이라 칭한 것에 보인다. 가야도 해동
   으로 칭한 경우가 『삼국유사』권3 「금관성파사석탑」과 「어산불영」조에 보인
   다. 해동에 관련된 사료는 신라가 제일 많이 남아 있다. 『삼국사기』권3 내물이
   사금 대에 전진에 간 위두에게 부견이 해동의 일들이 예전 같지 않다는 표현에
   서부터 『삼국유사』권1 「마한」조, 권2 「효소왕대 죽지랑」조, 권3 「황룡사9층
   탑」조, 「아도기라」조, 「노힐부득 달달박박」조, 권4 「원광서학」조, 「귀축제사」
   조, 「의상전교」조, 「낭지승운 보현수」조에 해동이 나온다. 경덕왕과 원성왕대에
   당에서 온 사신이 신라를 해동으로 칭하고 있다. 발해는 『삼국유사』권1 「말갈
   과 발해」조에 해동성국으로 나온다. 또한 김부식 자신이 『진삼국사표』에서 해
   동, 해동삼국으로 쓰고 있다.
47) 김상현, 2000, 『원효연구』, 민족사, pp.281-283.
48) 『대각국사문집』권16, 「제분황사효성문」 "致供于海東教主元曉菩薩".

『삼국유사』「귀축제사」조에서 인용해 온 원출전이다.

> 6) 아리야발마는 신라 사람이다. 당 태종의 정관 연간(627-649)에 장
> 안을 떠나 광협(산)에 가서[49] 불교의 정법을 추구하고 성스러운
> 불교유적을 순례하였다. 나란다사에 머물면서 불교윤리의 율과
> 이론의 학문인 논을 익히고 여러 불경을 간추려 베꼈다. 슬픈 일
> 이다. 돌아올 마음이 많았으나, 그것이 이루어지지 못하였다. 동
> 쪽 끝 계귀(신라)에서 나와 서쪽 끝인 용천(나란다사)에서 돌아가
> 셨다. 즉 이 절에서 세상을 떠나셨던 것이다. 나이가 70여 세였
> 다.(계귀는 인도말로 구구타예설라이며, 인도 남부의 토어인 파리어(巴利
> 語)로는 쿠꾸타이싸라 라고 한다. '구구타'는 닭이며 '예설라'는 귀라는
> 뜻이다. 즉 고려국인 것이다. 서로 전하는 바에 따르면 그 나라에서는 닭
> 의 신을 받들어 모시기에 그 날개깃을 꽂아 장식으로 한다고 한다. 나란
> 다사에 못이 있는데, 이를 용천이라고 부른다. 서방에서는 고려를 일컬어
> '구구타예설라'라고 한다.)[50]

『대당서역구법고승전』의 저자인 의정은 계귀인 구구타예설라를 '고
려'라고 일컫는다고 한 것이다. 일연이 해동으로 고쳐 쓴 부분이 고려로
표기되어 있다. 해동의 삼국이 모두 깃을 꽂아 장식하였으므로 일연이
쓴 '해동'이라는 단어가 오히려 당시의 상황에 부합한다고 할 수 있는데,
의정은 691년의 시점에서 굳이 고려라고 쓴 것이다.

고구려 멸망 이후에도 고구려, 고려의 호칭은 여러 사서에 나오고 있
다. 논란이 될 법도 한 이 호칭들은 모두 고구려 멸망 후 고구려 유민에
대한 지칭으로 여겨져 왔다.[51] 그렇다면 의정은 왜 신라라고 하지 않고

---

49) 김복순, 2012, 「『삼국유사』「귀축제사」 연구」 『신라문화제학술논문집』 33, pp.190-
    191.
50) 『대당서역구법고승전』 상권, 아리야발마(『대정장』 권51, p.2중).
51) 이홍직, 1965, 「고구려유민에 관한 1·2의 사료- 고구려승 구덕과 고려사지리지의 유
    질부곡(有疾部曲)」 『사총』 10, pp.153-158; 박용운, 2004, 「국호 고구려·고려에 대한
    일고찰」 『동북아역사논총』 1, pp.29-47.

고려라고 하였을까 하는 점이다.

이와 관련하여『당회요(唐會要)』권100의 잡록(雜錄)에 보이는 "聖歷三年(700) 三月六日勅, 東至高麗國, 南至眞臘國, 西至波斯·吐蕃, 及堅昆都督府, 北至契丹·突厥·靺鞨, 並爲入番, 以外爲絶域, 其使應給料各依式"52)는 내용에 나오는 고려국이 주목된다. 이 고려국은 요동지역의 고구려 유민집단으로 보는 견해가 있다.53)

그러나 이 내용의 고려국은 신라로 볼 수밖에 없다고 생각된다. 첫째로 비슷한 시기인 691년에 의정이 측천무후에게『대당서역구법고승전』을 바치면서 신라를 고려라고 쓴 예로 보면, 이 고려는 신라로 보는 것이 타당하다고 생각되며 동쪽을 대표하는 국가는 통일신라이지 고구려 유민일 수는 없기 때문이다. 둘째로 사료에 보이는 기사응급료각의식(其使應給料各依式)은『삼국사기』에 보이는 "太師侍中俯降台恩, 特賜水陸券牒, 令所在供給舟舡, 熟食及長行驢馬草料, 幷差軍將, 監送至駕前"54)에 나오는 신라왕의 요구와 같은 내용으로 보인다. 즉 외국의 사신에 대한 당의 대우로, 신라 하대의 얘기는 하지만 이에 준해서 요구한 것으로 생각되기 때문이다.

다음으로 통일신라시대 신라인을 '고려인'으로 표기한 주목할 만한 흥미로운 사료 하나가 보인다.『신당서』「예문지」에 나오는 다음과 같은 최치원에 관한 기사이다.

---

52)『당회요』권100, 잡록 "성력(聖曆)3년(700) 3월 6일 칙한다. 동으로 고려국, 남으로 집랍국, 서로는 파사·토번·견곤도독부, 북으로 거란·돌궐·말갈 등은 입번이며, 그 외의 지역은 절역이다. 그곳에 파견되는 사신에게 식에 의거하여 양료를 지급하라".

53) 노태돈, 2002,『예빈도에 보인 고구려』, 서울대학교출판부, p.53.

54)『삼국사기』권46,「최치원전」에 보이는「상태사시중장」에 나오는 내용으로 817년과 882년의 예를 들어 신라사신에게 뱃길과 육로의 통행권을 주고 경유하는 곳들에 명하여 배편과 음식물 및 여정에 필요한 마필과 말먹이를 공급하여 황제가 있는 곳까지 호송해 달라는 신라왕의 조서를 최치원이 대필한 것이다.

7) 崔致遠 四六 一卷, 又桂苑筆耕 二十卷 高麗人 賓貢及第 高駢淮南從
事55)

이 기사는 이규보가 「당서불립최치원열전의」에서 언급하여 유명해진
구절로, 『삼국사기』「최치원전」에도 같은 내용이 나오고 있다. 즉 "최치
원의 『4·6집』한 권, 『계원필경』 20권이 있다"고 하고 그 주에 "고려
사람인데, 빈공 급제하였고 고변의 회남종사가 되었다"는 내용이다.56)
『신당서』 편찬자들과 김부식이 신라인 최치원을 몰라서 고려인이라고
하지는 않았을 것이다. 왜냐하면 그가 당에서 빈공급제를 하였고, 고병
의 종사관을 지낸 것을 모두 쓰고 있기 때문이다. 그렇다면 의정이 통일
신라를 고려라고 쓴 것과 같은 맥락에서 구양수, 김부식 등이 역시 통일
신라를 고려로 쓴 것으로 이해해야 하지 않을까 한다.

그리고 일본의 『교훈초(敎訓抄)』 등에 전하는 고려악으로 쓰인 용어
는 삼국에서 일본에 전해진 백제악, 신라악, 고구려악, 발해악 등 삼국악
의 종합적 명칭으로 고려악이라고 사용되었음이 또한 주목된다.

이렇게 통일신라를 고려로 칭한 예는 이미 언급한 도관칠개국육판은
합의 뚜껑 부분에 쓰인 고려국이라는 용어를 주목해 볼 수 있다.

1979년 섬서성 서안 도정방(道政坊) 부근에서 출토된 당나라 시기 금
은기(金銀器) 가운데 도관칠개국육판은합(都管七箇國六瓣銀盒)이 주목되
고 있다. 이 은합의 6판과 중앙 부분에는 각각 특정한 나라를 나타내는
그림과 그 국명이 타출 기법으로 부조되어 있다. 그 속에는 도관칠개국,
장래와 함께 곤륜왕국, 고려국, 파라문국, 토번국, 소륵국, 백척○국, 오
만국이 그림과 함께 새겨져 있다. 당의 관할 하에 있는 7개 나라를 표현
한 것인데, 이 그림은 사리장래도와 사리분배도로서, 당나라 대에 곤륜

국에서 사리가 도래한 것이 중앙부분의 그림이고, 6판에 그려진 나라들은 사리분배에 참여한 나라로 본 것이다. 불멸 후 사리8분의 내용을 중국식으로 재현한 그림으로 도관7개국과 당을 합하여 8개국이 사리를 분배한 것이라는 田中一美의 견해를 받아들인 노태돈은 섬서성 법지사지에서 출토된 사리함에서도 사리분배도라고 할 그림이 도관칠개국육판은합의 그림과 같은 것으로 추정되고 있다.[57]

　이렇게 당이 중심이 되어 사리를 인접한 여러 나라에 분배한다는 것을 그림으로 나타낸 전자의 은합은 9세기 경에, 후자의 사리함은 7세기말-8세기초에 제작된 것으로 추정되고 있다.

　문제는 이 은합에 쓰여진 고려국이라는 명문을 기준으로 하여 조우관 인물의 시기를 잡았기 때문에, 그 조성 시기를 불문하고 당에서 발견된 다른 조우관 인물의 출자를 모두 고구려인으로 규정하는데 큰 영향을 미치고 있음이다.[58] 통일신라를 고려로 칭한 예는 도관칠개국육판은합의 뚜껑 부분에 쓰인 고려국이라는 예와 함께『대당서역구법고승전』과『신당서』「예문지」의 기사에 신라인을 고려인으로 쓴 것이다. 뿐만 아니라 일본의『교훈초』등에 전하는 고려악은 삼국악을 통합해서 쓴 용어이다. 일연이 고려를 해동으로 바꿔 쓴 것은 원효의『해동소』로 대표되듯이 해동은 당에서 부른 통일신라이기 때문이었다. 그러나 해동은 고려로 불리기도 했으므로, 9세기로 추정되는 도관칠개국육판은합의 뚜껑 부분에 쓰인 고려국은 신라를 지칭하는 것으로도 볼 수 있으리라 생각된다.

　다음으로 아프라시압 한국인 사절도에 대한 연구사 검토를 통해 '고려'가 지칭한 국가를 생각해 보도록 하겠다. 아프라시압이 위치한 옛 지명은 강국(康國) 내지 강거국(康居國)으로 알려져 있다. 그런데 신라인이

---

57) 노태돈, 2003,『예빈도에 보인 고구려』, 서울대학교출판부, p.40.
58) 조윤재, 2012,「고대 한국의 조우관과 실크로드 -조우관 관련 연구사 검토를 중심으로-」『고려대학실크로드학술대회』, p.16.

이 강국에 대해 쓴 사료가 다음과 같이 보인다.[59]

> 8) 그의 고조와 증조가 잇달아 강거국의 정승이 되었는데, 王父(조
> 부)가 강거국으로부터 황조에 귀화하여 몸을 연하(輦下)에 의탁하
> 였다. 그의 부친의 휘는 밀(謐)인데 황조에서 좌위중낭장(左衛中郎
> 將) 벼슬을 주었다. 그의 어머니가 꿈에 해의 광명을 삼키고 잉태
> 하여 정관 17년 계묘(643) 11월 초이틀에 태어났다. 몸은 사방이
> 통합된 조정에 태어나 삼보가 중흥하는 시운을 만났으니, 어찌『상
> 송(商頌)』에 이른바 "하늘로부터 편안함이 내렸다"고 함이 아니겠
> 는가. 강거국은 천축국과 접하였고 사람들은 승려와 같았으므로 이
> 미 사자후를 넉넉히 들어 능히 법왕의 아들이 되었던 것이다.[60]

최치원의 기록에 의하면, 현수법장이 강거국 사람이며, 그의 고조와
증조가 강거국의 재상을 지낸 집안인데, 조부와 부친이 정관 연중에 당
나라로 귀화하였다는 것이다. 특히 현수법장이 태어난 643년은 강거국
과 당이 통합이 된 시기로 표현되고 있다. 법장은 신라의 의상과는 법형
제로 함께 수학을 한 사이였음을 최치원은 「법장화상전」의 제5과에서 쓰
고 있는데, 이 시기가 의상이 662년 종남산의 지엄에게로 간 이후였다.
　그런데 실제 중국 기록에 의하면 벽화의 주인공인 사마르칸트 즉 강
국왕 와르후만이 당 고종으로부터 강거도독부의 도독으로 임명된 것은
영휘 연간(650-655)이었다.

---

59) 최치원의 「법장화상전」은 904년에 해인사에 있으면서 쓴 중국 화엄종의 제3조
　　인 현수법장의 전기로, 그의 출자가 강국이라는 사실과 함께 그동안 신라 화엄
　　종과 관련하여 의상과의 동문수학과 화엄 10산과 관련된 내용이 사료로 많이
　　인용되어 왔다.

60) 최치원, 「법장화상전」, "高曾蟬聯爲彼國相王父自康居來朝庇身輦下考諱謐皇朝贈
　　左衛中郎將母氏夢呑日光而孕以貞觀十七年癸卯暢月旁死魄而生身當四方統合之
　　朝値三寶中興之運庸詎非商頌所謂自天降康者乎康居地接竺乾人侔梵衆旣饒師子
　　能胤法王."; 김복순, 1990, 「고산사(高山寺)소장 송판법장화장전(宋版法藏和尙
　　傳)」『신라화엄종연구』, 민족사, p.225하.

9) 高宗永徽時 以其地爲康居都督府 卽授其王拂呼縵爲都督 萬歲通天中
以大首領篤娑鉢提爲王 死 子泥涅師師立 死 國人立突昏爲王[61]

『신당서』에서 언급하고 있는 영휘 연간이 벽화가 조성되던 때로 추정
된다면, 당시 신라는 당의 영휘 연호를 쓰기 시작하는 등 당과는 밀월관
계였으므로 아프라시압 한국인 사절도의 주인공은 신라사절일 가능성을
언급할 수 있을 것이다.

이 무렵 당과 신라 구법승들의 천축행이 참고된다. 현각이 정관 10년
(636)에, 혜륜이 인덕연간에 당나라 현조법사의 천축행에 동행하고 있
고, 아리나발마가 정관 연중(627-649)에, 혜업이 정관 연중에, 현태는 고
종 영휘 연간(650-655)에 천축행을 하였다.[62] 이들은 총령을 넘거나, 티
벳트를 경유하여 천축으로 갔다가 돌아오거나 입적하였는데, 당과 강거
국과의 관계가 원만하였기 때문에 천축에 갈 수 있었고, 당 현장법사의
예에서 보이듯이 이들에 의한 소식이 당과 신라의 외교관계에 도움이 되
었을 것으로 생각된다.[63]

이를 정리해 보자면, 강거국인인 현수법장의 고조·증조가 강국의 재
상을 지냈고 조부 때부터 당에 귀화하였으므로 강거국은 정관연간 당에
예속되어가고 있음을 알려준다. 또한 당시 신라승들이 당나라 승과 동행
하여 천축행을 한 것이라든지, 당의 영휘 연호를 사용한 것 등 신라와
당의 밀월관계로 볼 때, 아프라시압 지역에는 고구려인보다 신라인들이
더 알려져 있었을 가능성이 있으며, 당과 신라와의 관계로 보면 그 사절
단은 신라인 사절이었을 가능성이 있다고 생각된다.

61) 宋 歐陽脩·宋 祁撰, 『新唐書』 第20冊 卷221下, 列傳146下, 「西域傳」下 康國,
中華書局, p.6244.
62) 김복순, 2012, 「『삼국유사』 「귀축제사」조 연구」 『신라문화제학술논문집』 33,
pp.188-199.
63) 르네 그루쎄·김호동·유원수·정재훈역, 1998, 『유라시아 유목제국사』, 사계절,
pp.159-168.

5. 맺음말

신라인의 서역인식을 살펴보는 것은 심증만큼 자료가 많지 않기 때문에 이를 엮는다는 것이 쉬운 일은 아니어서 관련 자료를 동원하여 살펴보았다.

우선 신라지식인들의 서역인식을 서역에서 들어 온 풍물 석사자와 문헌기록 산예 등을 대조해 가면서 그 인식의 단초를 열어 보았다. 또한 신라인들이 썼던 범언과 범력을 통해 신라인의 넓은 국제적 인식을 볼 수 있었다. 아프라시압 도성유적 궁전벽화의 사절도에 나오는 한국인 사절이 과연 고구려 사절일까라는 의문에서 출발하여 도관칠개국육판은합의 뚜껑 부분에 쓰인 고려국의 '고려'가 『대당서역구법고승전』과 『신당서』 「예문지」, 『삼국사기』 등 몇몇 사료에는 고려가 통일신라를 지칭하는 용어로 쓰였으며 해동과 같은 의미임을 고구해 보았다.

이와 함께 아프라시압 한국인 사절도의 조성시기와 관련하여 신라인의 저술에 나오는 서역인식과 연계하여 살펴볼 수 있었는데, 그것은 최치원이 찬술한 「법장화상전」이 강거국인으로 중국 화엄종의 제3조가 된 현수법장의 전기이기 때문이었다. 이렇게 법장과 그의 부친·조부가 당에 망명하게 된 시기가 사절도가 조성되던 전후라는 점에서 이 문제는 향후 좀 더 고구해 볼 수 있는 내용이라 생각된다.

제Ⅲ부 「지증대사비문」의 연구

제1장 최치원의 「지증대사적조탑비문」 비교 연구

1. 머리말

　최치원의 「지증대사적조지탑비명 병서」[1]는 그가 쓴 4개의 비문을 통칭하는 사산비명 가운데 하나로, 4개 가운데 가장 늦게 건립된 비명이다. 그의 사산비명은 조선조의 학자들과 학승들에게 주목되어 과외본으로 송습되었을 뿐 아니라, 탁본집이 아닌 필사본 내지 문집의 일부분으로 간행되었다. 특히 내용의 이해를 돕기 위해 어려운 단어나 내용에 많은 분주를 달아 놓았기 때문에, 현재까지 이들 비명을 해석하는데 많은 도움을 주고 있음이 확인된다. 이 「지증대사비문」은 찬술과 건립 과정에서 여러 우여곡절을 겪었을 뿐 아니라, 비에 대한 평가에 있어서도 보물 138호에서 국보315호로 승격되는 변화가 있었다.

　본고는 근래 많이 참고되고 있는 「지증대사비문」의 몇몇 본들을 서로 대조하고 비교해 보면서 그 나름대로의 특징적인 양상이 있음을 알게 되었다. 특히 『조선금석총람』에 나오는 「문경 봉암사 지증대사적조탑비」는 탁본 자료로서 활자화된 내용이기 때문에 많은 이들이 지표로 삼아왔으나, 그보다 앞선 조선시대 주석본과의 전체적인 비교는 없었다.

　이에 각안주의 「지증대사비명」과 고운선생문집의 「지증화상비명」을 『조선금석총람』의 것과 대조해 보고, 이와 함께 최근 역주된 2-3개본도

---

1) 「지증대사적조지탑비명 병서」는 이하 「지증대사비문」으로 줄임.

함께 비교해 보려 한다. 또한 「지증대사비문」의 비교 내용이 많은 양이 기는 하지만, 대조표를 만들어 전재함으로써 참고 자료로 삼으려 한다.

2. 지증대사비의 건립과 내용

지증대사비는 비문에 「大唐新羅國故鳳巖山寺 教諡智證大師寂照之塔 碑銘 幷序」라는 긴 제목이 제일 오른쪽에 세로로 새겨져 있다.

최치원이 신라로 돌아온 885년인 29세에 헌강왕이 그에게 지증대사 의 비문을 짓도록 명하였다. 그러나 얼마 안되어 헌강왕에 이어 정강왕 까지 죽고 진성여왕이 왕위에 올랐지만, 불안한 정국으로 인해 실제 비 문이 찬술된 것은 8년이 지난 893년, 진성여왕 7년 무렵의 일이었다. 그 는 「음기」에서 이 기간 동안 비문의 내용을 3번이나 고쳐가면서 계속 문장을 다듬었다고 하였다. 실제 그 내용에 있어 우리나라에 불교가 전 래되어 선종이 정착하기까지의 한국불교사의 서술과 그의 생애와 일화 를 6이(異)와 6시(是)의 12인연으로 정리할 수 있었던 것은 오랜 기간 고 친 결과로 보인다.

하지만 이 비문은 최치원에 의해서 완성된 뒤에도 바로 비로 건립되 지 못하였다. 그로부터 30년이 지난 신라 경명왕 8년, 고려 태조 7년인 924년에 문경의 희양산록에 건립되었다. 글씨는 분황사 승인 혜강이 쓰 고 새겼는데, 당시 그의 나이가 83세였다.

지증대사비의 비석 돌은 남해에서부터 이운해 온 것으로, 남한지역의 비석 가운데 으뜸이라고 평가되고 있다. 이몽유가 찬한 「정진대사비명」 에 의하면, "지금 사찰 안에는 옛 선사(지증대사)의 법갈(法碣)이 있으니, 이는 신라 말 전진사(前進士)인 최씨 성의 이름이 치원인 자가 찬술한 글이다. 그 돌도 남해로부터 왔는데, 지금에 이르러서도 말이 많으니 역

사(役事)는 기방을 일으키는 연고이다"[2]고 하였다. 지증대사비의 비석
돌을 남해에서 경북 문경의 봉암사까지 옮겨오기 위하여 많은 인부들이
동원되었을 것이고, 그로 인한 원성이 몇 십년이 지난 당시까지도 남아
있었던 것을 알려주는 내용이다.

그런데 그 후 정진대사 긍양의 비문을 새기려는 비석 돌을 구하기 어
려워 남해의 해변인 여미현(汝湄縣), 즉 전남 화순에서 채취하여 배편으
로 운반해 오도록 하였다. 하지만 그 수고비를 계산하니 천만냥만 드는
것이 아니었지만 그래도 임금의 재가를 받아 시행하려 하다가, 때마침
희양산 기슭에서 돌을 구할 수 있어서 중지시켰다고 전하고 있다. 이때
가 고려 광종 16년인 965년 무렵임을 감안할 때, 지증대사비가 세워지
는 924년에 남해에서 문경까지 비석돌을 운반할 수 있었다는 사실은 곧
이 비를 건립하는 주체들이 당시 큰 권력을 가지고 있었음을 의미하는
것이라 하겠다.

비의 건립은 원주대덕 능선, 통준 등이 주도하였고, 단월로는 소판 아
질미, 가은현 장군 희필 등이 후원하였다. 아질미는 견훤의 아버지인 아
자개로 비정되는 인물로, 이미 918년 이후 고려에 귀부해 있었다. 가은
현은 신라 경덕왕대 이후 가선현(加善縣)으로 불렸던 곳인데, 고려 초에
개명된 명칭이다. 결국 가은현 지역이 고려의 수중에 들어간 후 이 비가
건립된 것을 알려주는 명칭이며, 가은현 장군 희필은 고려와 관련이 있
는 인물로 보인다.

원주대덕 능선은 이 지증대사비 외에도 944년에 흥녕사 징효대사탑
비에 사주(寺主)로 나오는 인물이다. 그는 935년 6월 견훤이 귀부할 의
사를 알려왔을 때, 고려에서 나주로 보낸 사절단의 한사람으로 나오는

2) 이지관편, 1994, 『교감 역주 역대고승비문』 2-고려편1-, p.508; 한국역사연구회
   편, 1996, 「봉암사 정진대사 원오탑비」 『역주 나말여초금석문』하, 혜안, pp.367-
   368.

능선(能宣)과 같은 인물일 가능성이 크다.[3]

　비문의 찬술은 최치원이 하였지만, 비문의 건립은 고려 측에 가담하고 있던 원주대덕 능선과 견훤의 아버지 아자개, 가은현 장군 희필 등에 의해 진행된 것이다. 이들이 많은 인부들을 동원하여 남해에서부터 비석돌을 문경으로까지 옮기게 한 것이다. 당시 경명왕과 고려 태조와의 관계가 우호적인 관계에 있었다고 하더라도, 이러한 일이 신라 땅에서 진행되었다는 것은 이미 고려의 세력이 신라에 미친 양상을 짐작하게 해준다.

　그렇다면 왜 이 시기에 비의 건립이 진행된 것일까. 그것은 924년부터 935년 사이에 이 봉암사 일대가 후백제와 고려가 일진일퇴의 공방전을 벌인 곳이라는 사실과 관련이 있어 보인다. 고려 측에서는 924년 6월 비의 건립을 마쳐 놓고, 다음 달인 7월에 중국 유학을 끝내고 신라로 돌아오는 긍양을 봉암사에 초치하고자, 비의 건립과 함께 사찰의 정비를 서두른 것으로 보인다. 당시 후삼국의 지도자들은 인심귀복을 위해 이름난 선승들을 서로 모셔가고자 하였다. 고려는 긍양을 머물게 하면서 이곳을 확보하려고 했던 측면이 있었다. 그러나 긍양은 공주 서혈원에 머물다가 강주 백엄사에서 10년 간 주석하였고, 935년이 되어서야 이곳에 왔다.[4]

　그 사이 봉암사 지역은 많은 고난을 겪었는데, 926년 후백제가 웅진 방면으로 진격함으로써 후백제 영역이 되었다가, 927년 고사갈이성 성주 홍달 등 주변의 여러 성주들이 고려에 귀순함으로써 다시 고려에 속하게 되었던 것이다. 하지만 930년 후백제가 다시 이 지역을 공격함으로써 봉암사는 거의 폐허화되어 버렸다. 935년 긍양이 봉암사에 도착했을

---

3) 김복순, 2009, 「고려의 최치원 만들기」, 『신라문화』 32, p.81.
4) 이인재, 2005.12, 「선사 긍양(878~956)의 생애와 대장경」, 『한국사연구』 131, pp.172-
176.

때 주변지역과 사찰은 거의 절반 이상 타버리고 지증대사비와 철불만 남
아 있었다고 한다.

이 비문의 주인공인 지증대사 도헌(824-882)은 신라의 왕경에서 헌덕
왕 10년인 824년에 태어나 882년인 헌강왕 8년 12월 18일에 입적하였
다. 도헌은 헌강왕의 부름에 나아가 왕경의 선원사에 머물면서 왕을 위
해 월지궁(月池宮)에서 설법도 하였고, 망언사(妄言師)가 되었으므로, 대
사의 칭호를 갖게 되었다. 헌강왕이 지증선사라는 시호와 적조라는 탑호
를 내렸다.

최치원은 비문에서 서쪽에서 불교가 동쪽으로 중국에 전해진 유래를
여러 기이한 사적들을 들어 언급하고, 우리 삼국에 불교가 전해진 사실
을 백제의 소도 제의, 서진의 담시가 고구려에 오고, 아도가 신라에 온
것, 양무제와 법흥왕, 이차돈의 순교 등을 들고 있다. 그리고 불교의 교
학이 소승에 이어 대승불교가 이르고, 계율과 교학불교가 성한 양상을
기술하였다.

821년 도의선사가 신라에 와서 선법을 전하자 마구니의 말을 한다며
배척하여 북산북인 설악산 진전사에 은거한 사실을 쓰고, 홍척대사 이후
선종의 흥기를 기록하였다. 이들 가운데 이름있는 이들을 들고 있는데,
먼저 중국 땅에 그대로 머문 이들인 정중 무상, 상산 혜각, 익주 김, 진주
김을 들고, 신라로 돌아온 이들로, 도의, 홍척, 혜철, 혜목, 지력의 문,
혜소, 충언, 각휴, 범일, 무염 등을 들었다.

이는 우리나라 불교의 전래사를 기록한 것으로 유명하며, 이렇게 중
국이나 인도에 가지 않고도 상보를 얻은 이들이 있는데, 그 가운데 한
사람이 바로 지증대사라는 것을 밝힌 것이다.

최치원은 자신의 기본 철학이라고 할 수 있는 유·불·도 3교의 융회적
인 태도가 특히 이 비문에서 많이 거론되고 있는데, 이는 비문 서의 초
두에 내세웠을 뿐 아니라 경문왕이 3교에 융회한 인물임을 강조하고 있

기도 하여 당시의 신라의 상황을 전하기도 하였다.

그런데 최치원의 직함을 기재하는 방식이 이전의 3개의 비문과는 달리 기재하고 있다는 사실이다. 이에 주목한 이들은 신라 하대에 어대제가 실시된 것으로 보는 방증자료로 삼기도 하였으나, 이는 924년에 비문을 건립하면서 건립주체에 의한 변개로 추측되기도 한다. 즉 885년 비의 작성을 명을 받고, 8년 후인 진성여왕 7년인 893에 완성된 글을 30년 후인 924년에 세웠다는 사실과 有唐이 大唐으로, 淮南入本國送國信詔書等使를 皇花等使로, 承務郎 侍御史 內供奉을 조청대부로, 지서서원학사를 충서서원학사 등의 문투로 바꾸어 쓰고 있다는 것은 비를 세우는 측에서 손을 보았다는 것을 알려주는 사실이라고 하겠다.5)

3. 「지증대사비문」의 비교

최치원이 지은 3선사1사의 비명은 『고운선생문집』에 비로 분류되어 실려져 왔지만, 통칭 사산비명이라 하여 함께 묶어서 전해져 왔다.6)

이 비명의 번역은 최준옥이 편한 『국역 고운선생문집』7)에 홍진표, 성낙훈, 변각성, 최병헌 등이 각기 한 개씩의 비문을 번역한 것이 최초라고 할 수 있다. 이후 이지관의 『교감역주 역대고승비문』8)에 여타의 신라고승들의 비문들과 함께 교감 역주되었고, 이우성이 『신라 사산비명』9)으로 교역하였으며, 봉암사 동암의 정광이 편집한 『지증대사비명소고』10)

5) 김복순, 2009, 위의 논문, p.82.
6) 김지견, 1994, 『사산비명집주(四山碑銘集註)를 위한 연구』, 한국정신문화연구원, p.5에 의하면, 그가 당시 수집한 본만도 14종이라고 하였다.
7) 최준옥편, 1982, 『국역 고운선생문집』하, 보련각, pp.145-271.
8) 이지관, 1993, 『교감역주 역대고승비문』1-신라편-, 가산불교문화연구원.
9) 이우성 교역, 1995, 『신라 사산비명』, 아세아문화사.

에 봉암사와 관련있는 다른 2개의 비문과 함께 원문과 번역문, 그리고
비문의 탁본을 부록으로 하여 출간되기도 하였다.

그리고 한국고대사회연구소 편의 『역주 한국고대금석문』[11]과 최영성
이 『역주 최치원전집』,[12] 그리고 이상현이 옮긴 『고운집』[13]까지 많은
역주본들이 쏟아져 나왔다.

이는 최치원의 난해한 문장을 해석하려는 학자들의 끈질긴 노력의 결
과이기도 하지만, 그의 저술이 가지고 있는 사료적 가치에 대해 많은 이
들이 공감하고 필요로 하고 있기 때문으로 보인다. 이렇게 역주들이 양
산된 상황에서 이를 종합하여 정리할 필요가 있다고 생각된다. 이 가운
데 본고에서는 「지증대사비문」만을 비교해 보려 한다.

우선 두륜사문 각안 주(頭輪沙門 覺岸 註)의 각안범해본(覺岸梵海
本)[14]에 실려있는 「유당신라국고희양산봉암사교시지증대사적조지탑비
명병서(有唐新羅國故曦陽山鳳巖寺敎諡智證大師寂照之塔碑銘幷序)」와
『최문창후전집』에 실려 있는 「고운선생문집」의 「지증화상비명병서」[15]
의 비문은 비석의 내용을 참조하여 만든 필사본이다.

이들을 표의 첫째와 둘째 칸에 싣고, 『조선금석총람』에 실린 「문경
봉암사지증대사적조탑비」[16]를 셋째 칸에 자리하게 하면서, 이들을 『역
주 한국고대금석문』의 남동신 역주의 「봉암사 지증대사탑비」의 비문[17]

10) 봉암사 동암 정광 편집, 1992, 『지증대사비명소고』, 경서원.
11) 한국고대사회연구소편, 1992, 『역주 한국고대금석문』제3권, 신라·발해편.
12) 최영성, 1998, 『역주 최치원전집』1-사산비명-, 아세아문화사.
13) 이상현 옮김, 2009, 『고운집』, 한국고전번역원.
14) 김지견, 위의 책에 부록으로 영인본이 pp.三-一二五에 실려 있다. 그리고 p.16에
    의하면 『동사열전』의 저자인 두륜사문 각안(1820-1896)주의 이본은 대흥사 내
    의 백화사본(白花寺本)으로 광서(光緖) 18년인 1892년의 주기가 있다고 한다.
15) 성균관대학교 대동문화연구원 발행, 1982(재판), 『최문창후전집』, pp.168-199. 1926년
    최국술이 편찬한 『고운선생문집』 권3에 「지증화상비명병서」가 수록되어 있다.
16) 조선총독부편, 1919, 『조선금석총람』상, 아세아문화사영인본, pp.88-97.
17) 남동신, 1992, 「봉암사 지증대사탑비」 『역주 한국고대금석문』3, pp.174-211.

을 넷째 칸에, 최영성이 제시한 「대당신라국고봉암산사교시지증대사적
조탑비명 병서」와 역문 및 주18)에 나오는 원문을 다섯째 칸에, 그리고
필자가 정리한 「지증대사비문」은 봉암사 정광이 부록으로 실은 「지증대
사비문」 탁본을 참조한 원문을 여섯째 칸에 위치시켜 표로 만들었다. 위
의 내용을 정리하면 다음과 같다.

1. 두륜사문 각안주의 「유당신라국고희양산봉암사교시지증대사적조
   지탑비명병서(有唐新羅國故曦陽山鳳巖寺 敎諡智證大師寂照之塔碑
   銘 幷序)」
2. 「고운선생문집」의 「지증화상비명병서」
3. 『조선금석총람』의 「문경 봉암사지증대사적조탑비」
4. 『역주 한국고대금석문』의 남동신 역주의 「봉암사 지증대사탑비」
5. 최영성의 「대당신라국고봉암산사교시지증대사적조탑비명 병서」
6. 필자

이 표를 만들어 비교해 본 결과 다음과 같은 특징들을 추출할 수 있
었다.
우선 첫째로 비문 상에서 새겨진 글자와 판독문이 다른 경우이다.
비문에서는 글자를 새길 때 약자를 사용하고 있으나 대개의 판독문은
정자를 쓰고 있다는 점이다. 예를 들면, ①與는 与로, ②爾는 尒로, ③萬
은 万으로, ④彌는 弥로, ⑤筆은 筆로 이다. 또한 같은 글자인데 본문과
음기가 다른 경우는 '醫' 자로 본문에서는 毉로 쓰고 있으나 음기에서는
醫로 쓰고 있고, 대개의 판독문이 醫로 통일해서 쓰고 있다.
그리고 비문상의 두 글자를 한 글자로 판독한 경우이다. 두 예를 들
수 있는데,

---

18) 최영성, 위의 책, pp.257-338.

① 獄鳥로 鸑(신조 이름 악)으로 각안과 고운집, 총람에서 한 자로 보고 있다. 남동신과 최영성 역시 獄鳥를 한자로 보고, 붉은 봉황의 오서(誤書)로 보고 있다.[19] 하지만 필자는 獄鳥를 嶽鳥로 보고 산새라는 의미로 해석하였다.

② 其日을 期자로 본 경우이다. 각안본과 고운집, 최영성의 경우[20] 이를 따르고 있다.

다음 둘째로, 각안의 본과 고운집의 내용이 비문의 글자와는 다르게 쓴 경우이다. 다음과 같이 여러 경우가 나타나고 있는데, 각기 달리 쓴 경우도 있지만 표에서도 볼 수 있듯이 대개의 경우 같은 글자로 바꿔서 쓰고 있다.

하나는, 비문의 내용과 달리 글자를 뺀 경우이다.

① 각안의 본과 고운집의 두 곳 모두에서 '配動方者曰仁心'을 인심이 해석이 잘 안되니까 心을 빼고 '配動方者曰仁'으로 하였다.

② '日日深又日深矣'는 앞의 日을 빼고 '日深又日深矣'로 쓰고 있다.

③ '龍報報旣旣矣'에서 旣가 2자로 겹치니까 한자를 빼고 있다.

④ '智光伴智藏而還 智始語玄契者'에서 두 번째 구절의 智자를 빼고 智光伴智藏而還 始語玄契者 로 쓰고 있다. 이 경우 최영성 역시 위의 두 책을 따라 衍文으로 보고 있다.[21]

⑤ '今探撮其感應'의 경우 최와 각안, 고운집은 探을 빼고 '今撮其感應'로 보고, 남동신은 撮을 빼고 '今探其感應'로 보고 있다.

⑥ 고운선생문집에서는 '諡號 智證禪師'를 선사를 빼고 '諡號 智證'

19) 남동신, 위의 책, p.190의 주301); 최영성, 위의 책, p.280의 주288).
20) 최영성, 위의 책, p.285의 주346).
21) 최영성, 위의 책, p.264의 주88).

으로 쓰고 있다.

다음으로, 글자를 바꾼 경우이다.

① '雁化者 出谷'을 '幽谷'으로,
② '宜君子之鄕也 法王之道'를 '宜君子之鄕 染法王之道'로 바꾸고 있다.
③ '有始有卒'을 '有始有終'으로 바꾸고 있다.

또한, 글자를 보탠 경우도 보인다.

① '幽求無斁'를 '幽求不斁'로,
② '試搜殘錦'을 '試搜錦頌'으로,
③ 음기에 나오는 '或用同公舊章'을 同을 周의 오자로 보고 周公으로 쓰고 있다.
④ '論曰 幻軀易滅'에서 論을 고운집의 경우와 최영성은 '諭曰'로 보았다.
⑤ '吾非超鷗'를 '吾非趙鷗'로 바꾸어서 고사에 맞추어 해석하고 있다. 최영성은 고운집에서와 같이 趙鷗로 보고 『열자』에 나오는 고사를 들고 있다.[22]

그런데 이러한 경우 위의 두 책의 주석을 따를 경우, 해석이 매끄럽게 변할 수 있어서 최영성의 경우 이 부분을 많이 따르고 있다.
그리고 다음으로, 글자를 보탠 경우이다.

---

22) 최영성, 위의 책, p.283의 주327).

① '況復國重佛 家藏僧史'는 대개 '況復國重佛書'로 佛이 아닌 佛書로 이해하고 있다.

② '然能龍雲躍'은 '然能義龍雲躍'으로 보고 있는데 역시 의용으로 볼 때 경학에 밝은 승려라는 의미를 앞세워 의를 보탠 경우이다.

③ '時然行'은 '時然行後'로,

④ '故濫駱宅'은 '故濫觴駱宅'으로 하였다.

⑤ '大師拒之曰 人大患 好爲師'는 '大師拒之曰 人之大患 好爲人師'로 고쳐 뜻을 부드럽게 하였다.

⑥ '是卽是 餘無言'은 '是卽是 餘無所言'으로 '所' 자를 보태었다.,

⑦ '忘言師'는 '忘言之師'로 쓰고 있다.

각안본의 경우 불교식으로 글자를 보아 다음과 같이 고친 흔적이 보인다.

① '讀'을 탐진치로 쓸 때의 '瞋'으로,

② 위의 '論'을 '喩'로,

③ '浮石山'을 '浮石寺'로 쓰기도 하였다.

④ '姿坐'를 '宴坐'로 바꾸어서 쓰고 있다.

⑤ '海引東流'는 '海印東流'로 고쳐 海印을 강조하고 있다.

이 외에도 비문의 '匪'자는 거의 '非'로, '邪'자는 '耶'로, '資疑'를 '質疑'로 바꾸고 있다. 이렇게 비문을 각안주와 고운집 그리고 남동신, 최영성의 해석문과 비교를 통해 볼 때, 각안주와 고운집의 비문 역주가 근래의 역주에까지 상당히 영향을 끼쳤음을 알 수 있다.

마지막 셋째로, 『조선금석총람』의 내용을 다른 비명들과 비교해서 나타나는 문제점이다.

우선 인명에 해당부분에서 유독 잘못 읽고 있다는 사실이다. 예를 들면,

① 도의를 道美로,
② 두세번 나오는 홍척을 첫 번째의 경우 洪涉으로 기재하였다.
③ 준공은 後恭으로,
④ 대안철국사는 夫大□國師로,
⑤ 송섬은 송□으로 처리하고 있다.

이는 매우 정치하게 글자를 읽은 다른 경우와 비견해 보면 의외의 표기로 보인다.

다음은 판독 오자의 경우이다. 예를 들면,

① '我田 且居王土'의 '土'를 '云'으로 읽어 왕토의 뜻을 흐리고 있고,
② '修乎修沒修, 證乎證沒證'도 '沒'을 '設'로 읽어 선종의 요체를 나타내는 중요한 뜻을 막히게 하였다.
③ '鰈水'의 경우 접을 '□'로 처리하여 읽지 않고 있는데, 접수는 우리나라의 지역을 의미하는 용어이다.
④ '太傅大王 以華風掃弊'는 '華'를 '花'로 '弊'를 '獘'로 바꾸어 읽은 것은 정말 이상해 보인다.

그것은 총람의 비문은 매우 정확히 옮기려고 노력한 것으로 평가되고 있기 때문이기도 한데, 이상의 내용으로 볼 때 한편으로는 의도적으로 폄하시키려는 측면도 보인다는 점을 지적하고 싶다. 남동신의 경우 '使佩韋者盆試', '有追福僧憐之論曰' 등 총람의 정확성을 평가하여 이를 부분적으로 따르고 있다.

그리고 비문의 아래 쪽 부분의 면이 고르지 못하여 새기지 못한 부분

까지도 글자 수를 맞추어 전부 있는 것으로 보고, □□□ 등으로 빈칸으로 처리하는 한계도 보인다.

4. 맺음말

최치원의 「지증대사비문」은 한국 고대사의 중요 사료로서 많은 이들에게 논문자료로서 활용되어져왔다. 때문에 역주 작업 역시 활발성을 띠고 양산되어져 왔다고 할 수 있다. 그러나 비문이 세워진 이후부터 시작되었을 비문의 주석은 '사산비명'이라는 이름으로 우리에게 익숙한 책으로 전해지고 있다.

1980년대 이후 주석 작업이 진행되면서 훌륭한 번역이 속출되었다. 그러나 이본들을 대조해 가면서 비 자체에 대한 검토는 전반적으로 이루어지지 않았다. 이에 몇몇 자료들을 모아 대조하여 서로 다른 부분은 표시를 해가면서 표를 만들어 보았다.

표의 내용을 분석해 본 결과, 첫째 금석문을 새기면서 간략 자를 곳곳에 사용하고 있음을 알 수 있었다는 점이다. 둘째, 탁본을 비교적 정확히 활자화시킨 것으로 인정받고 있는 『조선금석총람』의 내용이 다음과 같은 의도성을 가지고 있는 것으로 그 문제점을 밝혀 볼 수 있었다. 즉 인명을 6곳이나 제대로 밝혀 쓰지 않고 있고, 왕토(王土)나 접수(鰈水) 등 정확해야 하는 부분을 틀리게 기재하고 있었음을 확인할 수 있었다. 셋째, 각안본이나 고운집의 세주는 지금까지도 해석을 하는데 영향을 끼치고 있음을 확인한 것이다.

「지증대사비문」을 몇몇 본들을 대조해 가면서 분석해 본 결과, 최치원의 다른 3비문 역시 이러한 방법으로 검토해 본다면 새로운 사실을 밝힐 수 있으리라 생각된다.

(「지증대사비문」의 번역문)

내당 신라국 고 봉암산사 교시지증대사
적조지탑비명 병서

입조하정 겸 연봉 황화등사 조청대부 전수병부시랑 충서서원학사로 자금어대를 하사받은 신 최치원이 교를 받들어 찬하였다.

서술하여 말한다. 5상(常)을 방위로 나눔에 동방에 짝지어진 것을 '인심(仁心)'이라 한다. 3교에서 이름을 내세웠는데 청정한 지역에 나타난 이가 '불(佛)'이다. 인심이 곧 부처이니, 부처를 지목해서 '능인(能仁)'이라는 것은 당연하다. 동방의 유순한 성품의 근원을 이끌어, 석가모니의 자비로운 가르침의 바다에 이르게 하는 것은 돌을 물에 던지고 비가 모래를 모으는 것 같이 쉬웠다. 하물며 동방의 제후가 외방을 지키는 자로 우리보다 큰 나라가 없다. 땅의 기운이 이미 살리기 좋아함을 근본으로 삼고, 풍속 또한 서로 양보하는 것을 으뜸으로 함이라. 화락한 태평의 봄날이요, 은은한 상고의 교화로다.

더구나 성(姓)마다 불교에 참여하여, 머리를 깎고 임금의 자리에 있으며, 언어가 범어를 답습하여 혀를 굴리면 불경의 글자가 되었다. 이는 바로 하늘이 밝게 서쪽을 돌아보고, 바다가 동방으로 흐르게 이끈 것이니, 군자들이 사는 곳에 부처의 도가 나날이 깊어지고 또 날로 깊어감이 마땅할 것이다. 또 노나라에서 별이 떨어진 것을 기록하고, 한나라에서 금인(金人)의 목에 태양을 두른 일을 징험함으로부터, 부처의 자취는 모든 시내가 달을 머금은 듯하고, 설법하는 소리는 온갖 소리가 바람에 우는 것 같았다. 혹 아름다운 가르침을 비단에 적기도 하고, 혹 빛나는 사실들을 비석에 새기기도 하였다. 그러므로 낙양 시내를 범람하고 진나라 궁전을 비추었던 사적이 마치 해와 달을 걸어 놓은 듯 분명하게 기록되어 있으니, 진실로 3척 혀의 말재주와 5색 붓의 글재주가 아니면, 어찌 그 사이에 문장을 엮고 후세에 언설을 전할 수 있겠는가.

나아가 나라로 나라를 살피고 지방으로부터 지방에 이른 것을 살피니, 불교의 바람이 사막과 험준한 지대를 지나서 오고, 그 물결이 바다의 한 모퉁이에까지 비로소 미치었다.

옛날 우리나라가 삼국이 솥발과 같이 대치하고 있을 적에, 백제에 '소도'의 제의가 있었으니, 감천궁(甘泉宮)에서 금인에 제사지내는 것과 같았다. 그 뒤 서진의 담시가 고구려 땅에 들어온 것은, 섭마등(攝摩騰)이 동으로 후한에 들어온 것과 같았으며, 고구려의 아도가 우리 신라에 건너온 것은, 강승회(康僧會)가 남쪽으로 오나라에 간 것과 같았다.

이때는 바로 양나라의 보살제인 무제가 동태사에서 돌아온 지 1년 만이요, 우리 법흥왕이 율령을 제정한 지 8년째 되는 해였다. 또한 이미 해안에 즐거움을 주는 뿌리를 심었으며, 해 뜨는 곳에 늘어나고 자라나는 보배가 빛났음이다. 하늘이 착한 소원을 들어주시고 땅에서는 좋은 인연이 솟아났다. 이에 중귀(이차돈)가 제 몸을 바치고, 임금이 삭발하였으며, 비구가 서쪽으로 배우러 가고, 아라한이 동쪽으로 와서 다니었다. 이로 인하여 혼돈이 개벽되고, 사바세계가 두루 교화되었으니, 산천의 좋은 경개를 가리어 토목의 기이한 공력을 다하지 않음이 없었다. 수도할 집을 꾸미고, 수행의 길을 밝히니, 신심이 샘이 솟듯 하고, 지혜의 힘이 바람처럼 드날렸다. 과연 전쟁의 재앙을 없애고, 무기를 거두고 경사를 칭송하니, 옛날엔 조그마했던 세 나라가 이제는 장하게도 한 집안이 되었다. 절이 구름처럼 늘어서서 장차 빈 땅이 없고, 큰 북이 우뢰같이 진동하니 하늘과 멀지 않다. 점차 번지어 물듦에 여유가 있었고, 조용히

탐구함에 싫증냄이 없었다.

그 교가 일어남에 있어, 소승불교인 비파사가 먼저 이르자 우리나라에 사제(四諦)의 법륜이 달렸고, 대승불교인 마하연이 뒤에 오니 한 나라에 일승의 거울을 비추었다. 그러나 경의에 능한 용같은 이들이 구름처럼 뛰고, 율에 철저한 범같은 이들이 바람같이 오르며, 교학 바다의 파도가 넘실거리고, 계(戒)숲의 가지와 잎이 무성하였다. 도는 모두 끝없는 데 융합하고, 정은 혹 마음속에 통하였다. 문득 고인 물이 잔물결을 잠재우고, 높은 산이 일광을 두른 듯한 사람이 대개는 있었을 것이나, 세상에는 미처 알려지지 않았다.

장경(長慶, 821-824) 초에 이르러, 승 도의(道義)가 중국으로 건너가서 서당지장(西堂智藏)의 오묘한 경지를 보았는데, 지혜의 빛이 지장선사와 같아져서 돌아왔으니, 지혜로 처음 선종의 현묘함을 말한 이다. 그러나 분주한 망상에 사로잡혀서 남쪽의 목적지 대신 북쪽으로 달리는 잘못을 감싸고, 메추라기의 날개를 자랑하면서 남해를 향해 높이 나는 대붕을 꾸짖었다. 이미 교종의 외우는 말에만 마음이 쏠려 다투어 선종을 '마어(魔語)'라고 비웃었다. 이에 지붕 아래에 빛을 감추고, 종적을 그윽한 곳에 숨기었다. 동해의 동쪽인 왕경으로 갈 생각을 그만두고, 마침내 북산의 북쪽에 은둔하였다. 어찌 『주역』에서 말한 "(세상을 피해 살아도) 근심이 없다"고 한 사람이요, 『중용』에서 말한 "후회하지 않는다"고 한 이가 아니겠는가. 꽃이 겨울 산봉우리에서 빼어나 선정의 숲에서 향기를 풍기매, 덕을 사모하는 자가 산에 가득하였고, 착하게 변한 사람이 골짜기를 나섰으니, 도는 폐할 수 없는 것으로 때가 되면 행해지는 것이다.

홍덕대왕이 왕위를 계승하고 선강태자가 감국과 무군의 일을 하게 됨에, 사악한 것을 제거하여 나라를 치유하고, 선을 즐겨하여 왕가를 살찌게 하였다. 홍척(洪陟)대사가 있었는데, 역시 서당에게서 심인(心印)을 증득하였다. 남악에 와서 발을 쉬고 있으니, 임금이 바람이 부는 대로 따르겠다는 요청의 뜻을 밝히었고, 태자는 안개가 걷힐 것이라는 기약을 경하하였다. 드러내 보이고 은밀히 전하여 아침의 범부가 저녁에 성인이 되니, 변함이 널리 행해진 것은 아니나, 일어남이 갑작스러웠다.

시험삼아 그 종취를 엿보아 비교해 보건대, 닦되 닦을 것이 없음을 닦으며, 증득하되 증득할 것이 없음을 증득하였다. 고요히 있을 때는 산이 서있는 것 같고, 움직일 때는 골짜기가 울리듯이 하였으니, 무위의 유익함으로 다투지 않고도 이겼던 것이다. 이에 우리나라 사람의 마음속이 허령하게 되었는데, 능히 고요한 이익으로써 해외를 이롭게 하였으면서도, 그 이롭게 한 바를 말하지 않으니 위대하다 하겠다.

이후 조각배를 타고 중국에 건너가 도에 융합하였으니, 그 조상들을 생각하지 않으랴. 진실로 그런 이들이 번성하였도다. 혹 명검이 연진에서 변화하듯 하고, 혹 진주가 합포로 돌아오듯 하였는데, 거장이 된 이들을 손꼽아 셀만하다. 중국에 머문 이로는 정중사의 무상(無相, 680-762)과 상산(常山)의 혜각(慧覺)이니, 곧 선보(禪譜)에서 익주김(益州金) 진주김(鎭州金)이 그들이다. 고국에 돌아온 이는 앞서 서술한 북산의 도의와 남악의 홍척, 조금 내려와서 대안사(大安寺)의 혜철(慧徹, 785-861)국사, 혜목산(慧目山)의 현욱(玄昱, 787-868), 지력(智力)의 문(聞), 쌍계사의 혜조(慧昭, 774-850), 신흥(新興)의 언(彦), 용암의 체(體), 진구(珍無)의 휴(休), 쌍봉사의 도윤(道允, 798-868), 굴산사의 범일(梵日, 810-889), 양조 국사인 성주사의 무염(無染, 800-888) 등이 보리의 종사로 덕이 두터워 중생의 아버지가 되고, 도가 높아 왕의 스승이 되었다. 옛날에 이른바 "이름이 도망쳐도 이름이 나를 따라오고, 명성을 피해 달아나도 명성이 나를 좇는다"는 것이었다. 그러므로 모두들 교화가 중생세계에 미쳤고, 행적이 큰 비석에 전하였으며, 좋은 형제에 많은 자손이 있어, 선정의 숲이 계림에서 빼어나도록 하고, 지혜의 물로 하여금 동해(鰈水)에서 순탄하게 흐르게 하였다. 그리하여 따로 문을 나가거나 창밖을 내다보지 않고도 큰 도를 보며, 산이나 바다가 아니어도 으뜸 보물을 얻어, 안정된 마음으로 의념을 잠재우고 담담하게 세상 맛을 잊게 되었다. 저편의 중국에 가지 않고도 도에 이르고, 이 땅을 엄하게 하지 않고도 잘 다스려졌으니, 7현의 누구로 비유할 수 있겠는가. 10주(住)로는 그 위치를 정하기 어려운 이가 현계산 지증대사 그 분이다.

처음 대성할 초기에는 범체 대덕에게서 몽매함을 깨우쳤고, 경의율사에게서 구족계를 받았다. 그리고 마침내 높이 도달할 적엔 엄군인 혜은에게서 현묘한 이치를 탐구하였고, 영자라 할 양부에게 묵계(默契)를 전해 주었다. 법의 계보는, 당나라 4조 도신이 5세 부(父)로서 그 법맥이 동쪽으로 점차 이 땅에 전하여 왔는데, 흐름을 거슬러서 이를 헤아리면, 쌍봉의 제자는 법랑(法朗)이요, 손제자는 신행(愼行)이요, 증손제자는 준범(遵範)이요, 현손제자는 혜은(慧隱)이요, 6대손인 내손제자가 대사이다. 법랑대사는 4조인 대의 도신의 큰 깨달음을 따랐다. 중서령(中書令) 두정륜(杜正倫)이 지은 도신대사명(銘)에 이르기를, "먼 곳의 기이한 선비요 이역의 고고한 이로 험난한 길을 꺼리지 않고 진소(珍所)에 이르렀다"고 하였으니, 보물을 움켜쥐고 돌아간 사람이 법랑대사가 아니고 누구이겠는가. 다만 아는 사람은 말하지 않으니 다시 은밀한 곳에 감추어 두었는데, 비장한 보물을 찾아낸 이는 오직 신행대사뿐이었다. 그러나 때가 불리하여 도가 미처 통하지 못함이라. 이에 바다를 건너갔는데, 천자에게 알려지니, 당나라 숙종황제가 총애하여 시구를 내리되, "용아가 바다를 건너면서 뗏목에 힘입지 않고, 봉자가 하늘을 날면서 달도 아랑곳하지 않는구나!"고 하였다. 신행대사가 '산과 새', '바다와 용'의 두 귀절로 대구하니 깊은 뜻이 담겼다. 우리나라에 돌아와 3대를 전하여 대사에게 이르렀으니, 필만(畢萬)의 후손이 크게 번창할 것이라는 말이 이에 증험된 것이다.

그의 속세 인연을 상고해 보면, 왕도 사람으로 김씨 성의 자손인데,

호는 도헌(道憲)이요 자는 지선(智詵)이다. 아버지는 찬괴(贊瓌)이고 어머니는 이씨(伊氏)이다. 장경 갑진년인 824년에 세상에 태어나 중화(中和) 임인년인 882년에 세상을 뜨니, 승려 생활 43년에 나이가 59세였다. 그의 생김새를 보면, 키가 8자 남짓했고 얼굴이 1자 쯤이었으며, 풍채가 뛰어나며 말소리가 우렁찼으니, 참으로 이른바 '위엄이 있으면서도 사납지 않은' 사람이었다. 잉태로부터 입적 때까지의 기이한 행적과 숨겨진 이야기는 신출귀몰해서 붓으로 기록할 수 없을 정도이지만, 이제 사람들의 귀를 놀라게 할 6가지의 기이한 감응과 사람들의 마음을 경이롭게 한 6가지의 품행을 자세하게 해석하려한다.

처음에 어머니가 꿈을 꾸니 한 거인이 고하기를, "나는 과거 승건불인 비바시불의 말세에 승려가 되었는데, 성을 잘 냈으므로 오래도록 용의 과보를 받았으나, 업보가 이미 끝났습니다. 마땅히 법손이 될 것이므로, 묘한 인연에 의탁하여 자비로운 교화를 널리 펴기를 원합니다"고 하였다. 이내 임신하여 거의 4백일을 지나 관불일(灌佛日)의 아침에 태어났다. 이는 이무기가 다시 태어난 고사에 징험되고 꿈이 불모(佛母)의 태몽 고사에 부합되어, 스스로 경계하는 사람으로 하여금 더욱 조심하고 삼가하게 하며, 가사를 두른 이는 정밀히 닦게 하였으니, 탄생의 기이함이 첫 번째이다.

태어난 지 며칠이 지나도 젖을 빨지 않고, 짜서 먹이면 울어서 목이 쉬려고 하였다. 홀연히 도인이 문앞을 지나다가 일러주기를, "아이가 울지 않게 하려면 훈채와 비린 것을 참고 끊으시오"하였다. 어머니가 그 말을 따르자 마침내 아무런 탈이 없게 되었다. 젖으로 기르는 자로 하여금 더욱 삼가하게 하고, 고기를 먹는 자에게 부끄러운 마음을 지니게 하였으니, 오랜 습관의 기이함이 두 번째이다.

9세에 아버지를 여의고 너무 슬퍼하여 거의 목숨을 잃을 정도로 몸이 상하였다. 명복을 빌어주는 스님이 이를 가련히 여기고 타이르기를, "허깨비같은 몸은 사라지기 쉬우나, 장한 뜻은 이루기 어렵다. 옛날에 부처님께서 부모의 은혜를 갚으심에 큰 방편을 쓰셨으니 그대는 힘쓰거라"고 하였다. 그로 인하여 느끼고 깨달아 곡을 거두고는 어머니에게 불도에 귀의하겠다고 청하였다. 어머니는 그의 어린 것을 애처롭게 여기고, 또 집안을 보전할 주인이 없는 것을 염려하여 확고히 허락하지 않았다. 부처가 왕성을 몰래 빠져나간 고사를 듣고는 도망해 가서 부석산에 나아가 배웠다. 홀연히 어느 날 마음이 놀라 자리를 여러 번 옮겼는데, 잠시 뒤에 어머니가 그를 기다리다가 병이 났다는 말을 듣게 되었다. 급히 서울로 가니 병도 따라서 나았으므로, 당시 사람들이 양나라 무제 때의 효자인 완효서에 견주었다. 얼마 지나지 않아서 대사가 고질에 전염되었는데, 의원에게 보여도 효험이 없었다. 여러 사람에게 점을 쳤더니 모두 말하기를, "마땅히 큰 신령인 부처에게 이름을 예속시키라"고 하였다. 어머니가 그전의 꿈을 떠올리고는 조심스럽게 네모진 가사를 몸에 덮어주고 울면서 맹세하여 말하기를, "이 병에서 만약 일어나게 된다면 부처님의 제자로 삼아 달라고 빌겠습니다"라고 하였다. 이틀 밤을 자고 난 뒤에 과연 완쾌되었다. 우러러 어머니를 깨닫게 하고, 끝내 평소에 품었던 뜻을 이루었음이라. 제 자식을 사랑하는 사람으로 하여금 애정을 끊게 하고, 불도를 미덥지 않게 여기는 사람들로 하여금 의심을 풀게 하였으니, 효성으로 감동시킨 기이함이 세 번째이다.

17세에 이르러 구족계를 받게 되어 비로소 계단에 나아갔다. 소매 속에 빛이 반짝이는 것을 깨닫고 이를 더듬어 한 구슬을 얻었으니, 어찌 마음을 두어 구한 것이겠는가. 발이 없이도 이른 것이니, 참으로 『육도집경(六度集經)』에서 비유한 바이다. 배고파 울부짖는 자로 하여금 스스로 배부르게 하고, 취해서 쓰러진 자로 하여금 능히 깨어나게 하였으니, 마음을 격려한 것의 기이함이 네 번째이다.

하안거를 마치고 다른 곳으로 가려 하는데, 밤에 꿈속에서 변길보살인 보현보살이 이마를 어루만지며 귀를 당겨 말하기를, "고행을 행하기는 어렵지만 이를 행하면 반드시 이룰 것이다"라고 하였다. 꿈에서 깬 뒤 놀란 나머지 오한이 든 것 같았다. 잠자코 살과 뼈대에 새길 정도로 명심하여 이로부터 다시는 명주나 솜옷을 입지 않았다. 실로 기워야 할 때는 반드시 삼이나 닥나무로 하였고, 좋은 신도 신지 않았다. 하물며 새의 깃으로 만든 부채나 털로 만든 깔개를 사용했겠는가. 솜옷을 입는 자로 하여금 눈을 뜨게 하고 비단옷을 입는 이로 하여금 부끄럽도록 하였으니, 자신을 단속함의 기이함이 다섯 번째이다.

젊은 나이 때부터 노성한 덕이 옹골찼고, 게다가 계주(戒珠)를 밝혔으므로, 후생들이 다투어 따르면서 배움을 청하였다. 그러나 대사는 이를 거절하여 말하기를, "사람의 큰 병통은 남의 스승이 되기를 좋아하는 것이다. 억지로 지혜롭고자 해도 혜택을 주지 못하며, 그 모범이 되고자 하나 모범이 되지 못하는 것과 같음이라. 하물며 바다에 뜬 지푸라기와 같아서 자신도 건너갈 겨를이 없음이라. 그림자를 쫓아다니다가 반드시 비웃음을 사는 꼴이 됨이라" 하였다. 뒤에 산길을 가는데 나뭇꾼이 앞길을 막으면서 말하기를, "앞서 깨친 이가 뒤에 깨칠 이를 깨우치는 데 어찌 덧없는 몸을 아끼려 합니까" 하였다. 나아갔으나 보이지 않았다. 이에 부끄러웠지만 깨닫고는, 찾아와서 구하는 이들을 막지 않았다. 계람산 수석사에 대나무와 갈대처럼 빽빽이 몰려들었다. 얼마 뒤에 다른 곳에 땅을 골라 집을 짓고는 말하기를, "매이지 않는 것을 생각한다면, 옮기는 것이 귀한 일이다"고 하였다. 책의 글자만 보는 이로 하여금 하루 3번 자신을 반성하게 하고, 토굴을 경영하는 자로 하여금 자신을 9가지 생각으로 반성하도록 하였으니, 훈계를 내린 것의 기이함이 여섯 번째이다.

태사에 추증된 경문대왕이 마음으로는 유·불·도 3교를 융회한 분으로 직접 법륜을 굴리는 대사를 만나 보고자 하였다. 멀리서 그의 생각을 깊이 하며, 자신에게 와주기를 희망하였다. 이에 서한을 부쳐 말하기를,

"(중국 은나라의 현인인) 이윤은 걸림이 없었고, (중국 진나라의) 송섬은 작은 것까지 살핀 사람입니다. 유교를 불교에 비유하면, 가까운 곳으로 부터 먼 곳에 오르는 것입니다. 왕도 주변의 산중에도 자못 아름다운 곳이 있으니, 새가 나무를 가려 앉듯 고를 수 있을 것입니다. 봉황의 거동을 아끼지 마십시오" 하였다. 근시 가운데 적임자를 잘 뽑았는데, 원성왕의 6대손인 김입언을 사자로 삼았다. 이미 교지를 전함이 끝나자, 제자의 예를 갖추었다. 대사가 대답하기를, "몸을 닦고 남을 교화하는데 고요한 곳을 버리고 어디로 나아가겠습니까. '새가 나무를 가려 앉듯 하라'는 명은 저를 위하여 잘 말해 준 것입니다. 바라건대 이대로 있게 허락해주시어, 거듭되는 부름을 피해 다른 곳으로 가지 않게 해 주십시오" 하였다. 임금께서 이 말을 듣고 더욱 진중하게 여겼다. 이로부터 명예는 날개가 없이도 사방으로 날라 갔으며, 대중은 말이 없이도 아주 달라졌다.

함통 5년(864) 겨울에 단의장(端儀長)옹주가 미망인이라 칭하면서 당래불(當來佛)에 귀의하였다. 대사를 공경하여 이르기를 하계에 내려오셨다 하고, 상공(上供)을 후히 하였다. 읍사(邑司)의 관할인 현계산 안락사에 아름다운 산수가 많다면서, 원학(猿鶴)의 주인이 되어 달라고 청하였다. 이에 대사가 문도들에게 고하기를, "산의 이름이 현계(賢溪)이니 땅이 바보 골짜기(愚谷)와는 다르며, 절의 이름이 안락(安樂)이니 중으로서 어찌 주지하지 않으리오" 하고는, 그 말을 따라 옮겨서 머문 즉 교화되었다. 산을 좋아하는 자로 하여금 더욱 고요해지게 하고, 땅을 택하는 자로 하여금 신중히 생각하게 하였으니, 행하고 머묾의 옳음이 하나이다.

다른 날 문인에게 일러 말하기를, "고인이 된 한찬 김의훈(金嶷勳)공이 나에게 도첩을 주어 승려가 되게 하였으니, 공에게 불상으로써 보답하겠노라" 하고는, 곧 1장 6척의 철불상을 주조하여 야금을 입혔다. 이에 절을 수호하고 저승으로 인도하는데 소용되게 하였다. 은혜를 베푸는 자로 하여금 날로 돈독하게 하고, 의리를 중히 여기는 사람으로 하여금 바람처럼 따르도록 하였으니, 보은을 아는 것의 옳음이 둘이다.

함통 8년(867) 정해년에 이르러, 시주인 옹주가 여금(茹金) 등을 시켜서 사찰의 토지와 노비문서를 건네 주며, 승려들의 객사로 삼게 하고, 영영 바꿀 수 없도록 하였다. 대사가 이를 계기로 생각해 온 것을 말하였다. "왕녀가 법희(法喜)를 제공함이 오히려 이와 같거늘, 부처님의 제자로 선의 희열을 맛보고도 어찌 그냥 있을 수 있겠는가. 내 집이 가난하지 않은데 친족이 다 죽고 없으니, 내 재산을 길가는 행인의 손에 떨어지게 하기보다 차라리 선문 제자들의 배를 채워주리라"고 하였다. 드디어 건부(乾符) 6년(879)에 장(莊) 12구(區) 전(田) 500결을 희사하여 절에 예속하게 하였다. 누가 밥주머니라고 조롱했던가. 죽먹는 일을 능히 솥에 새길 수 있을 것이다. 양식에 힘입어 정토를 기약할 수 있게 되었다.

비록 내 땅이라 하더라도 임금의 땅에 속해 있기 때문에, 처음에 왕손인 한찬 김계종(金繼宗)과 집사시랑인 김팔원(金八元), 김함희(金咸熙) 및 정법사(正法司)의 대통인 석현량(釋玄亮)에게 질의하였던 것인데, 심원한 곳에서 소리가 나 천리 밖까지 울리니, 태부에 추증된 헌강대왕께서 본보기로 여겨 윤허하였다. 그 해 9월에 남천군 승통인 훈필(訓弼)에게 별서를 표시하고 정장(正場)을 구획하도록 교를 내렸다. 이는 대개 밖으로는 군신이 땅을 늘리도록 도와주고, 안으로는 부모가 천상에 태어나도록 이바지한 것이다. 목숨을 이은 사람으로 하여금 인(仁)에 참여하게 하고, 가기(歌妓)에게 후히 상을 준 사람으로 하여금 허물을 뉘우치도록 하였으니, 단월로서 희사한 것의 옳음이 셋이다.

초발심하여 건혜지에 머물고 있는 사람이 있었는데 심충(沈忠)이라고 하였다. 그는 대사가 선정과 지혜의 칼날이 여유롭고, 천문과 지리의 감식안이 투철하여, 의지는 담란(曇蘭)처럼 확고하고 학술이 안름(安廩)과 같이 정밀하다는 말을 듣고는, 찾아가 극진한 예를 마친 뒤 아뢰기를, "제자에게 여분의 땅이 있는데, 희양산 중턱에 있습니다. 봉암(鳳巖)과 용곡(龍谷)의 형세로 지경이 괴이하여 사람의 눈을 놀라게 하니, 바라건 대 선찰을 지으십시오" 하였다.

대사가 천천히 대답하기를, "내가 몸을 나누지 못하거늘 어찌 이를 쓰 겠는가"라고 하였다. 심충의 요청이 워낙 굳센데다가 산이 신령스러워 갑옷 입은 기사가 선도하여 달려 나오는 듯한 기이함이 있었다. 이에 석 장을 짚고 나뭇꾼이 다니는 오솔길로 가서 두루 살피었는데, 또한 산이 병풍처럼 사방을 막은 것을 보니, 큰 산새가 날개를 치며 구름 위로 솟 구치는 듯하고 물이 백 겹으로 띠 두른 듯 하며, 이무기가 허리를 돌에 대고 튼 듯하였다. 놀라면서 감탄하여 말하기를, "이 땅을 얻음이 어찌 하늘의 뜻이 아니겠는가. 승려의 거처가 되지 않는다면 도적의 소굴이 될 것이다"라고 하였다. 마침내 대중에 앞서 솔선하여 후환을 방비할 기 반을 삼았다. 기와로 인 처마가 사방으로 이어지도록 일으켜 지세를 누 르고, 철불상 2구를 주조하여 호위하였다.

중화(中和) 신축년인 881년에 전(前) 안륜사(安輪寺) 승통인 준공(俊 恭)과 숙정대(肅正臺)의 사(史)인 배율문(裵聿文)을 보내 절의 경계를 표 시하여 정하게 하고, 이어 편액을 하사하여 '봉암(鳳巖)'이라 하였다. 대 사가 가서 교화한 지 몇 년이 지났을 때, 산에 사는 백성으로 들도적이 된 자가 있어 처음에는 감히 법륜에 맞섰으나 끝내 감화하게 되었다. 마 땅히 선정의 물을 깊이 떠서 미리 마산(魔山)에 물을 댄 큰 힘 덕분이 아니겠는가. 팔이 부러진 자로 하여금 의리를 드러내도록 하고, 용의 꼬 리를 파헤치려는 자로 하여금 광기를 제어하게 하였으니, 선심(善心)을 개발한 것의 옳음이 넷이다.

헌강대왕이 중국의 풍속으로 폐풍(弊風)을 일소하고, 넓은 지혜로써 마른 세상을 적시었다. 평소에 북위의 영육 현고(靈育 玄高)의 이름을 흠

앙하시고, 동진의 법심 축잠(法深 竺潛)의 강론을 듣고자 갈망하였다. 이에 계족산(鷄足山)에 마음을 기울여 조서를 보내 초빙하며 이르기를, "밖에서 보호한 작은 인연이 잠깐 사이에 1년을 넘겼으니, 안으로 큰지혜를 닦을 수 있도록 부디 한번 와주시기 바랍니다" 하였다. 대사는 임금의 서한에서 "좋은 인연이 세상에 두루 미침은 (불보살이) 인간계에 섞여 모든 백성들과 함께 하기 때문이다"라고 언급한 것에 감동하여, 옥을 품고 산에서 나왔다.

수레가 베 날듯이 길에서 맞이하였다. 선원사(禪院寺)에서 휴식하게 되자 편안히 이틀 동안을 묵게 하고는, 인도하여 월지궁에서 '마음'에 대해 질문하였다. 그 때는 가는 등라의 덩굴에도 바람이 일지 않고 온실의 나무에 바야흐로 밤이 깃들고 있었다. 마침 달의 그림자가 맑은 못 가운데 똑바로 비친 것을 보고는, 대사가 구부려 살피다가 고개를 들고 고하기를, "이것(月)이 곧 이것(心)이니 더 이상 할 말이 없습니다"라고 하였다. 임금이 씻은 듯이 흔연히 계합하여 말하기를, "부처가 연꽃을 들어 보이며 전한 염화시중의 풍류가 진실로 이에 합치되는구려!"라고 하였다. 드디어 제배(除拜)하여 망언사(忘言師)로 삼았다.

대사가 대궐을 나서자, 임금이 충직한 신하로 하여금 자신의 뜻을 전하게 하면서, 조금 더 머물러 주기를 바랐다. 대사가 답하기를, "우대우(牛戴牛)라고 이르지만, 값어치는 얼마 안됩니다. 새를 새의 본성에 따라 기르신다면 그 은혜가 작지 않을 것입니다. 여기서 작별하기를 청하오니, 굽히려 한다면 부러지고 말 것입니다"라고 하였다. 임금께서 이를 들으시고 한숨을 쉬며, 운어(韻語)로써 탄식하여 말하기를, "베풀어도 이미 머물지 않으니 불문(佛門)의 양리인 진나라 등후(鄧侯)로다. 대사는 '지둔(支遁)이 놓아 준 학"이나, 나는 '속세를 초월한 갈매기'가 아니로다"라고 하였다. 그리고 곧 10계를 받은 제자인 선교성부사(宣敎省副使) 풍서행(馮恕行)에게 명하여 대사가 산으로 돌아가는 데 호송하게 하였

다. 토끼를 기다리는 자로 하여금 그루터기에서 떠나게 하고, 물고기를
탐내는 자로 하여금 그물을 짜는 것을 배우도록 하였으니, 세상에 나가
서 교화하고 물러와 도를 닦는 것의 옳음이 다섯이다.

대사는 세간을 다님에 있어, 멀고 가까움과 평탄하고 험준함을 가리
지 않고 , 일찍이 말이나 소에게 수고를 대신하게 하지 않았다. 산으로
돌아갈 즈음에 얼음이 얼고 눈이 쌓여 산을 넘고 물을 건너는 데 지장을
주었다. 이에 임금이 종려나무로 만든 사람이 메는 가마를 타고 가게 하
니, 사자에게 사절하며 말하기를, "이 어찌 정대춘이 말한 사람이 끄는
수레이겠습니까. 돌아보면 뛰어난 인물들도 필요한 바가 아닌데, 하물며
삭발한 중이겠습니까. 그러나 왕명이 이미 이르렀으니, 그것을 받아 괴
로움을 구제하는 도구로 삼겠습니다"하였다. 병으로 말미암아 안락사로
거처를 옮겨가고 나서 석장을 짚고도 일어날 수 없게 되었을 때, 비로소
그것을 탔다. 병을 병으로 여기는 사람에게 공을 깨닫도록 하고, 어진이
를 어질게 여기는 사람으로 하여금 집착에서 벗어나게 하였으니, 쓰고
버림의 옳음이 여섯이다.

겨울 12월 18일에 가부좌하고 서로 말을 나누다가 조용히 세상을 떠
났다. 아아! 별은 하늘로 돌아가고 달은 큰 바다에 떨어졌도다. 종일 부
는 바람이 골짜기에 진동하니 그 소리는 호계(虎溪)의 울부짖음과 같았
고, 쌓인 눈이 소나무를 부러뜨리니, 그 색은 흰 사라쌍수와 같았다. 외
물이 감응함도 이같이 극진하거늘, 사람의 슬픔이야 헤아릴 만하다. 이
틀 밤을 넘겨 현계산에 임시로 매장했다가, 1년 뒤의 그 날에 희양산 들
로 옮겨 장사지냈다.

　　　　사(詞)에 이르기를,
　　　　공자는 인에 의지하고 덕에 의거하였으며,
　　　　노자는 백을 알면서도 능히 혹을 지키었네.
　　　　두 교가 한갓 천하의 법식이라 일컬었지만,

석가는 힘 겨루는 것을 나무랐네.
십만 리 밖에 서역을 비추었고,
일천 년 뒤에 동국을 밝히었네.
계림의 땅은 금오산의 곁에 있으며,
선과 유에는 옛부터 기특한 이가 많았네.
어여쁘게도 희중이 직분에 충실하여,
다시금 불일을 맞아 공과 색을 변별하였네.
교문이 이로부터 단계 별로 나뉘고,
말의 물길이 그로 인해 수로를 다스리었네.
몸은 토끼굴에 의지해도 마음은 쉬기 어려웠고,
발이 갈림길을 밟으니 눈이 현혹 됨이네.
법해(法海)가 순탄하게 흐를지 진실로 헤아리기 어려운데,
마음으로 안결(眼訣)을 얻으니 진리를 포괄하였네.
증득의 증득은 무심을 증득함과 같으나,
침묵 중의 침묵은 겨울 매미의 침묵과는 다르네.
북산의 도의와 남악의 홍척이
큰 고니의 날개를 드리우고 대붕의 날개를 펼쳤네.
해외에서 제 때에 오니 도를 누르기 어려워,
멀리 뻗는 선의 물줄기가 막힘이 없네.
다북쑥이 삼대에 의지하여 스스로 곧을 수 있었고,
구슬을 옷 속에서 찾으니 이웃에게 빌리는 것을 그만 두었네.
즐기었구나. 현계산의 선지식이여!
12인연이 허식이 아니었네.
무엇하러 사막을 건너고 산맥을 넘을 것이며,
무엇하러 붓끝을 빨며 먹물을 머금게 할 것인가.
저들은 혹 멀리서 배우고 고생하며 돌아왔지만,
나는 고요히 앉아 마적을 항복받았네.
의념(意念)의 나무를 잘못 심어 기르지 말고,
정욕(情欲)의 밭에다 농사를 그르치지 말 것이네.
항하의 모래를 두고 만억을 논하지 말고,
외로운 구름에 남북을 정하지 말 것이네.
덕의 향기는 사방 멀리 치자 꽃처럼 번져가고,
지혜의 교화는 일방의 사직을 편안하게 하였네.

몸소 임금의 은총을 받들어 누더기 자락을 펄럭였고,
마음을 물에 비친 달에 비유하여 선풍을 드날렸네.
집안을 이을 부유한 처지에서 누가 가시밭길에 들어서랴.
썩은 선비의 눈먼 지팡이로 더듬는 것이 부끄럽네.
발자취가 보당처럼 빛나니 이름을 새길 만한데,
나의 재주가 금송(錦頌)을 감당하지 못하여 글을 지어내기 어렵네.
굶주린 창자가 선열의 공양에 배부르려면,
산중으로 와서 전각을 살펴 볼 것이네.

〈음기〉

　태부 헌강왕이 의원을 보내 문병하시고 파발마를 내려 보내 재를 지내도록 하였다. 공정하게 정무를 보시느라 겨를이 없으면서도, 생전과 사후에 한결같이 하였다. 보살계를 받은 제자요 건공향(建功鄕)의 수령인 김입언에게 특별히 명하여, 여러 제자들을 위로하게 하고 '지증선사'라는 시호와 '적조'라는 탑호를 내리었다. 이어 비석 세우는 일을 허락하고, 대사의 행장을 적어 올리라 하시니, 문인인 성견(性蠲)·민휴(敏休)·양부(楊孚)·계휘(繼徽) 등이 모두 글재주가 있는 사람들인지라, 묵은 행적을 간추려서 바쳤다.

　을사년(885)에 이르러 국민 가운데 유교를 매개로 하여 황제의 나라에 가서 이름을 급제자의 명단에 높이 걸고 관직이 시어사에 오른 이가 있어 최치원이라고 하는데, 당나라 황제의 조서를 받들고 회왕(淮王)의 예물을 가져 왔으니, 비록 봉새가 날아오는 것에 비하기는 부끄러우나, 학이 돌아온 것엔 자못 비길 만하다고 할 것이다.

　임금이 신임하는 신하로서 청신남(淸信男)인 도죽양(陶竹陽)에게 명하여, 대사의 문인들이 쓴 행장을 치원에게 주도록 하고 수교(手敎)를 내려 이르기를, "누더기를 걸친 동국의 선사가 서방정토로 떠나 슬퍼하였는데, 비단 옷을 입은 중국의 사자가 동국으로 돌아와서 매우 기쁘다. 불후하게 할 일이 인연이 있어 그대에게 이르게 된 것이니, 절묘한 작품을 인색하게 하지 말아 장차 대사의 자비에 보답토록 하라"라고 하였다.

신이 비록 뛰어난 재목이 아니긴 하나, 돌아온 관인이 된 것을 다행스럽게 여기고, 바야흐로 마음껏 재주를 부리려고 생각하던 차에 갑자기 임금이 승하하심을 당하였다. 더군다나 나라에서는 불교를 중히 여기고, 집에서는 승사(僧史)를 간직하며, 법갈(法碣)이 서로 바라볼 정도이고, 선사의 비가 가장 많았다.

두루 아름다운 글을 보고 시험삼아 나머지 빠뜨린 글도 찾아 보았는데, "감고 없고 옴도 없다"는 언설이 다투어 말(斗)로 헤아릴 정도요, '생겨남도 아니요 없어지는 것도 아니다'는 담론이 논쟁을 일으키면 수레에 실을 지경이었지만, 일찍이 『춘추』에서와 같은 새로운 의미가 없었고, 간혹 동공(同公)의 옛 문장만을 쓴 것과 같았다. 이로써 돌이 말하지 못함을 알았고, 도가 멀다고 운위하는 것을 더욱 체험하였다. 오직 한스러운 것은, 대사께서 돌아가신 것이 이르고 신의 귀국이 늦었다는 것이다. '애체(靉靆)'라는 두 글자를 두고 누가 지난날을 알려줄 것인가. 소요원(逍遙園)에서 처럼 설법을 하셨으나, 참다운 비결을 듣지 못하였으니, 매양 감당할 수 없는 처지임을 걱정만 하였지, 서둘러지어야 되는 것을 깨닫지 못하였다. 때가 늦음을 탄식하자면 이슬처럼 가고 서리가 내려, 근심으로 희어진 귀밑머리가 어느새 쓸쓸해지고, 도의 심원함을 말하자면 하늘같이 높고 땅처럼 두터워, 겨우 몽당붓을 잡고 머뭇거릴 뿐이다. 장차 얽매임이 없는 신선놀음에 어울리고자 해야 비로소 공동산(崆峒山)처럼 아름다운 행실을 서술할 수 있을 것이다.

문인인 영상(英爽)이 와서 글을 재촉하였을 때 금인(金人)이 입을 다물었던 고사에 따라 돌같은 마음을 더욱 굳히었다. 참는 것은 뼈를 깎아내는 것보다 고통스럽고 요구는 몸을 새기는 것보다 심하였다. 그리하여 그림자와 더불어 8년 동안 세월을 보내는 동안, 말은 3번을 되풀이하여 다듬었다. 저 6가지의 기이함과 6가지의 옳음을 글로 지은 것에 부끄러움이 없고 용력을 과시하기에 여유가 있는 것은, 실로 곧 대사가 안으로 6마를 소탕하고 밖으로 6폐를 제거하여, 행하면 6바라밀을 포괄하고 좌선하면 6신통을 증득하였기 때문이다. 일은 꽃을 따서 모은 것과 같은데, 글은 초고를 없애고 마무리하기가 어려웠다. 드디어 가시나무를 쳐내지 않는 것과 같게 되었으니, 쭉정이와 겨가 앞에 있음이 부끄럽다. 자취가 '궁전에서의 놀음'을 따랐으매, 누구인들 '월지궁에서의 아름다운 대면'을 우러르지 않겠는가. 게는 백량의 7언 구(句)를 본받았으니, 바라건대 해뜨는 곳의 고상한 말로 널리 전해지기를 기대한다.

분황사의 승 혜강(慧江)이 나이 83세에 글씨를 쓰고 아울러 글자를 새겼다.

원주인 대덕 능선(能善)·통준(通俊), 도유나(都唯那)인 현일(玄逸)·장해(長解)·명선(鳴善), 또 시주로서 갈을 세웠으며 서□대장군으로 자금어대를 착용한 소판 아질미(阿叱彌), 가은현장군 희필(熙弼), 당현.... 용덕(龍德) 4년(924) 세차 갑신 6월 일에 건립을 마쳤다.

제2장 고려의 최치원 만들기
-「지증대사비」의 건립을 중심으로-

1. 머리말

　고려는 후삼국 가운데 풍수지리 내지 참언을 가장 잘 이용하여 민심을 고려 쪽으로 쏠리게 하였던 나라이다. 『고려사』의 세계(世系)에 나오는 김관의의 「편년통록」과 태조 세가에 보이는 많은 사건들이 이를 잘 말해주고 있다. 이를 위해 고려에서는 많은 선사들을 초청하여 우대하였고, 오월(吳越)의 문사까지 영입하였다.

　신라 말 3최로 불리는 최치원, 최언위, 최승우는 고려의 관리대상이었을 것으로 생각되는데, 각기 신라, 고려, 후백제에 봉사한 것으로 알려져 있다. 이들 가운데 최치원은 신라인으로 생을 마쳤는데도 고려에서 내사령에 이어 문창후로 추증되었다. 그 계기가 된 몇 가지 소인에 대해서는 이미 선학들의 업적이 많이 쌓여 있다. 그러나 고려에서의 최치원 우대는 오히려 그의 실상파악에 몇 가지 장애요인을 만들어 내었을 뿐 아니라, 그에 대한 적극적인 평가의 이면에 석연치 못한 부분이 있어 늘 이 부분에 대한 해결을 생각하고 있었다. 그것은 고려가 '밀찬조업설'과 같은 것을 내세워 최치원을 친고려적 인물로 만든 것이 아닌가 하는 것이었다.

　근래 그의 사회개혁론에 대한 논의를 재검토하는 과정에서, 최근 양산된 많은 논문들이 「지증대사비」의 제액에 나오는 그의 직함에 의존하여 논지를 전개하고 있음을 확인하게 되었다. 이 논고들은 이 비의 제액과 후기부분을 제대로 검토하지 않은 상태에서 이 부분을 인용하고 이를 근거로 많은 결론을 도출하고 있었다. 이에 「지증대사비」의 건립과정과 제액, 후기 등을 전반적으로 살펴보면서, 이를 고려의 최치원 만들기라는 측면에서 접근해 볼 필요를 느끼게 되었다.

본고는 고려의 최치원 만들기라는 측면에서 고려의 대표적인 사서인 『삼국사기』와 『삼국유사』의 내용을 검토하여 '밀찬조업설'과 「답견훤서」의 찬자문제를 다시 생각해 보고, 최치원의 만년을 살펴 그 실상에 접근해 보고자 한다. 그리고 최치원의 여러 저술 가운데 「지증대사비」의 건립과정을 통해, 고려의 최치원 만들기가 구체적으로 고려측 인사에 의해 어떻게 이루어졌는가 하는 과정을 살펴봄으로써 그 의문을 풀어 나가 보도록 하겠다.

2. 고려의 최치원 만들기

1) '밀찬조업설'과 「답견훤서」

최치원은 동방 유학의 조(祖)로서, 고려 전시기를 통해 매우 긍정적인 평가를 받고 있다. 그것은 그의 문인들이 고려 초에 관직에 나아가게 되면서부터라고 하지만, 최승로, 김부식, 일연 등의 저술에 나오는 내용들에 의해 뒷받침된 것이라고 할 수 있다. 최승로의 시무28조는 결국 최치원 시무책의 영향이 적다고 할 수 없으며, 김부식은 유교사관 확립을 위한 사서 편찬에 최치원의 저술을 많이 원용하였다. 또한 일연은 최치원의 유불도 3교회통적 사관에 공감하여 그를 고덕(古德)이라 하면서 여러 곳에 그의 설을 인용하고 있다.[1]

이렇게 최치원이 고려에서 평가를 받게 된 근거라 할 수 있는 대표적인 두 가지 사료가 다음과 같은 것이다.

> 1) 처음 우리 태조께서 나라를 일으키려 할 때, 최치원은 태조가 범상하지 않은 사람으로서 반드시 천명을 받아 나라를 열 것을 알았던 까닭에 태조에게 글을 보내 문안하였다. 그 글에 "계림황엽 곡령청송(鷄林黃葉 鵠嶺靑松)"이라는 구절이 있었다. 그의 문인들로써 고려 초에 조정을 찾아와 벼슬해 높은 관직에 이른 자가 적지 않았다. 현종이 왕위에 있을 때, 최치원이 은밀히 태조의 창업을 도왔으니 그 공로를 잊을 수 없다고 하여 교서를 내려 내사령(內史令)에 추증하고, 14년 태평(太平) 2년 임술(1022) 5월에 문창후(文昌侯)라는 시호를 추증하였다.[2]

> 2) 천성(天成) 2년 정월에 태조가 답서하여 "오월국 통화사 반상서가 전달한 조서 한 통을 받고 겸하여 족하의 장서(長書)의 사연을 받아 보았다..... 중략...... 만일 허물을 고치지 않으면 후회막급이리라"고 하였다. 이 글은 최치원이 지은 것이다.[3]

이 내용은 각각 『삼국사기』와 『삼국유사』에 나오는 최치원과 관련된 고려에서의 밀찬조업설과 「답견훤서」의 찬자가 최치원이라는 것이다.

먼저 전자의 최치원의 밀찬조업설에 관한 문제이다. 최치원은 태조가 고려를 창업도 하기 전에 그 기미를 미리 알고 신라인 계림은 낙엽지는 누런 잎이요 고려 개경으로 표현된 곡령은 푸르른 소나무라는 '계림황엽 곡령청송(鷄林黃葉 鵠嶺靑松)'의 구절을 넣은 문안편지를 태조에게 보내 밀찬조업(密贊祖業), 즉 은밀히 태조의 창업을 찬양하였다는 것이다. 그

---

1) 김복순, 1992, 「최치원과 최승로」『경주사학』11; 2004, 「신라의 유학자」『신라문화제학술논문집』25; 1999, 「삼국유사에 보이는 유교사관」『(월운스님화갑기념논총)대장경의 세계』참조.
2) 『삼국사기』권46 「최치원전」.
3) 『삼국유사』권2 「후백제 견훤」조.

리고 이로 인해 고려에서는 그를 내사령에 이어 문창후로 추봉한 것이라
고 하였다. 김부식은 최치원에 대해 강수, 설총과 함께 별도의 유학자전
에 입전하여 다루고 있으며, 전기 속에 그의 「상태사시중장」을 크게 다
루고 있다.[4]

실제 『고려사』에는 현종 13년 정월 갑오에 "신라 한림 설총을 홍유후
(弘儒侯)로 추증하고 선성의 묘정에 종사하게 하였다"는 기사가 나오고,
8월 정해에 "신라 집사성 시랑 최치원을 내사령(內史令)에 추증하여 선
성(先聖)의 묘정(廟庭)에 종사(從祀)하게 하였다"는 내용이 보이고,[5] 현
종 14년 2월 병오에 "최치원을 추봉하여 문창후(文昌侯)로 하였다"[6]고
하였다.

이렇게 최치원이 태조를 밀찬조업하였다는 인식은 그대로 조선조에
전해져 『신증동국여지승람』에 반영되어 있다.

> 3) 고려 태조가 일어날 무렵에 최치원이 글을 올렸는데, "계림황엽
> 곡령청송"이란 말이 있었다. 신라왕이 미워하므로 최치원은 곧 가
> 족을 데리고 가야산 해인사에 숨었다.[7]

> 4) 고려 태조가 일어나자 신라의 최치원이 그가 반드시 천명을 받을
> 것을 알고 글을 올렸는데, "계림황엽 곡령청송"이란 말이 있었다.
> 신라의 임금이 듣고 미워하니, 최치원은 즉시 가족을 데리고 가야
> 산 해인사에 숨어 죽었다. 그의 감식(鑑識)의 밝음을 신라 사람들
> 이 탄복하여, 그가 살던 곳으로써 상서장이라고 이름지었다.[8]

경주에 있는 최치원의 집으로 알려져 있는 곳을 상서장이라 한 것

---

4) 『삼국사기』 권46 「최치원전」, 김복순, 2004, 위의 논문, p.221 참조.
5) 『고려사』 권4 현종 13년조.
6) 『고려사』 권5 현종 14년조.
7) 『신증동국여지승람』 권30 합천군조.
8) 『신증동국여지승람』 권21 경주부조.

은,[9] 최치원이 문제의 시구인 '계림황엽 곡령청송'의 내용을 고려 태조에게 바치자 신라왕의 노여움을 사서 해인사에 숨어 죽었으므로, 당시 사람들이 이를 안타까워하여 상서장이라 이름 지은것으로 희화되어 있다. 고려와 조선조에 알려진 이 밀찬조업에 관한 내용들은 최치원의 행적을 조금만 관심을 기울여 살펴보면 금방 사실이 아님을 알 수 있다. 최치원이 해인사에 은거한 것이 898년 전후의 일이고, 태조가 고려를 세운 것은 918년의 일이기 때문이다. 만일 실제 최치원이 이를 예언했다면 밀찬의 대상은 태조 왕건이 아닌 궁예가 되어야 하는 모순이 생기게 된다.

때문에 이는 고려초 최치원의 문인으로 개경에 와서 벼슬한 이들이 최치원의 이름을 가탁하여 지어 바쳤다고 보는 견해에[10] 더하여, 고려 현종 때 경주계 문신들이 정치권력의 최고 절정기에 그들의 정치적, 학문적 입장을 확고히 하기 위하여 최치원이 하였다는 '밀찬조업설'을 내세워 그를 문묘(文廟)에 배향한 것으로 보는 견해가[11] 옳다고 할 수 있다. 다시 말하자면 경주계 문신들은 설총이 문묘에 종사되는 것에 이어 최치원을 내세움으로써 그들의 정치적 입장을 강화할 수 있었고, 곧 이어 고려문화가 신라문화를 계승 발전하였다는 인식을 내세우는 계기를 만들고 있다고 볼 수 있다는 것이다.

다음은 고려 태조가 견훤에게 927년에 보낸 「답견훤서」를 최치원이 썼다는 것이다. 물론 『삼국유사』에 주로 서술되어 있기는 하지만, 「답견훤서」의 저자문제는 이미 학계에서 관심의 대상이 된 바 있다. 이 답서는 최언위가 지은 것을 최치원으로 가탁하였을 것이라는 전통적인 견해[12]가 있어 왔다. 반면에 최치원이 해인사 승 희랑과의 관계가 보이므

---

9) 현재 경주 상서장의 문화재 안내 간판에도 이와 같은 내용이 기재되어 있다.
10) 이병도, 1986, 『고려시대의 연구』, 아세아문화사, pp.26-37.
11) 김용곤, 1986, 「고려 현종 대의 문묘종사에 대하여-최치원의 경우를 중심으로-」 『고려사의 제문제』, p.523, 삼영사.

로,[13] 희랑과 고려 태조, 최치원의 관계를 부각시켜 언급하기도 한다.

일연은 경주 출신으로 경상도를 중심으로 한 신라문화의 수승함을 누구보다도 잘 감지하여, 은연중에 고려와 연결시키고자 한 그의 노력이 『삼국유사』에 반영되었다고 할 수 있다.

특히 그는 신라 말기의 대문호인 최치원을 고현(古賢) 내지 고덕(古德)이라고 칭하면서 곳곳에 그의 설을 인용하였다. 삼한에서 삼국으로의 연결을 마한은 고구려, 변한은 백제, 진한은 신라로 보는 견해를 『삼국유사』 권1 「마한」, 「변한 백제」, 「진한」조에 인용한 것을 하나 들 수 있고, 「신라 시조 혁거세왕」조에서 최치원을 본피부 사람으로, 최후고택에 대한 고증 등을 들 수 있으며, 그의 「의상본전」, 『제왕연대력』 등을 참고한 것이다.[14] 일연이 『삼국유사』에서 최치원의 설을 이렇게 따르고 있다는 것은, 고려에 출사한 신라계 구귀족들의 신라계승의식과 맥을 함께 하는 것이었다.

그렇다면 최치원은 어떠했을까. 고려 태조 왕건을 위해 시를 지어 밀찬조업하고, 「답견훤서」를 썼을까. 결론부터 말하자면 그가 고려를 겨냥해서 귀부할 생각으로 이러한 일들을 하였을 가능성은 거의 없다고 생각된다. 그렇다면 왜 이러한 일들이 일어난 것일까. 이 의문을 해결하기 위해 그의 만년을 함께 살펴보도록 하자.

2) 최치원의 만년

최치원은 「증산승(贈山僧)」의 시구와 같이 898년 무렵 해인사에 은거

---

12) 수西龍 이래 김철준 등 많은 이들이 이를 따르고 있다.
13) 『신증동국여지승람』함양군조에 최치원이 함양태수 시절부터 희랑대덕과 알고 지낸 사이라는 것을 들어 고려와 최치원과의 사이를 적극적으로 보려는 견해도 있다. 남동신, 2002, 「나말여초 전환기의 지식인 최치원」 『강좌 한국고대사』 8, p.320.
14) 김복순, 1999, 위의 논문, pp.946-950.

하였다. 이 시구에는 "한 번 청산에 들면 다시는 세상에 나오지 않을 것"
이라는 선언적인 내용이 보이고 있다. 그는 은거해 있으면서 해인사와
관련된 내용이거나 혹은 화엄승들의 전기를 저술하다가, 908년의 「신라
수창군호국성팔각등루기」를 마지막으로 그나마 보이던 저술 활동도 그
치고 있다. 이미 904년 「법장화상전」을 저술할 당시 지병이 악화되어
있었던 상태였다.[15] 그런데 갑자기 20년도 더 지난 시기에 고려 태조를
위해 밀찬조업을 하고 「답견훤서」를 쓴다는 것은 가능성이 적어 보인다.
그는 해인사에 은둔하며 치병(治病)하다가 세상을 떠났을 것이다. 이러
한 최치원의 행보는 당시 사람들에게 동정을 샀을 가능성이 크다.

그가 당에서의 생활을 접고 신라로 귀국 이후 병부시랑으로, 한림학
사로, 중앙에서 활약하다가, 시기하는 무리들로 인해 지방관으로 밀려난
것부터 사람들은 안쓰러워했을 것이다. 그것은 그가 태산군수로 나갔다
가 소임을 마치고 떠나게 되었을 때, 생사당을 지어 그를 추모했다는 전
설이 남아 있는 것으로 짐작이 된다. 또 함양군수로 있을 때 대관림(大館
林)을 조성하여 홍수의 피해로부터 군민들을 보호해 주었던 행적은 사서
에는 크게 기록되어 있지 않지만, 오늘날까지 함양에 있는 대관림의 절반
이 남아 상림공원으로 불리는 존재로 확인된다.[16] 그의 능력이 지방관
으로 그치기에는 넘치는 그릇이었음을 확인할 수 있는 대목인 것이다.

특히 그는 893년 진성여왕에게 올린 시무책이 아름답게 받아들여져
아찬을 제수받았다.[17] 그의 시무책의 내용에 대해서는 이미 많은 추측
이 가해져 있듯이[18] 신라가 재건되기를 바라는 충정에서 올바른 인재등
용과 민정개혁 등을 언급하였을 것이므로 민심에 큰 반향을 남겼을 것이

---

15) 김복순, 1990, 『신라화엄종연구』, pp.152-153.
16) 김복순, 2006, 「최치원의 해외체험과 문화수용」 『한국문화연구』 10, p.21.
17) 『삼국사기』 권11, 진성왕 8년 춘2월.
18) 이기백, 1970, 「통일신라기 및 고려 초기의 유교적 정치이념」 『대동문화연구』 6·
　　7합집에서의 추측 이래 김복순, 이재운, 장일규, 최영성 등의 여러 논의가 있다.

다. 그러나 그의 개혁안은 서용되지 못하였으며, 이 역시 사람들로 하여
금 안타까움을 느끼게 하였을 것이다. 그럼에도 불구하고 그는 글씨를
잘 써서 많은 명승지에 친필석각을 남기기도 하였고, 그가 머물렀던 곳
을 명승지를 만들기도 하였다. 특히나 그는 불사이군(不事二君)의 충정
으로 해인사에 은거하고 있어 그의 명성은 널리 알려졌을 것으로 생각된
다. 이러한 와중에도 그는 무성서원, 해인사 등에 유상곡수(流觴曲水)의
터를 남겨 놓았다. 그것은 재당시절 곡강유음(曲江流飮)하였던 시회(詩
會)를 신라에 수용하여 유상곡수의 장소를 만든 것이다.[19]

> 5) 「유상곡수구지(流觴曲水舊址)」 (해인사) 절 앞에 옛 터가 있는데
> 초목이 마구 나서 황폐하여 벌써 언덕이 되어 버리고 말았는데,
> 주지 죽헌이 문터를 쌓다가 깊이 파서 그 터를 얻으니 바로 고운
> 이 놀던 곳이다. 회계에서 옷을 묻고 난정에서 술을 마신 천고의
> 풍류는 벌써 아득한 일이니, 고운이 신선을 모아 그들과 짝하여서
> 가야산의 골짜기 속에서 망형(忘形)하고 마심과 어찌 같으리[20]

그가 태인군수 시절에 무성서원 근처에, 그리고 해인사 은거 후 사찰
부근에 유상곡수터를 만들었다는 것은 시회를 무척 즐겼던 것을 알 수
있다. 이렇듯 그의 술을 좋아하고 시를 좋아하였던 문인으로서의 행동은
고려에 귀부하고자 하였던 뜻을 품은 정치인으로써의 행보로 보기는 어
려운 것이 아닐까 한다. 헌데 당시 사람들의 사랑과 동정을 받고 있던
최치원의 이러한 처신은 고려가 필요로 했던 인심귀복에 적합한 인물로
떠올랐을 가능성이 컸으며, 그에 따른 고려의 최치원 만들기가 계획되고
실행되었을 것이라 생각된다.

  신라 말 고려 초의 후삼국 지도자들은 김관의의 「편년통록」에 나오는

---

19) 김복순, 2006, 위의 논문, pp.25-28.
20) 김시습, 『매월당집』 권11.

철원의 고경참(古鏡讖)의 내용21)과 같이 인심귀복을 위해 풍수지리설을 자신에게 유리한 쪽으로 해석을 하고 퍼뜨리던 상황이었다. 고려는 후삼국의 인심 귀복을 위해 많은 선사들을 초치했을 뿐 아니라, 최치원과 같은 문사들이 고려로 내도케 하려는 시도를 하였다. 최치원이 즐겨 구사한 4.6변려문은 이러한 시기에 유언비어로 가장 잘 어울리는 문장이라는 점과 그의 재주를 아끼는 많은 이들의 연민을 받고 있었던 것이다.

이렇게 볼 때 고려 측에서는 최치원이 신흥 고려에 관심을 가지고 덕담을 던진 인물이라는 점을 강조하기 위한 수순의 하나로, '밀찬조업설'과 「답견훤서」를 지은 인물로 부회된 것이라 생각된다. 이러한 사실은 최치원의 「지증대사비」가 찬술되고 나서 30년이나 지나 건립되는 과정에서 뭔가 혐의를 드러내고 있으므로, 다음 장에서 구체적으로 살펴보도록 하겠다.

3. 최치원과 「지증대사비」

1) 「지증대사비」에 실려 있는 최치원의 직함을 원용한 연구

「지증대사비」의 직함인 "入朝賀正兼 迎奉皇花等使 朝請大夫 前守兵部侍郎 充瑞書院學士 賜紫金魚袋 臣 崔致遠(입조하정겸 영봉황화등사 조청대부 전수병부시랑 충서서원학사 사자금어대 신 최치원)"에 근거하여 신라 말의 여러 정치상황과 제도에 관한 설들이 나온 바 있다.

중요한 논의들을 보면, 하나는 신라 말에 시행되었다고 주장되는 문

---

21) 巳年中 二龍見 一則藏身青木中 一則現形黑金東 내지 先操鷄 後博鴨의 구절과 같은 류이다. 이병도, 위의 책, pp.37-41 참조.

산계와 어대제에 관한 것이다.[22] 먼저 어대제 문제부터 보도록 하겠다.
신라 말에 어대제가 수용되어 운용되었다고 보는 가장 중요한 사료는 최
치원이 귀국 무렵부터 쓰기 시작한 직함들이다.

> 6) 淮南新羅兼送國信等使 前都統巡官 承務郞 殿中侍御史 內供奉 賜緋魚
>   袋 崔致遠(회남신라경송국신등사 전도통순관 승무랑 전중시어사
>   내공봉 사비어대 최치원)[23]

> 7) 前都統巡官 承務郞 侍御史 內供奉 賜紫金魚袋 臣 崔致遠(전도통순관
>   승무랑 시어사 내공봉 사자금어대 신 최치원)[24]

최치원이 885년 귀국 당시에 쓰던 사비어대(賜緋魚袋)의 칭호가, 귀국
후 이듬해인 886년에 헌강왕에게 『계원필경집』을 올리면서 서문에 자
신의 직함을 사자금어대(賜紫金魚袋)로 바뀌었다는 데에 주목한 것이다.
이는 당에서 받은 것을 신라 조정에서 상향해서 받았다고 볼 수 있기
때문에 신라에도 어대제가 시행되었다고 본 것이다.[25]

그러나 최치원은 위의 두 곳의 사료에서 신라에서 받은 관직은 명기
하지 않고 있어, 그가 신라에서 자금어대를 받았다고 보기에는 문제가

---

22) 황선영, 1995, 「금석문에 보이는 신라 하대의 문산계」 『부산사학』29; 이현숙,
    1992, 「신라말 어대제의 성립과 운용」 『사학연구』 43·44합집.
23) 『계원필경집』 권20 「제참산신문」.
24) 『계원필경집』 서.
25) 이현숙, 1992, 위의논문, p.38에서 당의 어대제에 관한 내용을 잘 정리해 놓았
    다. 즉, 어대(魚袋)는 공복에 종속된 물고기 모양의 장식물로서, 품계의 고하에
    따라 비어대와 금어대로 구별하였다고 한다. 당에서 실시된 어대제는 관직군과
    관계군의 불일치를 조정해 주는 일종의 광역의 행수제(行守制)의 기능을 가지
    고, 관인사회를 계층화시키는 역할을 하며 어대를 명기하는 계층은 시랑 : 자금
    어대, 낭중-원외랑 : 비은어대로 대표되는 실무 중견 관료군이라 하였다. 이에
    신라에서도 당과 같은 어대라는 제도가 성립되었으며, 경문왕 13년(873) 이후
    헌강왕 10년(884) 이전일 것으로 그 시기를 추정하였다.

있다. 때문에 최치원의 직함이 변화한 이유를 달리 찾아 볼 필요가 있다
고 생각된다. 즉 그는 귀국하면서 국신(國信)을 가져오는 사신의 임무를
띠고 왔다. 헌강왕에게 당 희종의 편지를 전한 후, 다시 헌강왕의 답서를
당에 보내는 과정에서 최치원이 답서를 썼을 것이며, 당에서는 최치원이
신라에서 병부시랑이 된 것을 고려하여 자금어대로 올려주었을 가능성
이 크다고 생각된다.

　다음으로는 문산계에 관한 문제이다. 고려의 문산계는 광종 대에 중
국식 문산계가 도입된 것으로 보는 견해에 더하여 성종 대에 확정적으로
시행된 것으로 알려져 왔다.[26] 그런데 최치원의 다른 비문에는 보이지
않으나, 「지증대사비」에만 나오는 최치원의 조청대부(朝請大夫)의 칭호
를 중심으로 신라 말에 문산계가 수여된 것으로 본 견해가 나온 것이
다.[27] 그리고 이러한 견해들을 받아들여 통일 신라기 나당교류와 당 관
제의 수용이라는 측면에서 숙위학생의 존재와 함께 신라 말 근시·문한
기구의 확장, 그리고 문산계·어대제의 시행을 긍정적인 측면에서 인정
하고자 하는 견해도 등장하였다.[28]

　또 다른 논고들을 보면 최치원이 귀국 이후 불안정한 관직 생활로 인

---

26) 박용운, 1981, 「고려시대의 문산계」『진단학보』 52, pp.6-7; 최종석, 2008. 3,
　　「고려 초기의 관계 수여 양상과 광종대 문산계 도입의 배경」『역사와 현실』
　　67, pp.155-167에서는 광종 대에 중국식 문산계가 고려에 도입되었을 것으로
　　보고 있고, 김갑동, 「고려 초기 관계의 성립과 그 의의」『역사학보』117, pp.6-
　　10에서는 광종대 나타는 문산계는 중국에서 받아온 것으로 보고, 성종대에 제
　　도로서 시행된 것으로 보고 있다. 그런데 고려의 문산계는 문반·무반이 모두 문
　　산계를 대유(帶有)한 것이라든지 행수법의 사용이 제대로 되지 않은 것은 관제
　　의 시행에 있어 미숙성을 나타내는 것으로 볼 정도이므로(박용운, p.33), 신라에
　　서 당의 문산계가 제도적으로 정착되었다고 보기는 어려울 것이다.
27) 황선영, 1995, 위의 논문과 2000, 「신라 말기 최치원의 관계와 관직에 대하여」
　　『한국중세사연구』9, p.26.
28) 하일식, 2002, 「통일신라기의 나당 교류와 당 관제의 수용」『강좌 한국고대사』
　　4, pp.179-207.

해 최치원의 귀국 사실을 놓고 일시 귀국으로 보는 설,[29) 재입당설[30)
등의 주장이다. 일시적인 귀국설은, 그의 귀국 이유가 '근친(覲親)'이었
기 때문에 당으로의 귀환을 전제로 한 일시적인 귀국으로서, 황소피살
직후 당조 중흥의 기대가 현실화 되는듯이 인식하였는데, 그 기대감은
귀국 이후 10년이 지나도록 신라의 혼란에 더하여 뚜렷이 남아 있었다
는 것이다.[31) 재입당설의 경우, 「지증대사비」에 나오는 최치원의 '入朝
賀正兼 迎奉皇花等使 朝請大夫(입조하정겸 영봉황화등사 조청대부)'의
직함과 김부식의 언질을 들어, 최치원이 893년에 중국에 다녀 온 것으로
보고 이 때 그가 문산계를 받아 온 것으로 확정짓고 있다.[32) 또한 이러
한 견해에 근거하여 최치원 저술의 진위를 판별한 논고도 있다.[33)

    그런데 이상의 논의들에서 가장 핵심되는 사료라 할 수 있는 「지증대
사비」에 나오는 최치원의 직함에 대한 검토는 보이지 않는다는 점이다.
다만 그의 직함이 저술의 여러 곳에서 달리 쓰이고 있는 것에 착안하여
해석이 가해진 논문들이 양산되었을 뿐이다.

2) 「지증대사비」의 건립을 통해 본 고려의 최치원 만들기

    최치원의 「지증대사비」는 진덕여왕 7년인 893년 찬술되었다. 이 비

---

29) 남동신, 2002, 「나말여초 전환기의 지식인 최치원」『강좌 한국고대사』8, 조범
    환, 2006, 「최치원의 재당활동과 귀국」『이화사학연구』33, p.73.
30) 최영성, 1999, 「최치원 시무책의 건의배경에 대한 고찰」『한국사상과 문화』5,
    p.85.
31) 남동신, 위의 논문, p.310.
32) 최영성, 위의 논문, p.85 주19)에서 안정복이 897년 최치원이 고주사로 입당하
    였다고 보고 있으나, 원문을 보면 "遣使入唐告奏 使崔致遠製表曰"로 사신을 보
    내 효공왕이 왕위를 이은 것을 고하였는데 최치원으로 하여금 표를 짓게 하였
    다는 것이지, 그가 고주사로 당에 갔다는 내용은 아니다.
33) 이문기, 2005, 「최치원찬 9세기 후반 불국사 관련자료의 검토」『신라문화』26,
    pp.209-257.

는 지증대사 도헌의 비로써, 최치원의 사산비명 가운데 하나로 꼽히고 있다. 최치원은 신라불교사에 대한 시기구분과 서술을 비롯하여, 지증대사 도헌의 생평을 6이(異)와 6시(是)로 나누어 그 특기사항을 드러내었다. 또한 음기를 덧붙여 써서 헌강왕이 비문을 지을 것을 명한 것이 885년인데, 8년이 지난 진성여왕 7년 893년 경에 찬술하였음을 알려 주고 있다. 이상은 최치원이 직접 찬술한 것으로 보인다. 그러나 후삼국의 혼란 속에서 곧바로 건립되지 못하고 있다가, 찬술한 지 30여 년이 지난 924년 신라 경명왕 8년, 고려 태조 7년에 건립되었다.

최치원의 「지증대사비」는 924년에 건립되면서 후기를 써넣은 것이 남아 있어 비의 건립과정을 알려주고 있다. 비의 서자, 각자, 단월, 건립 연대 등의 내용을 비의 말미에 기록한 것이다. 그렇다면 왜 이 시기에 「지증대사비」가 건립하였을까 하는 문제인데, 두 가지 측면에서 접근해 보고자 한다.

첫째로 「지증대사비」의 건립을 통한 찬자 최치원의 친고려적 부각이다. 「지증대사비」는 최치원이 진성여왕 7년인 893년 무렵에 찬술한 비문을 본문으로 새긴 것이 맞다. 그러나 근래 많은 이들이 인용하여 그들의 논지를 펴고 있는 제액과 후기는 다음과 같은 문제점을 노정하고 있다. 먼저 「지증대사비」 말미에 나오는 후기 부분부터 살펴보도록 하겠다.

8)　　　芬皇寺 釋慧江 書幷刻字 歲八十三
院主大德能善
通俊
都維那等
玄逸
長解
鳴善
旦越成碣 西○大將軍 着紫金魚袋 蘇判阿叱彌
加恩縣將軍 熙弼

當縣○ 刀滓治○ ○ ○ 于德明
龍德四年 歲次甲申 六月 日 竟建

신라 분황사 승 혜강이 83세로 비문의 글씨를 쓰고 새긴 기록이 처음 나온다. 그리고 봉암사의 원주인 대덕 능선, 통준 도유나 등, 현일, 장해, 명선이 나오고 있다. 끝으로 단월로 갈을 만든 시주자로서 서○대장군 착자금어대 소판 아질미와 가은현 장군 희필, 당현 ...이 쓰여져 있다. 그리고 용덕 4년인 경명왕 8년 고려 태조 7년에 해당되는 924년에 건립을 마쳤다고 하였다. 신라 분황사 승 혜강의 존재로 볼 때, 최치원이 왕명으로 찬술한 「지증대사비」의 건립은 당연히 신라와 관련이 있을 것이라고 생각할 수 있다. 그러나 이어 나오는 원주 대덕 능선과 서○대장군 착자금어대 소판 아질미, 가은현 장군 희필은 신라보다는 고려와 관련된 인물들이다. 능선과 아질미는 이곳 외에도 다른 활동을 보이고 있으므로 좀 더 자세히 살펴보고, 가은현이라는 지명도 고려와 관련이 있으므로 고구해 보고자 한다.

우선 지명으로 나오는 가은현에 대해서이다. 가은현이라는 지명은 고려 초에 개명된 명칭으로, 신라 경덕왕대 이후 가선현(加善縣)으로 불리던 곳이다.[34] 「지증대사비」가 세워진 지역인 문경현과는 이웃해 있다. 가은현으로 명명된 지역의 인물이 「지증대사비」의 건립에 간여하였다면, 이 비는 그 지역이 완전히 고려의 수중에 들어간 후에 세워진 것이라고 할 수 있다. 가은현 장군 희필은 신라가 아닌 고려와 관련이 있는 인물임도 알 수 있다.

아질미는 견훤의 아버지인 아자개로 비정되는 인물이다.[35] 그는 918

---

34)『고려사』권57 지리지2 상주목 가은현조에 의하면, 원래 신라의 가해현(加害縣)인데 경덕왕은 가선(嘉善)으로 고쳐서 고녕군의 관할 하에 현으로 만들었다. 고려 초에 지금 명칭으로 고쳤고 현종 9년에 본 목에 소속시켰으며 공양왕 2년에 문경(聞慶)에 이속시켰다고 한다.

년 고려 건국 이후 고려에 귀부하였으므로, 924년에 장군 희필과 함께 돈을 대어 최치원이 찬술한 「지증대사비」를 세웠다는 것은 당연히 신라 보다는 고려와의 관계 하에서 이 일을 추진하였다고 볼 수 있다.

희양원주 능선으로, 대덕 능선은 944년에 세워지는 흥녕사 「징효대사 탑비」에 寺主로 나온다. 924년의 「지증대사비」와 944년의 「징효대사탑 비」를 모두 그가 주관하여 세운 것이다.

이상으로 볼 때, 최치원 찬에 분황사 승 혜강의 서(書)와 각(刻)으로 하여 신라의 것으로 분식하여 추진하였지만, 924년에 능선과 아자개 등 이 주도하여 세운 「지증대사비」는 분명 고려의 의도적인 계획 하에 이 루어진 일로 생각된다. 이렇게 「지증대사비」를 세우는데 고려 쪽 인사 들에 의도가 작용되었다면, 비문의 작성에 있어 가필을 의심해 볼 수 있 을 것이다. 그러나 최치원이 찬술한 비문과 음기의 내용은 고치기 어려 웠을 것이다.

가장 의심되는 부분은 다음의 제액 부분으로 보인다.

> 9) 大唐新羅國故鳳巖山寺
> 　　教諡智證大師寂照之塔碑銘幷序
> 　　入朝賀正兼 迎奉皇花等使 朝請大夫 前守兵部侍郎 充瑞書院學士 賜紫
> 　　金魚袋　臣 崔致遠

첫째로 大唐新羅國故鳳巖山寺(대당신라국고봉암산사)의 문제이다. 최 치원의 사산비명 가운데 3개의 비문이 "有唐新羅國(유당신라국)"으로 시작하는데 반해, 「지증대사비」는 "大唐新羅國"으로 시작하고 있다는 점이다. 이 비문에 손댔을 것으로 의심받고 있는 최언위의 경우에도 많 은 비문에서 '유당신라국'으로 쓰다가 '유당고려국', '고려국' 등으로 바

---

35) 신호철, 1993, 『후백제 견훤정권연구』, 일조각, pp.7-9에서와 같이 많은 이들이 그를 아자개로 보고 있다.

뀌 가면서 쓰고 있다.[36] 대당신라국의 표현은 최치원이나 최언위가 쓴 문장이 아님을 알 수 있다.

둘째로, 入朝賀正兼 迎奉皇花等使 朝請大夫 前守兵部侍郎 充瑞書院 學士 賜紫金魚袋 臣 崔致遠의 호칭은 그의 다른 3개의 비문표현과는 현격히 다르다는 점이다.

10) 前西國都統巡官承務郎侍御史內供奉賜紫金魚袋 臣崔致遠 奉教撰 幷書篆額(진감선사비)

11) 前西國都統巡官承務郎侍御史內供奉賜紫金魚袋 臣崔致遠 奉教撰(대숭복사비)

12) 淮南入本國送國信詔書等使 前東面都統巡官承務郎侍御史內供奉賜紫金魚袋 臣崔致遠 奉教撰(낭혜화상비)

위의 3개의 비명에는 국내에서 받은 직함이 전혀 거론되지 않았으나, 「지증대사비」에서는 국내에서 받은 직함도 함께 섞어서 쓰고 있다는 사실 자체를 문제삼을 수 있다. 또한 제액의 직함에서 의심되는 부분은 皇花使, 朝請大夫, 充瑞書院의 구절이다. 황화사와 조청대부는 최치원의 다른 저술에서 보이지 않는 명칭이며, 지서서원감사가 충서서원학사로 바뀌어져 있다.

그런데 入朝賀正兼 迎奉皇花等使 朝請大夫는 924년 당시의 직함이고, 守兵部侍郎 充瑞書院學士는 이전의 직함이라는 뜻으로 쓰여진 것인데, 최치원이 썼다고 보기에는 매우 졸렬한 문투이다. 김부식은 「최치원전」에서 최치원이 다시 중국에 다녀왔다고 하나 자세히 알 수 없다고

---

36) 이현숙, 1995, 「나말려초 최언위의 정치적 활동과 위상」 『이화사학연구』 22, p.15 최언위 찬술 탑비문 표 참조.

하였다.[37] 그가 이렇게 애매한 말을 한 것은 혹 「지증대사비」에 나오는 최치원의 직함을 염두에 두고 그 진위여부를 보류한 때문에 이렇게 언급한 것이 아닐까 한다. 그것은 중국에 사신으로 간 것과 같은 사실을 특필하고 있는 김부식의 서술태도로 볼 때, 자료상에 보이는 문제점 때문에 이 사실을 얼버무린 것이 아닌가 하는 생각이 들기 때문이다. 사실상 조선조의 서술인 『신증동국여지승람』과 『동사강목』의 기록에도 최치원이 중국에 가지 못한 것으로 나오고 있기 때문이다.

> 13) 최치원 : 진성왕 때에 이곳의 태수로 있다가, 왕의 부름을 받고 하정사(賀正使)가 되었으나 도적이 창궐하여 길이 막히는 바람에 가지 못하였다.[38]

최치원이 다시 중국에 갔다는 것은 기록상 찾을 수 없으며, 따라서 위의 직함은 이 비를 세우면서 급조된 것으로 판단된다. 그런데 이 비를 924년이라는 전란의 와중에서 그것도 아자개, 희필과 같은 고려에 붙은 호족들이 이 비를 세우는데 주도하였다는 것은, 고려가 모종의 계획을 가지고 이 일을 실행한 것이 아닐까라는 의구심을 일으키게 한다.

그렇다면 과연 이 일은 누가 왜 주도했던 것일까. 현재 가장 크게 혐의를 받고 있는 인물은 최언위이다.[39] 그가 최치원을 고려와 연결짓는 고리 역할을 했다는 것이다. 최언위에 관한 전기는 『삼국사기』와 『고려사』에 실려 있다. 그는 18세에 중국에 가서 42세에 귀국하였으므로, 24년 간이나 중국에 머물렀으므로 최치원보다 훨씬 더 오래 중국에 체류하였으며, 더욱 혼란한 시기에 있었다고 할 수 있다. 그가 고려로 가서 사

---

37) 『삼국사기』 권46 「최치원전」.
38) 『신증동국여지승람』 권19 서산군조.
39) 김철준, 1981, 「문인계층과 지방호족」『한국사』3, 국사편찬위원회, p.612, 장일규, 1992, 「신라말 경주최씨 유학자와 그 활동」『사학연구』45, pp.36-37.

환을 계속한 것도 그의 오랜 중국 생활에서 연유한 바가 있을 것이다. 5대 10국의 혼란 속에서 여러 왕조의 부침을 알았을 그에게 고려로 가서 사환한다는 것이 크게 부끄러운 일이 아니었을 것이기 때문이다.

최언위는 최치원의 종제(從弟)로, 최치원이 찬한 「낭혜화상비」의 글을 썼다.

> 14) 從弟 朝請大夫 前守執事侍郎 賜紫金魚袋 臣 崔仁渷 奉敎書(종제 조청대부 전수집사시랑 사자금어대 신 최인연 봉교서)[40]

여기에 나오는 종제의 형님을 최치원으로 보지 않고, 낭혜화상 무염으로 보는 견해가 있다.[41] 『해동금석원』에 나오는 巨筏已于從弟의 구절을 "巨筏께서 종제에게 模憲되시는 것이 끝나셨도다!"로 해석한 결과이다. 그러나 비문의 탁본을 보면, 其九 다음으로 巨筏은 보이지 않으며, 바로 다음에 붙어서 憲(분명하지 않음)이 나오고 已于가 다른 글자보다 반 정도 크기로 나오고 있다. 이 비문의 서를 찬술한 사람이 최치원일 뿐 아니라 명(銘)은 특히 최치원이 자신의 말을 표현한 것이다. 따라서 이곳에서의 종제라는 명칭은 당연히 최치원의 사촌동생으로 보는 것이 옳다고 생각된다.

그런데 최언위는 몇 가지 점에서 혐의대상에서 한걸음 빗겨나 있다고 할 수 있다. 그것은 신라에서 최신지, 최인연으로 활동하던 그가 909년 귀국하면서 혹은 918년 고려가 개국되면서 바로 고려로 간 것으로 알려진 것과는 달리 신라가 항복하면서 신라 조정의 일원으로 고려로 간 것으로 밝혀졌으므로,[42] 관계를 짓기가 쉽지 않다는 점이다. 또한 다음 장

---

40) 「낭혜화상비문」.
41) 최영성, 1999, 『역주 최치원전집』2, pp.44-47, 이현숙, 2004, 「나말여초 최치원과 최언위」 『퇴계학과 한국문화』35, p.199.
42) 전기웅, 1993, 「고려 초기 신라계 세력과 그 동향」 『부대사학』17, p.149, 이현

에서 언급할 「지증대사비」의 건립에도 전혀 간여되어 있지 않고 있어
그를 지목하기 어려운 점이 있다.

제일 가능성이 큰 인물은 능선(能善)이다.

> 15) 봄 3월에 견훤의 아들 신검이 자기 아버지는 금산사(金山寺)에
> 감금하고 아우 금강은 죽여 버렸다. 처음에 견훤의 첩들이 많아
> 아들 10여 명을 두었는데 그중에서 네째 아들 금강이 키가 크고
> 지혜가 많았으므로 견훤이 특히 그를 사랑하여 자기 자리를 그
> 에게 전하려고 하였었다. 형들인 신검, 양검, 용검 등이 그 눈치
> 를 알고 고민에 싸여 있었다. 이때에 양검과 용검은 외방에 나가
> 군무에 종사하였고 신검이 홀로 자기 아버지의 곁에 있었는데
> 이찬 능환이 사람을 시켜 양검, 용검과 음모를 꾸며 신검에게 반
> 란을 일으키도록 사촉한 것이었다. 여름 6월에 견훤이 막내아들
> 능예, 딸 애복, 애첩 고비 등을 데리고 나주로 달려 와서 고려 정
> 부로 들어오기를 청하였다. 왕이 장군 유금필, 대광 만세(大匡 萬
> 歲), 원보 향우(元輔 香友), 오담(吳淡), 능선(能宣), 충질(忠質) 등
> 을 시켜 군함 40여 척을 가지고 바다 길로 가서 견훤을 맞게 하
> 였다. 견훤이 들어오자 왕은 다시 그를 상보(尙父)라고 불렀으며
> 남궁(南宮)을 사관으로 지정해 주었다. 그리고 견훤의 품계는 백
> 관의 위에 있게 하고 양주(楊州)를 식읍으로 주는 동시에 금과 비
> 단을 주고 노와 비 각각 40 명과 말 열 필을 주었으며 그보다 먼저
> 항복하여 온 신강을 그의 아관(衙官)으로 삼았다.[43)]

『고려사』 권2 태조 18년 조에 의하면, 그는 935년 6월 견훤이 귀부하
자 고려에서 이들 일행을 맞으러 나주로 보낸 사절단의 한 사람으로 나
오고 있다. 이 능선(能宣)은 「지증대사비」에 나오는 능선(能善)과 같은
인물로 생각된다. 앞서 보았듯이 능선은 944년에 세워지는 홍녕사 「징
효대사비」에도 사주(寺主)로 나오고 있다. 또 20년 전인 924년의 「지증

숙, 1999, 위의 논문, p.12.
43) 『고려사』 권2 태조 세가 18년.

대사비」의 건립 시에도 원주(院主)로 활약하고 있었다. 이렇게 924년, 935년, 944년에 나타난 그의 행보로 볼 때, 그는 고려의 중요 인사임을 알 수 있다. 다시 말하자면, 봉암사 원주 능선은 924년 「지증대사비」의 건립에 간여하였을 뿐 아니라 935년 견훤의 귀부에도 간여하고 있어 그가 「답견훤서」의 저자로 최치원을 부회하였을 가능성이 있으며, 944년 홍녕사 사주로 활동하고 있음이 확인되므로, 고려의 최치원 만들기는 그로부터 기획되어 진행된 것으로 생각된다.

둘째로 시기와 장소의 문제이다. 시기적으로 924년 6월은 후삼국의 혼란한 때라 할 수 있는데, 왜 「지증대사비」를 봉암사에 건립한 것일까 하는 점이다.

우선 이 비의 찬술과 건립까지의 시기인 진성여왕 대부터 경명왕 대까지 신라와 고려와의 관계를 개괄적으로 살펴보면, 신라 진성여왕의 조세독촉 이후 정국은 후삼국의 소용돌이로 접어들면서 궁예가 새로운 지배세력으로 등장하여 신라에 대해 멸도정책으로 불리는 반신라 정책을 펴고 있던 상황이었다. 그는 신라 왕실 출신이었으나, 버림을 받아 애꾸가 되는 등 갖은 고초를 겪은 까닭에 부석사에 있던 신라왕의 초상을 칼로 내려치기까지 하였다.

> 16) 궁예가 병사를 몰아 우리이 변읍을 침탈하며 죽령 동북쪽에 이르렀다. 왕이 강역이 날로 줄어든다는 소식을 듣고 매우 근심하였으나, 막아낼 힘이 없었다. 여러 성주에게 명하여 조심하여 나가 싸우지 말고 튼튼히 지키도록 하였다.[44]

신라는 효공왕 이래 궁예 정권과 적대관계에 있었으나, 왕건이 정권을 잡고 고려로 출범하면서 신라에 대한 접근이 달라졌다. 고려 건국 이후 신라의 경명왕(917-923)과 경애왕(924-926)이 재위에 있으면서 후백

44) 『삼국사기』 권12 효공왕 9년 8월조.

제의 위협에 대한 대처를 위해 친고려적 성향을 보이고 있었다. 고려 역시 신라와의 관계를 우호적으로 돌리므로써, 내륙지역에서 죽령 남쪽 일원에 머물러 있던 남쪽 경계를 아직 신라의 영향력이 남아 있던 경상도 일원으로 확대하고자 하였다.

경명왕은 왕4년(920)에 처음으로 고려에 사신을 보냈다. 이를 알게 된 견훤은 신라의 대야성을 함락시키고 진례군을 공격하였다. 경명왕이 고려에 구원을 요청하자, 고려는 신라에 친선 사절을 파견하여 교빙하고 김율을 구원사로, 견권을 달고적 섬멸의 장군으로 파견하여 신라를 도와주었다. 이에 앞서 후백제는 고려에 사신을 보내 공작선과 지리산 죽전을 선물하여 고려의 묵인을 요구하였으나, 고려가 신라 편을 들자 이때부터 후백제와 고려는 외교적인 틈이 생긴 것으로 되어 있다.[45]

고려가 이 무렵 신라를 도와주었던 것은 두 가지 의미가 있었다. 하나는 신라 왕도의 위기는 고려에 있어서도 신라 지역으로 확장해 나가는데 위협이 되는 것이기 때문이라는 점이다. 고려 태조 5년 922년에는 하지현 장군 원봉이 고려로 귀순하였다. 이후 고려는 소백산맥 남쪽 지역으로 진출하였다. 죽령 이남에 기주를 비롯하여 보주(甫州), 흥주(興州), 순주(順州, 하지현), 강주(剛州) 등 여러 주가 밀집되어 나타나 이 지역이 고려의 대후백제와의 최전선이었음을 알려주고 있다. 조금 지난 시기의 일이기는 하지만, 태조 10년 시중으로 재임하던 강공훤을 후백제 견훤의 신라 위협에 대비해 군사 1만을 주어 파견한 것은 단순히 신라 구원의 의미라기보다 이 지역에서 고려의 영향력이 줄어드는 것을 막기 위한 조처라고 할 수 있다.[46] 또 하나는 고려가 신라를 무혈로 합병할 수 있을 것이라는 의도가 있었기 때문인 듯하다. 그것은 신라 3보와 관련된 내용

---

45) 『삼국사기』 권12 경명왕 4년 10월조, 『고려사』 권1 태조 3년 10월조.
46) 윤경진, 2001.6, 「나말여초 성주의 존재양태와 고려의 대성주정책」 『역사와 현실』40, pp.121-122.

으로 알 수 있는데, 경명왕 5년(921) 고려에 간 신라 사절에게 태조는
신라 3보의 행보에 대해 묻고 있어 이 무렵에 이미 신라의 항복을 염두
에 두었던 것이 아닌가 한다.[47) 이를 위해 고려는 중국으로 유학하였던
선승들을 고려 쪽으로 초치하여 우대하였다.

　고려 태조의 불교계 수렴정책은 궁예와 견훤의 불교정책과는 다른 면
이 있었음은 널리 알려진 사실이다. 태조 왕건은 나주에 머물 때부터 향
미(逈微, 905), 경유(慶猷, 908) 등이 회진으로 귀국하자 이들과 관련을
맺고 있고, 이후 여엄, 이엄 등과도 관련을 지음으로써 이들은 해동 4무
외대사로서 왕건을 도와주었다. 이는 이들 고승들이 사회에 미치는 교화
력을 중시한 것으로, 고려에 초치된 고승들은 대체로 정치에 직접적인
관여를 하지 않고 민심수습의 차원에서 일반민에 대한 불교적 교화나 태
조의 왕권존엄에 기여하였다.

　태조는 교화나 후삼국통일의 이념적인 측면을 중국에 유학한 선승들
에게서 구하였고, 고승들은 태조에게 통일전쟁의 명분을 제시하고 나아
가 민심이나 불교계의 지지, 또는 행군복전(行軍福田)과 같이 군사적인
자문과 도움을 태조에게 제공하였다. 태조는 실제 후삼국통일에 있어 지
방사원의 도움이 매우 컸던 것으로 나타나고 있다. 특히 「용문사중수기」,
「직지사사적비」, 『삼국유사』 「보양이목」, 『해인사사적』 등의 자료에 나
타나는 태조와 지방사원과의 관계는 예천 용문사, 김천 직지사, 합천 해
인사, 밀양 봉성사 등으로, 이들 사원은 경주를 둘러싸고 태조와 견훤이
충돌하던 위치에 있었다. 태조는 이들 사원을 포섭하여 자신을 돕게 함

---

47) 『고려사』 권2 태조 20년 하5월조에는 진평왕 성대에 관한 내용이 자세히 실려
　　있고, 이 성대를 금에 옥을 배열하여 만든 허리띠라는 평범한 이름으로 바꾸어
　　명명함으로써 신라가 고려의 한 부속임을 강조하고 있다. 즉 그것은 태조가 고
　　려를 건국하고 난 이듬해에 신라 경순왕은 김부로서 전금안옥배방요대(鐫金安
　　玉排方腰帶)를 고려에 들어다 바치는 의식을 하였는데, 이는 상징적인 의미로
　　신라가 고려에 합쳐지는 것으로 해석된다.

으로써 승리할 수 있는 결정적인 요인을 만들 수 있었다. 그것은 당시 사원에 승군이 있었고, 적을 이길 수 있는 시기를 예고해 주거나, 지세를 이용한 작전을 알려준 것 등으로, 당시의 지방사원들은 그 지역의 민심이나 지세를 잘 파악하고 있었기 때문이었다.[48]

924년 6월의 「지증대사비」건립은 한 달 뒤인 7월에 중국유학을 마치고 귀국하는 긍양을 겨냥하여 봉암사에 초치하려던 의도에서 건립을 서둘렀던 것이 아닌가 한다.[49] 이곳은 후백제와 고려가 신라로의 진출을 놓고 가장 치열하게 접전을 벌인 곳이었기 때문에,[50] 고려는 긍양을 머물게 하면서 이곳을 확보하려 하였다고 생각된다. 935년 긍양이 봉암사에 도착했을 무렵 주변 지역과 절은 거의 반소가 되어 있었고, 「지증대사비」와 철불만 남아 있었다 한다.

긍양(878-956)은 희양산문 도헌의 법손으로, 896년 출가하여 24세인 901년 중국에 유학하여 924년에 귀국한 이후 공주 서혈원에 머물다가 이듬해 강주 백엄사로 가서 10여 년간 주석하다가, 935년부터 10년 간 봉암사에 머물면서 대장경 연구에 몰두한 바 있는 매우 영향력 있는 인물이었다.

긍양이 귀국하던 924년은 심희의 제자 찬유가 개경으로 가서 태조를 만나고 있고, 충담도 이즈음 고려 편에 선 것으로 보고 있다. 긍양을 봉

---

48) 한기문, 1983, 「고려태조의 불교정책」『대구사학』22(1998, 『고려사원의 구조와 기능』, 민족사, pp.22-32).

49) 이인재, 2005.12, 「선사 긍양(878-956)의 생애와 대장경」『한국사연구』131, pp.172-176.

50) 신호철, 1993, 위의 책, pp.75-78. 「지증대사비」, 『고려사』권1 태조9(926)- 13(930) 까지의 기록에 의하면, 이곳은 후백제와 고려가 일진일퇴의 공방전을 벌인 곳이었다. 고려에서 긍양의 초치에 실패한 후, 이곳은 926년 후백제가 웅진방면으로 진격함으로써 후백제 영역이 되었다가 927년 고사갈이성 성주 홍달 등 주변의 여러 성주들이 고려에 귀순함으로써 고려에 속하였으나, 930년 후백제의 공격으로 봉암사는 거의 폐허화되어 버렸다.

암사에 주석할 수 있게 한다면, 공주의 호족 세력을 끌어안을 수 있을
뿐 아니라, 고려가 원하던 후당과의 외교관계를 진전시킬 수 있었을 것
이기 때문이었다. 고려는 건국 이후 정통성의 확보를 위해 후당과의 외
교관계가 시급하였는데, 그는 이 문제를 중재할 수 있는 인물이었다. 실
제 그가 925년에 옮겨간 강주(康州)는 왕봉규가 천주(泉州)설도사로서
신라 경명왕이 후당에 조공할 때 나란히 조공하여 외교경쟁을 벌인 바
있고, 927년에는 후당의 명종으로부터 회화(懷化)장군의 호를 받아 임언
(林言)을 사신으로 보내 답례하기도 하였다.

　　그러나 긍양은 귀국 후 공주 서혈원에 머물다 왕봉규 등 호족들의 후
원을 받으면서 강주에 머물렀고, 신라 경애왕으로부터는 봉종대사(奉宗
大師)의 칭호를 받는 등 지방호족과 신라 왕실의 지원을 동시에 수용하
고 있었다. 이는 마치 신라 왕실의 단의장 옹주의 지원과 호족 심충의
요구를 동시에 수용한 스승 도헌의 처신과 흡사한 것으로 보고 있기도
하다.[51]

　　이상의 내용을 정리해 보자면, 최치원이 찬술한 「지증대사비」에는 분
명히 入朝賀正兼 迎奉皇花等使 朝請大夫 前守兵部侍郞 充瑞書院學士 賜
紫金魚袋 臣 崔致遠이라고 그의 직함이 쓰여져 있다. 그런데 많은 논문
에서 최치원의 직함이 다른 3비와는 달리 이 비에서 변화한 것에만 주목
하였을 뿐, 왜 그렇게 되었을까 하는 점에 대해서는 의구심을 가지지 않
았다. 이에 924년 봉암사 도헌의 비인 「지증대사비」를 아자개, 희필과
같은 고려계 인사들이 단월이 되어 원주대덕 능선의 주도 아래 건립된
사실을 밝혀 이 비의 직함이 변개되었을 것으로 보았다. 또한 도헌의 법
손 긍양이 귀국하기 한 달 전에 이 비를 건립하여 그를 이곳에 초치하려
했음도 추정해 보았다. 그것은 긍양과 함께 최치원을 고려 측에 유리하
도록 끌어들이려는 계획의 일환으로 이루어진 일이었고, 최치원에 대해

---

51) 이인재, 2005.12, 위의 논문, pp.173-174.

서는「답견훤서」에 대한 부회와 '밀찬조업설'과 같은 일들이 계속 조성되어 갔던 것으로 생각된다.

4. 맺음말

최치원은 875년 당에서 귀국한 이후, 신라왕의 명으로 3선사1사비로 불리는「사산비명」을 찬술하였다. 그러나 이 비들은 신라 말 고려 초 혼란의 와중에서 제대로 건립되지 못하였다. 특히「지증대사비」는 진성여왕 7년(893) 경에 찬술된 이후 30년이 지난 신라 경명왕 8년, 고려 태조 7년인 924년의 시점에서 친고려적 성향의 호족들이 간여하여 건립하였다. 이에 비문의 내용과 음기는 최치원이 찬술한 것이 맞지만, 제액과 후기에 의도적인 가필이 있지 않을까 하는 의구심을 가지고 살펴보게 되었다.

최치원이 찬술한「지증대사비」에는 분명히 入朝賀正兼 迎奉皇花等使 朝請大夫 前守兵部侍郎 充瑞書院學士 賜紫金魚袋 臣 崔致遠이라고 그의 직함이 쓰여져 있다. 그런데 많은 논문에서 최치원의 직함이 다른 3비와는 달리 이 비에서 변화한 것에만 주목하였을 뿐, 왜 그렇게 되었을까 하는 점에 대해서는 의구심을 가지지 않았다.

이에「지증대사비」는 친고려적 성향의 호족인 아자개와 희필 등이 단월로서 참여하고 원주대덕 능선 등이 주도하여 세웠으며, 이 과정에서 제액에 가필한 것으로 추정하였다. 그 이유는 첫째로 고려로의 인심귀복을 위해 당시 인들의 연민을 받고 있던 최치원을 친고려적 성향을 가진 인물로서의 최치원 만들기라는 프로젝트의 일환으로 이루어졌다고 본 것이다. 둘째로 924년 봉암사 도헌의 법손 긍양이 귀국하기 전에 이 비를 세워 그를 이곳에 머물게 하려는 의도가 있었던 것으로 보았다. 그리

고 이를 주도한 인물은 「지증대사비」가 소재한 봉암사의 원주와 「징효
대사비」가 있던 흥녕사의 사주(寺主)로 있었던 능선이었을 것으로 추정
하였다.

제3장 경주 괘릉(掛陵)의 문헌적 고찰

1. 머리말

경주의 괘릉은 능역 내에 있는 서역인 석상들의 유명세로 인해 오래
전부터 주목을 받아 온 곳이다. 유명세만큼 여러 연구자들에 의한 다방
면의 연구가 이루어졌다.[1] 그러나 분명한 신라의 왕릉임에도 불구하고
괘릉이라는 명칭으로 불리면서 능의 주인을 둘러싸고 혼선이 빚어진 곳
이기도 하다. 본고는 조선 후기에야 등장하는 괘릉의 호칭문제와 함께
사적(史蹟)과 문헌 사이의 괴리에서 나타나는 문제점들을 고찰해 보고,
괘릉의 조성사실과 호칭의 문제를 최치원의 비문을 통해 밝혀 보고자
한다.

먼저 신라 왕릉을 둘러싼 논의들을 살펴보려 한다. 하나는 「나릉진안
설(羅陵眞贋說)」로 촉발된 신라 왕릉에 대한 논의를 살펴보고, 신라 왕
릉 기록의 검토를 통해 현전하고 있는 왕릉에 관한 상황을 개괄해 보고
자 한다. 또 하나는 조선 후기에 가서야 『동경잡기』라는 사서에 등장하
는 괘릉이라는 호칭 문제를 검토해 보려는 것이다. 물론 조선후기 사서
에 처음 괘릉이 나온다고 해서 괘릉이 당시에 발견되었다는 말은 아니
고, 괘릉이라는 이름이 처음 등장하는 것이 조선 후기라는 것이다. 하지
만 당시 괘릉은 누구의 능인지도 모르고 괘릉이라는 호칭으로 불리어졌

---

1) 김복순, 2013, 「신라지식인들의 서역인식」 『경주사학』 38, pp.3-4 참조.

고, 이내 문무왕릉으로 알려져 내려 왔다. 근래 다시 원성왕릉으로 획정
되어진 이 능에 관한 저간의 여러 변화 과정을 관련 사료를 중심으로
집중적으로 살펴보고자 한다.

다음으로 최치원의 사산비명 가운데 「대숭복사비문」에 나오는 원성
왕릉의 조성 경위를 살펴보고, 「지증대사비문」에 나오는 곡릉곤손(鵠陵
昆孫)이라는 표현에 주목해 곡릉에서 괘릉으로 변했을 가능성에 대해 추
정해 보고자 한다.

2. 신라 왕릉을 둘러싼 논의들[2)]

1) 「나릉진안설」과 신라 왕릉

조선 후기 경주의 신라 왕릉으로 확정된 28기에 대한 논의는 18세기
전반의 인물인 화계(花溪) 유의건(柳宜健)의 「나릉진안설」을 통해 촉발
되어졌다고 할 수 있다. 강인구는 유화계의 「나릉진안설」을 우리나라
고분에 관한 최초의 논문이라는 점에서 중요한 의미를 부여하였고, 신라
왕릉의 재검토 문제를 제기하면서 남산 서북록의 6기의 왕릉과 서악동
의 5기의 왕릉이 지니고 있는 문제점을 들어 구체적으로 논의하였다.[3)]
이어 이근직은 「나릉진안설」역주를 발표하면서 화계의 논의를 조선 후
기 고증학의 백미이자 진정한 출발점이라 하였다.[4)]

그런데 화계가 제기한 신라 왕릉과 관련한 여러 내용 가운데 본고에

---

2) 신라 왕릉에 대한 연구사 검토는 이근직, 2012, 『신라왕릉연구』, 학연문화사, pp.21-
   33 참조.
3) 강인구, 1984, 「신라 왕릉의 재검토 1 -유화계의 「나릉진안설」과 관련하여-」,
   『동방학지』 41, p.61.
4) 이근직, 1995, 「『화계집』 「나릉진안설」역주」, 『경주사학』 14, p.138.

서 주목하고자 하는 것은 이전의 11기의 신라 왕릉에 영조 6년 17기를
더한 것에 대한 비판을 펼친, 다음의 기사이다.

> (1) "『신증동국여지승람』과 『동경지』 등을 살펴보면, 왕릉의 위치에
> 대하여 명확히 알 수 있도록 기록되어 있는 것은 다만 11기의 왕
> 릉에 그치고 있다. 그러나 조선 영조 6년 경술년(1730) 이후에
> 더하여 28기의 왕릉이 되었는데, 그 가운데 17기는 이전에 몰랐
> 던 것이 지금 비로소 알게 된 것이다. 대체로 천년 후에 이르러
> 서 천년 이전의 일에 대한 자취를 살피건대 문자의 기록에 의하
> 지 않고서 어찌 알 수 있겠는가. 비록 신라인이 지금 다시 살아
> 난다고 하더라도 누구의 왕릉이 어디에 있는지 상세하게 알지
> 못할 것이다. 하물며 당시 무식한 시골 백성의 구전만 가지고서
> 야 알 수 있겠는가?"[5]

화계의 주장에 의하면, 1730년(영조6) 이전에 11기의 신라 능묘가 확
정되어 있었다. 그런데 이 해에 17기를 더하여 28기로 확정한 것에 대한
비판을 제기한 것이다. 그 가운데 제일 크게 지적된 것은 왕릉의 주인공
이 누구이며 그것이 올바로 후대에 전해졌는가 하는 것이었다. 그가 제
기한 이러한 문제의식에 입각하여 11기의 왕릉과 28기의 왕릉에 대해서
여러 추정이 있어 왔다.

즉 11기는 혁거세왕릉, 미추왕릉, 법흥왕릉, 태종무열왕릉, 진흥왕릉,
선덕왕릉, 효소왕릉, 성덕왕릉, 헌덕왕릉, 흥덕왕릉, 김유신묘로 공통적
으로 추정하고 있다.

이후 더해진 17기에 대해서 강인구는 지마왕릉, 일성왕릉, 아달라왕
릉, 진지왕릉, 진평왕릉, 신문왕릉, 효공왕릉, 희강왕릉, 민애왕릉, 신무
왕릉, 문성왕릉, 헌안왕릉, 헌강왕릉, 정강왕릉, 신덕왕릉, 경명왕릉, 경
애왕릉으로 추정하고 있다.[6] 이 가운데 남산 서북록의 6기의 왕릉과 서

---

5) 유의건, 『화계집』 「나릉진안설」.

악동의 김씨 5기의 왕릉의 진위문제를 논하고 있다.

이근직은 지마왕릉, 일성왕릉, 아달라왕릉, 진지왕릉, 진평왕릉, 진덕왕릉, 신문왕릉, 희강왕릉, 신무왕릉, 문성왕릉, 헌안왕릉, 헌강왕릉, 정강왕릉, 효공왕릉, 신덕왕릉, 경명왕릉, 경애왕릉으로 박씨 왕릉 6기와 김씨 왕릉 11기를 더한 것으로 보고 있다.[7]

이렇게 두 학자에 의해 제기된 화계의 문제의식은 높이 살만한 내용이지만, 그는 실제 11기 내지 17기의 왕릉에 대한 구체적인 명칭을 제시하지 않아 위에서 살펴본 것과 같은 후인들의 추정을 낳게 하였다. 그렇다면 이들이 주장한 28기에 대한 구체적 명칭을 언급한 사료는 없는 것일까 하는 것이다. 다행히 조선 정조 때의 기록인 『홍재전서』 『일성록』 등에 신라 왕릉 28기에 대한 내용이 보인다.

『홍재전서』와 『일성록』 등은 정조 때의 기록인데, 『홍재전서』 28권 윤음3과, 『일성록』의 기록으로, 같은 내용이 두 곳에 실려 있다.

> (2) 각신 이만수에게 봉명(奉命)하고 돌아오는 길에 숭덕전에 치제하고 신라 여러 왕의 능을 함께 봉심(奉審)하라고 명하였다. 전교하기를 "어제 가야의 건국 시조인 가락국왕의 능에 치제하라고 명하였으니 승지가 내일 수향(受香)할 것이다. 그런데 다시 생각해 보니, 숭덕전은 바로 신라시조의 위패를 모신 곳으로 우리 세종조 때 사당을 세우고 제사를 지냈으며 해마다 봄가을로 향축과 예물을 내렸고, 선조(先朝) 무신년(1728, 영조4)에는 신도비를 세웠다. 이번 행차가 월성을 지낸다 하니 함께 치제하라. 제문은 내가 직접 지을 것이다. 또 듣건대 능이 이 고을에 있다고 하니 함께 간심(看審)하고 치제하라. 그리고 남해왕릉, 유리왕릉, 탈해왕릉, 파사왕릉, 미추왕릉, 내물왕릉, 법흥왕릉, 진흥왕릉, 진지왕릉, 진평왕릉, 선덕왕릉, 태종무열왕릉, 문무왕릉, 효소왕릉, 성덕

---

6) 강인구, 1984, 「신라 왕릉의 재검토 1 -유화계의 「나릉진안설」과 관련하여-」, 『동방학지』 41, pp.69-70.

7) 이근직, 2012, 『신라왕릉연구』, 학연문화사, p.510.

왕릉, 경덕왕릉, 헌덕왕릉, 홍덕왕릉, 희강왕릉, 신무왕릉, 문성왕릉, 헌안왕릉, 헌강왕릉, 정강왕릉, 효공왕릉, 민애왕릉, 경애왕릉을 함께 간심하되, 길이 조금 먼 곳은 지방관으로 하여금 간심하고 와서 보고하게 하여 조정에 돌아올 때 함께 서계(書啓)하라."고 하였다.[8]

위 사료에 대한 설명에 앞서『신증동국여지승람』권21 경주부 능묘(陵墓)조를 먼저 살펴보면, 신라 왕릉으로는 혁거세왕릉, 미추왕릉, 법흥왕릉, 태종무열왕릉, 진흥왕릉, 선덕왕릉, 효소왕릉, 성덕왕릉, 헌덕왕릉, 홍덕왕릉의 10기가 기록되어 있다. 화계가 제시한 11기가 아닌 10기의 왕릉이 나올 뿐이다. 이 10기의 왕릉은 위의 사료에서 제시하고 있는 28기 안에 모두 포함되어 있다는 점이 주목된다.

그렇다면 영조 때인 1730년에 18기가 새로이 지정되었음을 알 수 있고, 위에서 언급한『신증동국여지승람』에 나오는 10기의 왕릉을 포함한 28기의 왕릉이 정확히 제시되어 있음을 볼 수 있다. 즉, ① 혁거세왕릉, ② 남해왕릉, ③ 유리왕릉 ④ 탈해왕릉, ⑤ 파사왕릉, ⑥ 미추왕릉, ⑦ 내물왕릉, ⑧ 법흥왕릉, ⑨ 진흥왕릉, ⑩ 진지왕릉, ⑪ 진평왕릉, ⑫ 선덕왕릉, ⑬ 태종무열왕릉, ⑭ 문무왕릉, ⑮ 효소왕릉, ⑯ 성덕왕릉, ⑰ 경덕왕릉, ⑱ 헌덕왕릉, ⑲ 홍덕왕릉, ⑳ 희강왕릉, ㉑ 신무왕릉, ㉒ 문성왕릉, ㉓ 헌안왕릉, ㉔ 헌강왕릉, ㉕ 정강왕릉, ㉖ 효공왕릉, ㉗ 민애왕릉, ㉘ 경애왕릉이다.

그런데 화계가 언급한 17기를 근거로 강인구와 이근직이 주장한 17기와는 달리『신증동국여지승람』에 나오는 10기에 18기가 더하여졌고, 내용에 있어서도 남해왕릉, 유리왕릉, 탈해왕릉, 파사왕릉, 내물왕릉, 문무왕릉, 경덕왕릉, 민애왕릉이 포함되어 있어, 그동안의 강인구. 이근직의 추정과는 다른 양상임을 알 수 있다.

---

8)『일성록』정조 16년(1792) 3월 2일조.

이러한 내용에 이어 경상감사 정대용의 보고 내용에 의하면, 28기 가운데 1792년 새로 정해준 시노(寺奴)가 있는 왕릉은 10곳으로 나오고 있다.

(3) 경주부에 있는 신라의 여러 왕릉에 수호군(守護軍) 각 3호씩을 두고 그들의 역포(役布)를 견감해 주었다. 비국이 아뢰기를 "신라 여러 왕릉의 수호군 중에 자리가 빈 인원은 만일 양인 군졸이 부족하면 시노로 대신 충원하라고 해당 도에 공문을 보내 알렸습니다. 방금 경상감사 정대용이 보고한 것을 보니, '신라 여러 왕릉의 수호군을 시노 중에서 각3호씩 그들의 공포(貢布)를 면제해 주고 각별히 가려 정하였으나, 전에 정했던 군졸은 대신 정할 필요없이 자리가 빈 인원에 대해서만 충원하여 수호에 전념하게 하였습니다. 성책을 살펴보니, 신라 시조의 왕릉, 남해왕릉 유리왕릉. 파사왕릉은 같은 언덕에 있으며 전에 정해준 양인이 1명이고 새로 정해준 시노가 2명이며, 탈해왕릉은 전에 정해 준 양인이 1명이고 새로 정해준 시노가 2명이며, 미추왕릉은 전에 정해 준 양인이 1명이고 새로 정해준 시노가 2명이며, 내물왕릉은 전에 정해 준 양인이 1명이고 새로 정해준 시노가 2명이며, 법흥왕릉은 새로 정해준 시노가 3명이며, 진흥왕릉, 진지왕릉, 문성왕릉, 헌안왕릉은 같은 언덕에 있으며 새로 정해준 시노가 3명이며, 진평왕릉은 전에 정해 준 양인이 1명이고 새로 정해준 시노가 2명이며, 선덕왕릉은 전에 정해 준 양인이 1명이고 새로 정해준 시노가 2명이며, 태종무열왕릉은 전에 정해 준 양인이 1명이고 새로 정해준 시노가 2명이며, 신무왕릉은 전에 정해 준 양인이 2명이고 새로 정해준 시노가 1명이며, 효소왕릉과 성덕왕릉은 같은 언덕에 있으며 전에 정해 준 양인이 1명이고 새로 정해준 시노가 2명이며, 경덕왕릉은 새로 정해준 시노가 3명이며, 헌덕왕릉은 전에 정해 준 양인이 3명이고, 헌강왕릉과 정강왕릉은 같은 언덕에 있으며 전에 정해 준 양인이 1명이고 새로 정해준 시노가 2명이며, 효공왕릉은 전에 정해 준 양인이 1명이고 새로 전해준 시노가 2명이며, 경애왕릉은 새로 정해준 시노가 3명이며, 흥덕왕릉은 전에 정해 준 양인이 2명이고 새로 정해준 시노가 1명이며, 희강왕릉과 민애왕릉은 같은 언덕에 있으며 새로 정

　　해준 시노가 3명이며, 문무왕릉은 전에 정해 준 양인이 1명이고
새로 정해준 시노가 2명으로 모두 57명이었습니다. 이른바 양인
도 반드시 역명이 있을 것이나, 보고한 내용에서는 낱낱이 거론
하지 않고 시노와 아울러 일체 역포를 면제해 주고 수호에 전념
하게 하였습니다. 앞으로는 모두 이 예에 따라 자리가 비는 대로
대신 충원하고 연말마다 성책을 수리하여 본사(本司)에 보고하라
고 다시 엄히 신칙하겠습니다."[9]

　대부분의 왕릉은 전에 정해 준 양인(良人)이 1명이고 새로 정해준 시
노가 2명이나, 법흥왕릉, 진흥왕릉, 진지왕릉, 문성왕릉, 헌안왕릉, 경덕
왕릉, 헌덕왕릉, 경애왕릉, 희강왕릉, 민애왕릉의 10기는 새로 전해준 시
노가 3명인 곳이라는 사실을 알린 내용이다. 조선 전기부터 알려져 있던
10기 가운데 법흥왕릉, 진흥왕릉, 헌덕왕릉에도 새로 시노를 정하고 있
어 이들을 배치하게 된 것이 어떠한 기준에 의해서 된 것인지는 잘 알
수 없다. 다만 위의 두 기록들을 통해 28기의 왕릉을 확실히 알 수 있게
된 점과 조선 후기 조정에서 신라 왕릉에 대한 관심이 높아진 사실이
확인된다는 점이다.

　이렇게 볼 때 영조 6년인 1730년 이전에 확정되어 있던 왕릉은 이미
앞서 살펴보았듯이 『신증동국여지승람』에 나오는 10기의 왕릉이며, 영
조 6년인 1730년에 증치된 왕릉은 18기였다. 유의건이 말한 11기는 어
디에 근거해서인지는 알 수 없으나, 영조 대에 확정된 28기의 명칭이 정
조대인 1792년의 기록에는 이전의 10기가 정확히 포함되어 있다는 사실
이다.

　그렇다면 신라 왕릉에 대한 기록들은 어떻게 변화해 왔는지 살펴보면
다음과 같다. 고려의 기록인 『삼국사기』와 『삼국유사』에는 신라의 왕릉
에 대한 기록이 나오는데, 법흥왕릉을 기준으로 그 이전과 이후로 나누

---

9)『일성록』정조 16년(1792) 윤 4월 28일조.

어 볼 수 있다. 법흥왕 이전인 상고기에는 박·석·김 3성 시조의 능과 오릉, 내물왕의 능에 관한 기록이 나올 뿐이다.

『삼국사기』에 혁거세왕, 남해왕, 유리왕, 파사왕을 "사릉원 안에 장사 지내다(葬蛇陵園內)"로, 탈해왕은 "성북 양정구에 장사지내다(葬城北壤 井丘)"로 기록하고, 미추왕을 "대릉에 장사지내다. 죽장릉이라고도 한다 (葬大陵 一云竹長陵)"고 하였다. 『삼국유사』「미추왕 죽엽군」조에 "왕 릉은 흥륜사 동쪽에 있다… 이 왕릉을 죽현릉이라고 불렀다… 나라사람 들이 그의 덕을 사모하여 삼산(三山)과 함께 제사지내기를 끊이지 않으 니 제사의 격위를 오릉의 위에 높여 대묘(大廟)라 일컬었다"라고 하였 고, 「왕력」편에 "제17대 나물마립간… 능은 점성대(占星臺)의 서남쪽에 있다"고 하였다. 그리고 『삼국사기』권3 눌지마립간 19년, "2월에 역대 원릉(園陵)을 수리하였다"는 기사로 볼 때 눌지왕 이전의 마립간 시기 왕릉들을 고총고분으로 개분시켰음을 알 수 있다.[10]

그러나 김부식은 『삼국사기』에서 법흥왕 이후 대개의 신라 왕릉을 그 위치와 함께 기록해 놓고 있다. 『삼국사기』권4 법흥왕 27년 "7월에 왕 이 돌아가니 시호를 법흥이라 하고 애공사 북봉에 장사하였다"는 기록 이후, 진흥왕, 진지왕, 선덕여왕, 진덕왕, 태종무열왕, 문무왕, 신문왕, 효 소왕, 성덕왕, 효성왕, 경덕왕, 선덕왕, 원성왕, 헌덕왕, 흥덕왕, 희강왕, 민애왕, 신무왕, 문성왕, 헌안왕, 헌강왕, 정강왕, 진성왕, 효공왕, 신덕 왕, 경명왕, 경애왕의 왕릉을 기록하고 있다.[11]

이렇게 중고기 법흥왕릉 이후의 신라 왕릉이 역사서에 지속적으로 등 장하게 된 것은 김부식이 유학자로서 역사서에 남길만한 가치가 있다고 보았기 때문이고, 그는 왕릉의 장소와 그 방향을 표시하는 방법으로 사

---

10) 『삼국사기』권1-권3, 『삼국유사』권1, 왕력.
11) 문무왕, 효성왕, 선덕왕, 원성왕은 화장을 하였으며, 혜공왕, 소성왕, 애장왕, 민 애왕, 경문왕, 경순왕의 왕릉에 대한 언급은 없다.

찰을 함께 언급한 것으로 추정된다.[12]

　다음으로 조선 전기의 『신증동국여지승람』과, 조선 후기의 『홍재전서』『일성록』 등 정조 때의 기록, 그리고 『증보문헌비고』에 보이는 신라의 왕릉에 대한 내용이다.

　『신증동국여지승람』과 『홍재전서』『일성록』 등의 기록은 이미 앞에서 살펴보았으므로 생략하고, 그 후에 나오는 『증보문헌비고』의 신라왕릉 기사를 보면, 다음과 같은 종합적인 내용이 보인다.

> (4)-1. 신라 시조능-경상도 경주부 담운사 곁에 있는데, 이름은 사릉이다. 남해왕릉, 유리왕릉, 파사왕릉-모두 사릉안에 있다. 탈해왕릉-경주부 성 북쪽 양정구에 있다. 미추왕릉-일명 대릉이라고도 한다. 경주부 성남리에 있다. 내물왕릉-경주부 첨성대 서남쪽에 있다. 법흥왕릉, 진흥왕릉-모두 경주부 서악리에 있다. 진지왕릉-경주부 영경사 북쪽에 있다. 진평왕릉-경주부 한지에 있다. 선덕왕릉-경주부 낭산 남쪽 산마루에 있다. 진덕왕릉-경주부 사량리에 있다. 무열왕릉-경주부 서악리에 있다. 신문왕릉-경주부 망덕사 동쪽에 있다. 효소왕릉-경주부 동쪽 분남리에 있다. 성덕왕릉-경주부 동쪽 도지곡리에 있다. 경덕왕릉-경주부 모지사 서쪽 산등성이에 있다. 헌덕왕릉-경주부 동쪽 천림리에 있다. 흥덕왕릉-경주부 안강현 북쪽에 있다. 희강왕릉-경주부 소산에 있다. 신무왕릉-경주부 형산(형제산으로 되어 있는데 아마 잘못인 듯하다) 북쪽에 있다. 문성왕릉, 헌안왕릉-모두 경주부 공작지에 있다. 헌

---

12) 이는 그가 왕릉을 도성 내에 쓰지 않는다는 사실에 입각해서 능사(陵寺)로서의 역할에 주목한 때문으로 보인다. 김복순, 2011, 「신라 왕경과 불교」, 『불교문화연구』12집, pp.8-9에 의하면, 신라 왕경 지역에는 6세기 중엽 경부터 석실묘가 채용되기 시작하였고, 이러한 석실묘제를 채택한 최초의 왕릉은 법흥왕릉일 것으로 추정하고 있다. 그 이유에 대해서는 대개 법흥왕의 불교 공인과 관련이 있을 것으로 짐작하고 있다.(최병현, 1995, 『신라고분연구』, 일지사, pp.505-507 참조) 법흥왕릉은 시내에서 산록으로 옮겨 조성하였다. 이는 불교공인 이후 왕경의 모습이 변모되는 전조로 생각되는데, 이후 왕릉이 빠져나간 왕경의 중앙에 사찰이 조성되었기 때문이다.

강왕릉, 정강왕릉-모두 경주부 보리사 동남쪽에 있다. 진성왕릉-경산도 양산군 황산에 있다. 효공왕릉-경주부 사자사 북쪽에 있다. 신덕왕릉-경주부 죽성에 있다. 경명왕릉-경주부 황복사 북쪽 산등성이에 있다. 경애왕릉-경주부 남산 해목령에 있다. 경순왕릉-경기 장단부 남쪽 8리에 있다.

(4)-2. 효성왕이 유명으로 동해에 화장하게 하였다. 선덕왕이 유조로 동해에 화장하게 하였다. 원성왕이 유조로 동해에 화장하게 하였다.

(4)-3. 고려 현종 8년(1017) 삼국의 여러 임금의 능묘가 있는 곳은 해당고을에 명하여 수치하게 하고 초목을 금하며 지나가는 자는 말에서 내리게 하였다. 조선 영조 18년(1742) 9월에 경주에 홍수로 신라 헌덕왕릉이 무너지자, 임금이 향축을 보내어 도신(관찰사)에게 수축하기를 명하였다.

(4)-4. 『동경잡기』에 이르기를 "경주부 동쪽 30리에 괘릉이라고 일컫는 것이 있는데, 시속에서 전하기를, 신라 왕을 물 속에서 장사하고 널을 돌 위에 걸어 놓았다가 인하여 흙을 쌓아 능을 만들었다고 하는데, 석물이 아직 있으나 어느 왕의 능인지 알지 못한다"고 하였다.

(4)-5. 정조 16년(1792) 경주부의 신라 여러 능에 수호군 각3호를 두고 그 역포를 감면하게 하였다. 고종 9년(1872)에 경주 10왕의 여러 능에 도신으로 하여금 속히 계획하여 관할하는 관을 두고 수호하게 하였다.[13]

신라 왕릉을 망라한 내용이 적혀 있으나, 왕릉의 숫자와 명칭에서 이전과는 달리 약간의 출입을 보인다. 즉 32기가 언급되고 있는데, 양산의 진성여왕릉과 경기의 경순왕릉을 제외하면 30기가 된다는 사실이다. 또한 정조 때 28기에 포함되어 있던 문무왕릉과 민애왕릉이 빠진 반면에,

---

13) 『증보문헌비고』 권70 「예고」 17 산릉1 부여국 신라조.

진덕왕릉·신문왕릉·신덕왕릉·경명왕릉이 새로이 등장하고 있음이 보인
다. 그리고 효성왕, 선덕왕, 원성왕이 유조로 화장하였음이 언급되고 있
고, 무너진 헌덕왕릉의 수축기사도 싣고 있다. 특히 괘릉에 대한 언급이
『동경잡기』를 인용하여 처음으로 등장하고 있다는 점이다.

이러한 기록과 함께 일제 시대에 접어들면서 고고학적으로 경주의 왕
릉 급에 대한 발굴조사가 실시되었다. 일제는 경주시내의 평지에 분포하
고 있으면서 외형이 비교적 뚜렷하게 남아있는 고분을 155기로 파악하
여 1호에서 155호까지 일련번호를 붙여 이를 지도로 만들어 고분발굴에
이용하면서 1916년 검총, 1921년 금관총, 1924년 금령총. 식리총, 1926
년 서봉총을 발굴하였다.

광복 후 1970년대에 미추왕릉지구, 황남대총, 천마총 등이 발굴되어
새로운 모습을 갖게 되었다. 이러한 발굴조사에 힘입어 신라의 왕릉은
그 후에 사적으로 7기의 능을 지정하게 되어 전체 35기로 획정되어 있
다. 7기는 삼릉으로 불리는 아달라왕릉·신덕왕릉·경명왕릉과 지마왕릉·
일성왕릉·진덕왕릉·신문왕릉의 4기가 이에 해당된다. 또한 김유신묘인
흥무대왕릉을 넣어 36기로 보기도 한다.

3. 괘릉의 호칭과 능주(陵主)에 대한 문헌적 고찰

경주의 괘릉은 정조 때의 기록에 나오는 28기의 왕릉에는 그 명칭이
보이지 않는다. 괘릉이 위치한 곳은 배반동, 남산동, 조양동, 구정동, 괘
릉리로 이어지는 내동, 외동지구인데 선덕여왕릉으로부터 능지탑(문무
왕 화장터), 신문왕릉, 효소왕릉, 성덕왕릉, 괘릉의 통일기 신라 왕릉이
서에서부터 시작하여 동으로 배치되어 있다. 중국의 한대와 당대에 위하
(渭河) 북안에 천자릉이 일렬로 배치되어 있는 것과 비슷한 양상을 보인

다고 한다. 그렇다면 괘릉은 명칭이 특이하지만 그 규모나 위치로 보아 신라의 왕릉임이 분명한데, 이 능의 주인공이 누구인가에 대해 근대에 들어 약간의 시비가 있었다. 이에 대해 이근직은 향토의 사정을 감안하여 저간의 사정을 상세히 서술하였다.[14]

괘릉은 사적 26호로, 신라식의 12지신상을 갖춘 신라 왕릉 가운데 가장 우수한 왕릉인 원성왕릉 임이 확정되어 있다.[15] 근래 일기 시작한 실크로드에 관한 관심으로 이 능의 무인석과 돌사자가 크게 주목받았는데, 무인석은 소그드[康居國]인의 형상으로,[16] 돌사자는 산예로 상징되는 서역에서 들여온 풍물이기 때문이었다.[17] 특히 문화유산답사에 대한 관심이 고조되면서 나온 경주 유적에 관한 답사지에 괘릉과 관련된 내용은 필수적으로 소개되어 있다.

하일식은 괘릉에 대한 속설의 설명과 함께 최치원의 「대숭복사비문」의 내용을 들어 매우 정확하게 설명하고 있다. 즉 원래 이곳에는 곡사(鵠

---

14) 이근직, 2012, 『신라왕릉연구』, 학연문화사, pp.393-403.
15) 경상북도, 2001, 『문화재 안내문안집』(2001) 경주 괘릉(慶州 掛陵)조: 사적 제26 호, 소재지: 경상북도 경주시 외동읍 괘릉리 산17. 이 능은 신라 제38대 원성왕 (元聖王 재위 785-798, 김경신)을 모신 곳이다. 경주 시내에서 울산 방면으로 약 12km 떨어진 거리에 있다. 밑둘레 70m, 직경 21.9m, 높이 7.7m로 능의 둘레에 있는 호석(護石)에는 십이지신상(十二支神像)을 돋을새김 해 놓았고 그 주위로 돌난간이 에워싸고 있다. 봉분에서 떨어져서 좌우에 화표석·문인석(文人石)·무 인석(武人石)과 돌사자(石獅子)를 마주보게 세웠으며, 무인석 가운데는 서역(西 域)의 인물상이 있어 눈길을 끈다. 이 무덤은 당나라의 능묘제도를 기본으로 하 여 둘레돌에 신라식의 가장 완비된 형식을 갖추고 있다. 조각 수법은 신라 왕릉 가운데서 가장 우수한 것으로 평가되고 있다. '괘릉'이라고 부르는 것은, 무덤 의 구덩이를 팔 때 물이 괴어 널[棺]을 걸어[掛] 묻었다는 속설에 따른 것이다. 왕은 독서출신과라는 제도를 두어 인재를 뽑았으며 벽골제(碧骨堤)를 고치기도 하였다.
16) 김창석, 2006, 「8-10세기 이슬람 제종족의 신라 내왕과 그 배경」 『한국고대사 연구』 44, pp.102-112.
17) 김복순, 2013, 「신라지식인의 서역인식」 『경주사학』 38, pp.3-11.

寺)라는 절이 있었기 때문에, 원성왕의 능을 물색할 때 "절 자리를 뺏는
것은 좋지 못하다"는 일부 신하의 반대가 있었다. 그러나 "왕릉이 홀륭
한 곳에 자리 잡고 절이 경치 좋은 곳에 자리 잡게 되면 왕실의 복이
산처럼 높이 솟을 것"이라는 주장에 밀려 이곳에 왕릉이 만들어지고 곡
사는 지금의 숭복사 터로 옮겼다. 이때 절 부근의 땅이 국유지가 아니었
기 때문에 구릉지 100여 결(結)을 벼 2000섬에 매입하여 능을 조성하였
다는 내용이다. 반면 국민대학교 국사학과편에서는 괘릉의 주인공과 관
련된 설들을 소개하고 원성왕릉이라고 설명하면서도 숭복사지의 위치를
들어 원성왕릉설에 의문을 제기하고 있다.[18]

　최영성은 원성왕릉이 옮겨져 건립된 곡사와의 거리가 5리라고 보고
현재 숭복사지에서 괘릉까지가 2Km이므로 괘릉이 원성왕릉일 가능성
이 매우 높다고 하였다. "其改創紺宇 則有緣之衆 相率而來 張袂(소매
메)不風 植錐無地 霧市奔趨於五里 雪山和會於一時" 즉 사원을 개창할
때에는 인연있는 대중이 서로 이끌고 와서 옷소매가 이어져 바람이 통하
지 않고 송곳 꽂을 땅조차 없을 정도였으니 이는 마치 5리의 안개를 피
우는 술법을 배우려고 사람들이 달려와서 저잣거리를 이룬 것이나 한때
설산의 법회에 대중이 화열하며 모여든 것을 연상하게 하였다고 하는데
서 5리가 고사이기는 하나 당시 대숭복사와 원성왕릉 사이의 거리로 볼
수 있다는 것이다.[19]

　이들의 설명이 서울에 있으면서 경주를 소개하는 문화유산해설집의
형식이라면, 경주 지역의 유적을 오랫동안 연구해 온 권오찬의『신라의
빛』과, 경주지역 왕릉연구로 이름을 날린 이근직의 연구는 경주의 사학
자들의 견해이다. 즉 권오찬은 괘릉이 원성왕릉으로 확정되기까지의 경

18) 하일식, 1999,『경주역사기행』「괘릉」, pp.203-205; 국민대학교 국사학과편,
　　2004,『우리 역사 문화의 갈래를 찾아서 - 경주문화권-』「신라하대 숭복사와 불
　　교결사」, pp.181-186.
19) 최영성 역주, 2004,『최치원전집』1 -사산비명-「해제」, 아세아문화사, p.33.

위를 정리해 놓으면서 원성왕릉임을 확신하고 있다.[20] 또한 이근직도
원성왕릉의 견해가 유력한 것으로 확정짓고 있다. 이렇게 괘릉은 외형상
의 우수성과 함께 그 주인공으로 원성왕을 거론하고 있지만, 뭔지 모르
게 미심쩍어 하는 표현들이 보인다. 그런데 이들 견해의 공통점은 괘릉
으로 부르게 된 유래에 대한 설명이다. 이는『동경잡기』의 설명을 따른
것이다.[21] 괘릉은 조선 후기에 찬술된『동경잡기』에 다음과 같이 처음
등장하고 있다.

> (5) (신증) 괘릉은 부 동쪽 35리에 있는데, 어느 왕릉인지 알 수가 없
> 다. 속설에 전하기를, 물속에 장사를 치르게 되자, 돌 위에 관을
> 걸어 놓고 흙을 쌓아 능을 만든 까닭에 이름한 것이다. 석물이
> 아직도 남아 있다.[22]

위의 내용을 다시 부언해 보면, 괘릉의 명칭을 가진 능이 경주부 동쪽
35리에 있는데, 누구의 능인지는 알 수 없다고 하면서 괘릉이라는 이름
이 나오게 된 것에 대해 설명하고 있다. 즉 물속에서 장사를 지내면서
돌 위에 관을 걸어 놓고 흙을 쌓았기 때문이라고 한 것이다. 괘릉은『동
경잡기』의 내용 가운데 신증(新增) 부분에 처음 나오고 있다. 그런데 이

---

20) 권오찬, 1990,『신라의 빛』, pp.111-112.
21) 이근직은 괘릉이란 뜻은 능을 걸다라는 의미인데 이곳에 왕릉이 조성되기 이전
    에 작은 연못이 있어서 그곳을 메우고 능을 마련했는데 능 내부인 현실에 물이
    고이기 때문에 바닥에 관을 놓지 못하고 허공에 걸어 놓았다는데서 유래되었다
    고 정리해 놓았다. 하일식 역시 괘릉이라는 이름은, 원래 이곳에 작은 연못이
    있었기 때문에 왕의 유해를 연못 위에 걸어서 장사지냈다는 속설(俗說)에 따라
    붙여진 것으로 설명하고 있다. 하지만『동경잡기』와『경주읍지』의 두 곳에서의
    의심스러운 표현이 괘릉을 원성왕릉이라는 사실을 확정짓지 못하는 이유로 생
    각된다.
22)『동경잡기』신증, 掛陵 在府東三十五里 不知何王陵 俗傳葬於水中 掛柩於石
    上 因築土爲陵故名焉 石物尙在.

신증 부분은 『신증동국여지승람』 경주부조에서 추가된 항목의 내용을
『동경잡기』를 간행할 때 일괄적으로 넣어 찬술한 것으로 밝혀져 있
다.[23] 그렇다면 1670년 이후에는 괘릉이라는 호칭이 경주에 널리 알려
져 있어 신증 부분에 넣어졌다고 할 수 있겠다.

이후 드물지만 괘릉의 호칭은 18세기와 19세기의 기록에도 계속해서
보이고 있다. 먼저 『택리지』의 기록이다.

(6) 경상도… 신라 시대의 반월성·포석정·괘릉(掛陵) 등 옛터가 있다.[24]

택리지는 청담 자신이 쓴 발문에 "내가 황산강(黃山江) 가에 있으면서
여름날에 아무 할 일이 없어… 우연히 논술한 바가 있다"하였고, 끝에다
"白羊初夏上浣 靑華山人書(백양초하상완 청화산인서)"라 하였는데, 백
양은 신미(辛未, 1751)인즉, 자신의 환갑년인 경오(1750)에 시작하여 다
음 해 첫 여름에 마친 것으로 보고 있다. 1750년에 괘릉이 지리지인 『택
리지』 「팔도총론」 경상도조에까지 유명한 고적으로 등장하고 있다.

다음으로 한말인 19세기 후반에 연재 송병선(1836-1905)이 이곳을 지
나면서 괘릉을 견문한 기록이 등장한다.

(7) 동경에서 동래까지 기록(自東京至東萊記) : 신묘일 정오에 불국사
에 닿았다. 사찰이 절반 이상 퇴락하였으나 법당은 사치스러울

---

23) 전덕재, 2001, 「동경잡기의 편찬과 그 내용」 『신라문화』 19, p.82. 또한 『동경
잡기』는 1669-70년(현종10) 경주부윤 민주면과 진사 이채·김건준 등이 『신증동
국여지승람』 경주부조를 기초로 편찬, 간행하였고, 1845년(헌종11) 성원묵에 의
해 증보·간행된 것을 1910년 조선고서간행회(朝鮮古書刊行會)가 인쇄본으로 간
행하고, 1913년 최남선이 주관하던 조선광문회가 활자본으로 중간하였다. 이후
1933년 최남선, 정인보 등이 교열·보완하여 서문을 넣어 『동경통지』로 간행되
었고, 1961년 김창숙에 의해 『동경속지』가 간행되었다.
24) 『택리지』 「팔도총론」 경상도조. 慶尙道….有新羅時半月城鮑石亭掛陵古址.

정도로 크고 넓었다. 계단은 돌을 다듬어 만들었다. 앞에 두 탑이
있는데 동쪽은 다보탑 서쪽은 무영탑이라 하였다. 문루 아래 좌
우에 홍교를 쌓았다. 스님이 함께 건설한 규모로 국내에서 비교
될 곳이 없다고 하였다. 이곳에서 석굴암까지의 거리는 10여리가
된다. 기이한 절경이 볼 만하다. 고개와 길이 험준하고 바람이 또
한 세게 불었다. 찾지 못하고 곧바로 남쪽 길로 향하였다. 괘릉에
도착하여 문무왕릉을 보았다. 울산 냉천엄에 도착하였다. 호장
홍도의 후손 성택이 나와 보았다. 병영 남문루에 올라 시가를 내
려다 보았다. 태화강을 따라 20 리를 가서 산곡 간을 돌아 들어
가니 돌길이 험난하였다. 저녁에야 반구대에 다달았는데, 대는
언양 경계에 있었다.25)

　　연재의 「유교남기」 가운데 동경에서부터 동래에 이른 것을 기록한 내
용의 일부이다. 즉 경주를 지나 울산에 가는 도중 불국사를 보고 석굴암
을 보러 올라갔으나 찾지 못하여 남쪽으로 내려와 괘릉에 도착하여 문무
왕릉을 보고 울산 냉천엄에 다다랐다는 것이다. 그는 괘릉이 경주에서
울산으로 가는 도중에 있다고 하면서, 괘릉을 문무왕릉이라고 단정짓고
있음이 눈에 띤다. 『동경잡기』 이후 누구의 능인지는 모르지만, 괘릉이
라는 이름으로 사서에 나오다가 이때 이르러 이곳 괘릉을 찾는 이들은
문무왕릉을 본 것으로 기록하고 있어 당시 괘릉의 주인공은 이미 문무왕
으로 정해져 문무왕릉으로 알려졌음을 보여주는 내용이다.26)

---

25) 『연재선생문집(淵齋先生文集)』 권22 잡저 「유교남기(遊嶠南記)」辛卯。午抵佛
　　國寺。寺頹過半。而法堂侈宏。階砌皆以鍊石爲之。前有二塔。東曰多寶。西
　　曰無影。門樓下左右。築虹橋。僧言刱設規模。國內無比。此距石窟庵。爲十
　　餘里。奇絶可觀。而嶺峻路險。風又勁吹。未探而直向南路。到掛陵。見文武
　　王陵。到蔚山冷泉巖。戶長興道後孫星宅出見。歷登兵營南門樓。俯瞰街市。
　　循太和江。行二十里。轉入山谷間。石逕崎嶇。暮抵盤龜臺。臺在彦陽界。

26) 조선 후기 수종재 송달수(守宗齋 宋達洙, 1808(순조8)-1858(철종9))는 연재보다
　　조금 앞서 경주를 방문하였다. 그의 문집 『수종재집』 권8 잡저 「남유일기(南遊
　　日記)」에 의하면, 그는 불국사를 관광하고 석굴암을 본 후 곧바로 동해안으로
　　나아가 3박을 하고 다시 경주 시내로 와서 분황사 등을 방문하였다. 당시 경주

한국인은 아니지만 1906년 今西龍이 대학원생으로 십수일동안 경주를 방문하였는데, 이때 경주의 괘릉을 지나면서 능 앞에 '新羅 文武王陵(신라 문무왕릉)'이라고 쓴 말뚝을 보았다. 그는 이 말뚝의 표지가 당시 경주 인사들의 생각이 덧붙여진 것이라고 보았다. 그는 이후 자신의 저술 여러 곳에서 괘릉에 대해 언급하면서 원성왕릉이 문무왕릉으로 잘못 알려진 것에 대해 지적하고 있다.[27)

일제 시대인 1918년부터 1926년 사이에 경주를 유람한 암서(巖棲, 혹은 深齋) 조긍섭(曺兢燮, 1873-1933)은 시를 쓰면서 괘릉을 시제로 하였다.

> (8) 괘릉 혹 문무왕릉이라 칭한다. 그러나 역사를 살펴보면 문무왕이 장차 돌아가시려 할 때 유명으로 동해상에서 화장하라 하셨다. 과연 어찌 대총의 위의가 지금과 같은 곳이겠는가. 억측컨대 이미 화장을 하고 이곳에 뼈를 묻은 것으로 인하여 능을 만든 것이 아닌가 한다. 능제를 상세히 보면 큰 공덕이 있지 않고서야 족히 이러한 곳을 얻지 못할 것이다. 신라 여러 왕의 공덕이 성하다 하나 무열. 문무 부자에 비할 수 없을 것이다. 무열은 이미 스스로 큰 거북의 능이 있으므로 이를 문무왕릉으로 하여 진실로 또한 서로 전하여 믿을 만하다 이른다. 계림을 뒤돌아보니 길은 어디인가. 괘릉의 소나무와 잣나무에 석양이 잔뜩 비추누나. 삼한 통일의 업은 이제 어디에 있는가. 석상이 서풍에 눈물 흘리니 주

를 찾은 사대부들의 동선이라 할 수 있는데, 연재의 경우 석굴암을 찾았다면 그 역시 바로 동해안으로 내려갔을 것이고 괘릉을 안 갔을 수도 있었을 것이다.

27) 今西龍, 1970, 『新羅史硏究』, 國書刊行會, pp.144, 152-153에서 "『동경잡기』가 괘릉을 어느 왕릉인지 모른다고 한 것은 지극히 타당하다. 현재 경주의 인사가 이를 문무왕릉이라고 표시해 놓은 것은 나라가 쇠망해 지식 또한 떨어진 결과일까"라고 하여 1905년에 경주의 괘릉을 문무왕릉이라고 표지판에 써 놓은 것에 대해 비판하고 있다. 이에 더하여 pp.508-511의 「附 掛陵攷」에서는 괘릉을 문무왕릉으로 보는 사실에 대해 문무왕릉비와 관련지어 더욱 비판의 강도를 높이고 있다.

름이 패이누나.[28]

암서는 괘릉에 대한 시를 쓰기에 앞서 괘릉이 혹 문무왕릉이라 칭한다고 한 사실에 대해 자세히 논하였다. 즉 문무왕이 유언으로 동해상에 화장을 명했는데 과연 이렇게 큰 능을 하였을까 의심하면서도, 화장을 해서 이곳에 뼈를 묻어 능이 된 것이 아닐까 추측하고 있다. 신라 여러 왕의 공덕이 많지만 무열왕, 문무왕 부자의 공이 제일 큰데, 무열왕은 이미 귀부가 있는 능이 있으므로 이를 문무왕릉이라 하여 서로 전하여 믿게 된 것이라고 변론을 하고 있다. 암서의 시와 설명을 통해 볼 때 수西龍의 방문 이후에도 경주에서는 의문을 가지면서도 괘릉을 문무왕릉으로 보고 있음을 알 수 있다.

괘릉에 대한 『경주읍지』(권3 능묘조)의 정리는 부윤 권이진(權以鎭)이 능변(能辯)에서 『삼국유사』의 예를 들어 원성왕릉은 아마도 지금 괘릉일 것이라는 설과 부윤 홍량호 문집인 『이계집』에 나오는 문무왕릉비에 대한 언급, 그리고 참봉 유의건이 지은 「나릉진안설」을 들고 있다. 그리고 나서 3사람의 변론을 살펴보면, 역대 왕릉의 참과 거짓을 밝혀내기 어려운 점이 많아 이제 괘릉을 문무왕릉이라 한 것을 고증하여 믿어야 할지 알지 못할 뿐이라고 하여 의심을 정리하지 못하고 있다.

그러나 1960년 대 신라삼산오악조사단의 토함산 서록 감산사지와 숭복사지 조사는 괘릉을 원성왕릉으로 인정하는 계기가 되었고, 변영섭은 괘릉의 피장자를 원성왕으로 인정하였다.[29] 임영애는 괘릉이라는 표현

---

28) 『암서선생문집(巖棲先生文集)』권5 詩 掛陵 或稱文武王陵 然按史文武王將薨 遺命火葬東海上 果爾豈有大塚儀衛如今所云 抑旣燒而藏骨於此 因以起陵耶 詳 陵制 非有大功德 不足以得此 而新羅諸王功德之盛 無如武烈文武父子 武烈旣自 有大龜之陵 則謂此爲文武陵 固亦相傳之可信者 回望鷄林路幾何 掛陵松柏夕陽 多 三韓統業今安在 翁仲西風淚欲波.

29) 변영섭, 1975, 「괘릉고」『이대사원』12, pp.76-78.

을 대신해 바로 원성왕릉이라고 표현하고 있다.[30]

4. 곡릉(鵠陵)에서 괘릉으로

최치원의 「대숭복사비명」은 왕명에 의해 찬술된 3기의 선사비문과 함께 사산비명(四山碑銘)의 하나로 회자되어 온 비문이다.[31] 이 비명은 대숭복사를 중창하면서 왕명을 받은 최치원에 의해 찬술되어진 것인데 원성왕의 사후 원성왕릉의 조성경위가 자세히 언급되어 있다.

원성왕의 죽음에 따른 사료를 살펴보면 다음과 같다.

> (9) 14년 12월 29일에 왕이 돌아가니 시호를 원성이라 하고 유명(遺命)으로 영구(靈柩)를 봉덕사 남쪽에서 소화(燒火)하였다.[32]

> (10) 능은 토함산 서동 곡사(吐含岳 西洞 鵠寺)【지금 숭복사】에 있으니, 최치원이 찬한 비가 있다.[33]

> (11) 정원(貞元) 무인년 겨울에 이르러 능모시는 일을 교칙으로 남겼는데, 인산(因山)을 하려 하나 터를 정하기가 매우 어려웠다. 부득이 곡사를 옮기고 그곳으로 능을 옮기려 하였다.[34]

원성왕은 자신의 널을 봉덕사 남쪽에서 화장하도록 명하였는데, 그의

---

30) 임영애, 2002, 「"서역인"인가 "서역인 이미지"인가 : 통일신라미술속의 서역인식」, 『미술사학연구』 236, pp.55-57.

31) 김복순, 1983, 「최치원의 불교관계저술에 대한 검토」, 『한국사연구』 43(1990, 『신라화엄종연구』, pp.166-167.

32) 『삼국사기』 권10 원성왕 14년조.

33) 『삼국유사』 권2 「원성대왕」조.

34) 최치원, 「대숭복사비문」.

능이 토함산 서동 곡사에 있다는 것이다. 원성왕은 화장하도록 명하였지
만, 그의 유골함은 능을 만들어 모신 것으로 유추할 수 있겠다. 그런데
원성왕의 능으로 정한 자리가 곡사라는 사찰이 있는 곳으로, 조정에서는
곡사를 다른 곳으로 옮기고 능을 쓰려 한 것이다. 이 곡사는 원성왕의
외삼촌이 되는 파진찬 김원량이 별장을 사원으로 만든 곳으로, 그 배경
에 바위가 따오기 형상[鵠狀]을 하고 있어 곡사로 이름을 지은 곳이다.

   당시 곡사를 다른 곳으로 옮기고 왕릉을 쓰고자 했을 때 이 일에 대해
의문이 제기되자, 그 지세 상 금계인 사원보다는 옥전인 능묘를 조성하
기에 적당한 곳이어서 사원 자리를 다른 곳으로 옮기게 하고 그 곳을
왕릉으로 하게 된 저간의 사정을 최치원은 상세히 설명하고 있다. 즉 어
떤 이가 좋은 땅을 사원으로 회사하는 예는 있어도 빼앗는 것에 대해
하늘이 허물할 것이라고 반박을 하자, 사원은 거주하면 반드시 교화하여
어디에 가도 화합하지 않음이 없어 화의 땅을 바꾸어 복터로 만들어 백
업토록 위태로운 것을 건져주는 곳임을 강조하고 장례는 날짜가 정해져
있으니 땅을 바꾸어 거주하는 것이 하늘의 이치를 따르는 것임을 들어
설득하고 있다.

   이렇게 원성왕은 사후 유명에 의해 봉덕사 남에서 화장을 하였으나,
능을 쓸 곳을 정하지 못하여 장소를 찾고 있다가 곡사로 택하고, 곡사를
인근으로 옮겨 다시 조성해 주기로 한 것이다.[35]

> (12) 사원(紺宇)를 개창(改創)할 때에는 인연이 있는 대중이 서로 이
> 끌고 와서 옷소매가 이어져 바람이 통하지 않고, 송곳을 꽂을
> 땅조차 없을 정도였으니, 이는 마치 5리의 안개를 피우는 술법
> 을 배우려고 사람들이 달려와서 저잣거리를 이룬 것이나 한때
> 설산의 법회에 대중이 화열하며 모여든 것을 연상하게 하였다.
> 그리하여 기와와 재목을 거두고 경전과 불상을 봉대(奉戴)하는

---

35) 최치원, 「대숭복사비문」.

일에 있어서도 서로 번갈아 수수(授受)하며 경쟁적으로 정성을
바쳤으므로, 역부(役夫)가 반걸음도 옮기기 전에 석자(釋子)가
편히 거할 곳이 벌써 이루어졌다. 구원(九原 왕릉)을 조성할 때
에는 비록 왕토라고 말은 하지만 실제로는 공전이 아니었으므
로, 왕릉 주변의 토지를 좋은 값으로 매입하여 구롱(丘隴) 200
여 결을 보태었으며, 그 대가로 도합 2천 점(苫)의 도곡(稻穀)을
보상하였다. 그리고 뒤이어 유사(有司)에게 명하여 기전(畿甸)
의 고을 사람들과 공동으로 나무를 베어 길을 내고 소나무를 분
담해서 주위에 심도록 하였다.[36)]

그리고 원래 곡사가 있던 곳에 땅을 좀 더 사서 원성왕의 능역을 마련
한 것인데, 이 때 조정에서는 2000섬[苫]을 치르고 땅을 사서 능역에 보
태어 왕릉을 썼다. 최치원 비문의 중요성은 괘릉이 원성왕릉이라는 사실
을 밝혀 주었을 뿐 아니라 일제 식민사관 비판의 가장 중요한 근거인
'토지국유제'설을 정면으로 반박할 수 있는 토지 수수 자료가 제시되고
있다는 점이다.[37)] 또한 신라 법회의식에서 하루 6번을 행하는 6시 예불
이 존재했음을 알려주는 예가 나오기도 한다.

그런데 이 원성왕릉은 이후 곡릉(鵠陵)으로 지칭되어 나온다는 점이
다. 최치원의 사산비명 가운데 또 다른 비문인 「지증대사비문」에 원성
왕릉과 관련지을 수 있는 곡릉이라는 용어가 나오는데, 괘릉과 관련하여
매우 중요한 단어로 지적할 수 있겠다.

> (13) 증태사(贈太師) 경문대왕은 마음속으로 3교를 융회한 분으로서,
> 법륜을 굴리는 대사를 무척 만나고 싶어 하였다. 멀리서 대사를
> 깊이 사모하며 자기에게 나아오기를 바라는 마음에서 서한을
> 부쳐 보내기를, "이윤(伊尹)은 걸림 없이 나아와 자신을 보여 주

---

36) 「대숭복사비문」.
37) 이우성, 1965, 「신라시대 왕토사상과 공전」『효성조명기박사화갑기념불교사학
　　논총』, p.19.

었는데, 송섬(宋纖)은 자신을 드러내려 하지 않았습니다. 유교를 불교에 견준다면 가까운 곳에서 시작하여 먼 곳으로 가는 종교라고 할 것입니다. 왕도 주변의 산중에도 자못 아름다운 곳이 있어서 새가 나무를 가려 앉듯 고를 수 있을 것이니, 봉황의 자태를 드러내는 일을 아끼지 말아 주십시오." 하였다. 그리고 근시 중에서 적임자를 엄선하여 곡릉(鵠陵, 원성왕)의 후손인 김입언(金立言)을 사신으로 보냈는데, 일단 왕의 분부를 전하고 나서는 대사에 대한 제자의 예를 갖추었다.[38]

위의 사료에 의하면, 경문왕은 당시 이름을 떨치고 있던 지증대사를 만나고 싶은 마음에 근시(近侍) 중에서 적임자를 엄선하여 사신으로 보냈는데, 그 사신으로 간 이가 바로 곡릉곤손(鵠陵昆孫)이었다. 최치원이 곡릉이라 한 것은 위에서 언급하였듯이 원성왕의 사후 조정에서 능을 쓸 곳으로 곡사를 지정하게 되어 곡사를 근처로 옮겨주고 그 자리에 원성왕릉을 썼기 때문에, 최치원은 원성왕릉이 곡사 자리에 쓰여진 왕릉이라 하여 곡릉이라 한 것이다. 또한 곤손은 근시로서 원성왕의 6대손 김입언을 말한다. 따라서 곡릉곤손은 원성왕의 후손 김입언으로, 최치원이 비문에서 희화하여 곡릉곤손이라 부른 것이다.

이를 정리해 보면, 원성왕은 널을 들어 봉덕사 남쪽에서 화장을 택해(擧柩燒於奉德寺南) 장례를 지냈으나 능역을 정하지 못해 고심하다가 곡사를 이전시키고 그 땅에 원성왕릉을 썼기 때문에 최치원에 의해 곡릉이라는 표현이 생긴 것이라고 할 수 있다.

그렇다면 이 원성왕릉을 놓고 괘릉이라는 호칭은 어떻게 붙여진 것일까 하는 점이다. 결론부터 말하자면 최치원에 의해 불리어진 곡릉이 조선 후기에 괘릉으로 불리면서, 원성왕의 장례기사가 합해져 널을 걸었다

---

38) 「지증대사비문」, 贈大師景文大王 心融鼎敎 面謁輪工 邈深爾思 覬俾我卽 乃寓書曰 伊尹大通 宋纖小見 以儒辟釋 自邇陟遠 旬邑嚴」居 頗有佳所 木可擇矣 無惜鳳儀 妙選近侍中可人 鵠陵昆孫 立言爲使 旣傳敎已 因攝齊焉.

는 후일담이 생긴 것으로 추정된다.

조선 후기의 유학자들이 최치원의 4산비명을 널리 애용하고 있음이 보인다. 먼저 이수광은 『지봉유설』에서, 어머니를 일컫는 아미(阿彌)는 최치원의 진감비서에 나온다면서 대개 본래는 당나라말이라고 하였다. 또한 "'최치원의 진감비서에 사(師)의 속성은 최씨요. 그 조상은 한나라 사람이다. 수나라 군사가 요동을 칠 때 고구려에게 몰락하여 전주 금마 사람이 되었다'고 한다. 지금 완산 최씨라고 하는 것은 대개 이 성씨이다. 혹은 말하기를 '진감은 치원과 같은 성이다'라고 한다. 세속에서 말하기를, '검단선사가 곧 진감이다'고 했다. 최치원은 그 비문의 서를 지어 '선사는 그 모습이 거무스름해서 모든 사람들은 그를 흑두타라고 한다'라고 한 것이 이것이다. 나는 이같은 말을 노승에게서 들었다."고 하였다.[39]

다음으로 이덕무의 『청장관전서』[40]에는 최치원의 「대낭혜화상비」, 「지증대사비」, 「진감선사비」와 「한죽당섭필(寒竹堂涉筆)」하의 나려석각 (羅麗石刻)에는 최치원의 비문들이 나온다. 이외에 정약용 등의 저술에도 최치원 관련 비문들이 보인다.

이수광이 언급하고 있는 노승은 당시 『사산비명』을 주해한 승려들과 연관되었거나 이를 애독한 승려였을 것으로 추정된다. 사실상 최치원의 사산비명은 이들 주석이 없었다면 우리가 오늘날과 같이 자유롭게 이용하기가 어려웠을지 모르겠다. 잠시 그 내용을 살펴보면, 만력연간(1573-1619)에 철면노인 중관 해안이 『고운집』에서 4편의 비명을 뽑아 주석을 붙여 하나의 독립된 책으로 만들고, 연담 유일이 내용을 덧붙였으며, 몽암 매영과 두륜사문 각안(頭輪沙門 覺岸) 범해로 계승되어 주해가 보강되었고, 순조 년간에 홍경모가 새로운 주해를 더하였다.[41] 이렇게 조선

---

39) 『지봉유설』 권18 외도부 선문(外道部 禪門).
40) 『청장관전서』 권68 「한죽당섭필」 상 신라명승비.
41) 최영성 역주, 2004, 『최치원전집』 1 -사산비명- 「해제」, 아세아문화사, pp.17-22; 최남선, 1947, 『조선상식문답속편』, p.276; 이상현 옮김, 2009, 『고운집』,

후기의 사산비명에 대한 열기가 이수광과 이덕무, 정약용 등에 전해지면서, 경주지역의 인사들도 최치원의 사산비명을 익히 보았을 것으로 생각되며, 원성왕릉을 지칭하는 곡릉에 대한 내용을 알고 있었을 가능성이 큰 것으로 추정된다. 이에 『동경잡기』에 나오는 괘릉의 속설과 합해져 이름 모를 신라 왕릉으로 변화되었다가 문무왕릉으로 알려지게 된 것이 아닐까 한다.

그럼 조선 후기의 유학자들이 괘릉을 문무왕릉으로 보고자 했던 이유와 그 시기를 추정해 볼 차례이다.

문무왕의 장례기사는 "7월 1일에 왕이 돌아가니, 시호를 문무라 하였다. 여러 신하가 유언에 의하여 동해구 대석상(대왕암)에 장사하였다. 속전에는 왕이 용으로 화하였다 하여 그 돌을 대왕석이라 한다. ...중략... 임종 후 10일에 고문 외정에서 서국(인도)식에 의하여 화장할 것이며, 복기의 경중은 본래 상규가 있으니 상제는 힘써 검약을 좇을 것이다."42)는 내용과 『삼국유사』 권2 「문호왕 법민」조와 「만파식적」조에도 비슷한 내용이 전한다. 그러나 무엇보다도 문무왕릉비문(文武王陵碑文)에 "도는 귀히 몸은 천히 여기셨네. 불전을 공경히 맛보고자, 장작을 쌓아 장사하게 하니 … 바다에 뼛가루를 날리셨네(貴道賤身 欽味釋典 葬以積薪 滅 紛骨鯨津)"라고 하였으므로 괘릉과는 무관함을 알려준다.

반면에 원성왕의 장례기사는 "겨울 12월 29일에 왕이 돌아가니 시호를 원성이라 하고 유명으로 널을 들어 봉덕사 남에서 불태우라고 하였다"43)고 하였으므로, 위의 속설들이 나올만한 내용을 가지고 있다.

따라서 이 자료들을 종합해 보면, '문무왕비'편의 출토를 근거로 근처의 능들 가운데 가장 훌륭한 괘릉을 문무왕릉이라고 하였을 가능성이 있

한국고전번역원, p.29.

42) 『삼국사기』 권7 문무왕 21년조.

43) 『삼국사기』 권10 원성왕 14년조, 冬十二月二十九日, 王薨, 謚曰元聖, 以遺命 擧 枢燒於奉德寺南.

다. 다시 말하자면 이계 홍량호가 발견하였다는 문무왕릉비와 괘릉은 관련이 없지만, 후대인들이 1843년에 간행된 『이계집』에 가탁하여 괘릉을 문무왕릉이라고 불렀을 가능성이다.

문무왕은 신라의 삼국통일을 주도하고 당나라군을 몰아낸 훌륭한 군주인데 그가 화장을 하고 산골 내지 장골 사실을 인정하고 싶지 않은 경주 사대부들은 경주에서 제일 잘 조성되어 있는 신라왕릉 가운데 괘릉을 선택하여 이를 문무왕릉의 의릉으로 만들어 낸 것이라 생각된다. 즉 그 존재가 제대로 확인되지 않은 괘릉을 문무왕의 명성에 걸맞는 의릉으로 비정하고픈 의도에서 나온 것이 그 이유로 생각된다.

그 시기는 『동경잡기』와 『문헌비고』가 편찬된 1670년 이후 1872년 사이였을 것으로 생각된다. 『동경잡기』 이후에 나오는 기록인 『택리지』 등에는 괘릉이 경주의 유명 사적으로 되어 있었다가, 연재 송병선(1836-1905)의 「유교남기」에는 괘릉이 문무왕릉으로 변해 있기 때문이다. 특히 주목되는 것은 정조 때인 1792년에는 신라의 왕릉 28기 가운데 문무왕릉이 들어 있었으나, 『문헌비고』가 편찬될 당시 30기의 왕릉 가운데 문무왕릉이 빠지고 있다는 사실이다. 이는 정조 이후에는 점차 괘릉이 문무왕릉으로 굳어지게 된 시기를 알려주는 것이 아닌가 한다. 또한 경주에서는 문무왕릉비의 발견을 언급한 『이계집』의 예를 들어 무열왕릉에 비견되는 문무왕릉을 상정하고자, 괘릉을 문무왕릉으로 회화하였을 가능성을 추정해 본다.

5. 맺음말

경주 괘릉은 분명한 신라의 왕릉임에도 불구하고 그 명칭 때문에 능의 주인을 둘러싸고 혼선이 빚어진 곳으로, 본고는 신라 왕릉으로서의 괘릉의 호칭과 능주가 문무왕릉으로 오랫동안 잘못 알려져 온 내력에 대한 역사적 변천 과정을 밝히려는 것이 목적이었다.

첫째, 「나릉진안설」로 촉발된 신라 왕릉에 대한 논의를 정리해 보았다. 화계가 「나릉진안설」에서 제시한 신라 왕릉 11기와 영조 6년(1730) 이후 17기가 더해진 것이 문제제기가 된 내용이다. 이를 정조 때의 기록인 『홍재전서』와 『일성록』의 사료에 나오는 28기의 왕릉 명칭을 대비하여, 그동안의 잘못된 내용을 수정하였다. 즉 『신증동국여지승람』에 나오는 10기의 신라 왕릉에 영조 6년 18기가 더해져 정조 때 28기에 대한 보살핌과 수호문제가 나온 것으로 본 것이다. 또한 신라 왕릉에 관한 문헌의 검토에서 시작하여 현전하고 있는 왕릉 문제까지를 개관해 보았다.

둘째, 괘릉은 조선 후기에 가서야 그 명칭이 등장하였으나, 이후 누구의 능인지도 모르고 괘릉이라는 호칭으로 불리어졌고, 이내 문무왕릉으로 알려져 내려왔다. 이러한 내역을 조선 후기 유학자들의 경주 유력기를 통해 살펴보았다.

셋째, 최치원의 사산비명 가운데 「대숭복사비문」에 나오는 원성왕릉의 조성 경위를 살펴보고, 「지증대사비문」에서 원성왕의 후손을 곡릉곤손으로 표현한 데서 괘릉이 비롯되었을 가능성을 염두에 두었다. 그리고 조선 후기 실학자를 비롯한 유학자들 사이에 사산비명이 유행한 저간의 사정을 통해 조선 후기에 곡릉에서 괘릉으로 변화해 갔을 것으로 추정해 보았다.

※ 추기 : 『해동지도』에 괘릉(지도에 표시)이 나오는데 연대미상이어서
그 내용을 넣기가 주저되어 지도만 부기한다.

제IV부 여 설

제1장 나말여초 전환기와 경순왕

1. 머리말

경순왕은 신라말 고려초라는 전환기에 살면서 신라의 마지막 임금으로 고려에 귀부하였다. 그는 당시의 혼란스러운 정국에 처하여 정통 왕조의 향방을 어떻게 정하는 것이 옳은 것인가 하는 선택의 기로에 놓여 있었다. 결국 고려로의 항복이라는 치욕스러운 길을 택하게 됨으로써, 한편으로는 일신의 안위를 꾀하였다는 비판을 받기도 하고, 한편으로는 자신과 신하들, 신라문화를 보존시킨 측면에서 긍정적인 평가를 받고 있기도 하다. 근래 신라의 귀부과정 등 후삼국을 둘러싼 정국에 대한 연구가 잇달아 나옴으로써 경순왕에 대한 이해를 한층 높일 수 있게 되었다.

본고는 신라 말의 정국과 지식인 동향을 중심으로 나말려초의 전환기를 살펴보고, 경순왕이 즉위하게 된 배경과 고려로 귀부하는 과정을 후삼국의 정국 속에서 정리해 보고자 한다. 그리고 경순왕 귀부가 가지는 역사적 평가에 대해서도 간략히 언급해 보도록 하겠다.

2. 신라 말의 정국과 지식인 동향

나말여초의 전환기는 신라 진성여왕 3년(889) 상주지방에서 일어난 농민반란을 시점으로 해서 고려의 집권체제가 정비되는 성종 대(981-997)까지의 100여년을 말한다. 여기서는 주로 신라 하대의 정국과 시식인 동향에 한정하여 보고자 한다.

9세기 신라는 왕도와 지방이 점차 분리되어 가는 징후들을 나타내었다. 그것은 왕도의 번영과 사치에 따른 지방사회의 위축을 그 이유로 보고 있다.[1] 신라왕으로서는 처용으로 대변되는 동해안 지방 세력을 왕도에 데려와 벼슬을 주고 왕정을 보좌하게 하는 등 포섭정책을 펴기도 하였지만, 결국 실패로 돌아가고 왕도와 지방은 점차 괴리되는 현상이 나타나게 되었다.[2]

특히 헌강왕이 포석정과 금강령으로 놀러 갔을 때 남산신. 북악신이 나와 춤을 추었고, 지신인 지백 급간(地伯 級干) 역시 출현하여 춤을 추었는데, 이 때 산신이 "지혜로써 나라를 보살필 자는 시세를 알아서 많이 도망해 가버리고 도시는 장차 파멸이 된다"는 뜻의 지리다도파도파(智理多都波都波)라는 노래를 불렀다. 지신과 산신은 나라가 장차 망할 줄 알았으므로 춤을 추어 경계하게 하였지만 국인이 깨닫지 못하고 도리어 상서가 나타났다고 하여 더욱 오락에 탐닉한 것이다.

민중의 소리라 할 수 있는 '지리다도파도파'의 현상은 신라 하대의 6두품 지식인의 동향에서 확연히 나타나는데, 낭혜화상과 최치원, 그리고 왕거인 등을 대표적인 인물로 거론할 수 있다.

---

1) 이기동, 2005.8, 「9세기 신라사 이해의 기본과제-왜 신라는 농민반란의 일격으로 쓰러졌는가?-」『신라문화』 26, p.9.
2) 이우성, 1969, 「삼국유사 소재 처용설화의 일분석-고려 기인제도의 기원과의 관련에서-」『김재원박사회갑기념논총』, pp.89-127.

낭혜화상은 진골에서 족강(族降)하여 득난(得難)인 6두품이 된 선사 무염이다. 그는 중국 유학승 출신으로 귀국 후 정강왕과 진성여왕의 국사를 지낸 양조국사(兩朝國師)이다. 그는 정치의 요체를 묻는 왕에게 "능력있는 이를 관인으로 쓰라"는 능관인(能官人) 정책을 자문해 준 것으로 유명한데,[3] 실행이 어려운 것을 알고 성주사에서 생을 마친 선사이다.

최치원은 당에서 귀국 후 중앙에서 개혁에 힘쓰려다가 시기하는 이들에 의해 외직으로 밀려난 6두품 문한관이다. 그는 지방의 태수 직을 맡아 민생에 힘쓰다가 마지막으로 시무10여조를 찬진하고는 결국 해인사로 은거해 버렸다. 그는 많은 외교문서와 선사비명, 승전 등을 저술한 문인 유학자로, 지혜로 나라를 다스릴 수 있는 자였다.[4]

왕거인은 이름난 문인이었지만 조정에 출사할 뜻을 잃고 대야주에 숨어살고 있었다. 그가 갑자기 붙잡혀 와서 처형까지 당하게 되었다. 죄목은 "南無亡國 刹尼那帝 判尼判尼蘇判尼 于于三阿干 鳧伊娑婆訶(나무망국 찰나나제 판니판니소판니 우우삼아간 부이사바하)"라는 '여왕과 두 소판, 부호부인이 나라를 망친다'는 뜻의 비방하는 글을 거리에 붙인 장본인이라는 것이었다. 그는 너무나 분하고 원통하여 "우공(于公)이 통곡하자 3년이나 가물었고, 추연(鄒衍)이 비통함을 머금으니 5월에 서리가 내렸도다. 지금 나의 깊은 시름 돌아보매 옛일과 같은데, 하늘은 말없이 맑게 개어 푸르기만 할 뿐인가"라는 시를 써서 감옥의 벽에 붙였다. 그

3) 전미희, 1989, 「신라 경문왕·헌강왕대의 능관인 등용정책과 국학」 『동아연구』 17, pp.45-59.
4) 김복순, 1987, 「최치원의 법장화상전 검토」 『한국사연구』 57, pp.1-24, 전기웅, 1987, 「나말여초의 지방사회와 지주제군사」 『경남사학』 4, pp.32-33에서 신라 말 지방 세력의 등장과 관련하여 최치원은 지방대책을 시무책의 일환으로 제시하였을 것으로 추측하고 지주제군사(知州諸軍事)로 나타났을 것으로 추정하고 있다.

날 저녁에 갑자기 구름과 안개가 덮이고 벼락이 내리치면서 우박이 쏟아졌다. 왕이 두려워 왕거인을 풀어주고 돌아가게 하였는데, 당시 신라 조정이 지식인을 대하는 현주소를 보여주는 사건인 것이다.[5]

널리 알려진 바와 같이 진성여왕은 즉위하자 곧 대사면과 주현의 조세 면제를 통해 민심을 안정시키고 이듬해에는 향가집『삼대목』을 편찬하였다. 그러나 3년(889)에 접어들면서 국고가 고갈되자 조세를 독촉하게 되었다. 구체적으로 사신을 보내 재촉하자, 원종과 애노가 상주에서 반란을 일으킨 것을 계기로 전국에서 우후죽순처럼 반당들이 생겨나 이들은 점차 궁예와 왕건, 견훤으로 정리되면서, 후삼국기가 시작되었다.

궁예는 초적들의 무리를 모은 적당(賊黨)을 주요기반으로 성립된 정권으로 보고 있다. 그는 개인적으로 신라왕실에 대한 원한과 함께 고구려 계통의 유민에 영합할 필요 등에서 신라타도를 내세워 세력을 키워나갔다. 견훤은 신라 군인 출신으로 지방반란세력과 초적·해적을 통합하면서 군사력의 우세를 가지고 세력을 확장하였다. 특히 정치와 외교에서 기민한 수단을 보인 것으로 평가되고 있다. 반면 왕건은 토착호족세력 출신으로 궁예가 쌓아 놓은 기반 위에서 출발하였으나, 새로운 질서를 향해 나아가려는 의지를 표명하고 인심귀복을 위한 노력을 보여 중세를 지향하려는 모습을 나타낸 것으로 보기도 한다.[6]

후삼국기는 세력 확장을 위해 서로 간에 끊임없는 전투가 벌어지기도 하였지만, 각 국은 인심귀복을 위해 신망있는 지식인들을 초치하기도 하였다. 특히 신라 하대부터 많은 선승들의 귀국이 있었다. 그것은 중국의 회창(會昌, 841-846) 연간에 일어난 폐불(廢佛)과 깊이 연관되어 있었다. 당의 무종은 20만이 넘는 승려들을 환속시켰을 뿐 아니라, 외국인 승려

---

5)『삼국사기』권11 진성왕 2년조.
6) 김철준, 1970,「한국 고대사회의 성격과 나말여초의 전환기에 대하여」『한국사 시대구분론』, pp.45-46.

들을 본국에 돌아가도록 조칙을 내린 것이다. 이에 많은 중국 유학승들
이 신라로 돌아오게 되었고, 이들은 거의 지방의 사원에 거주하였다. 다
만 이들 가운데 명망이 높아 많은 이들이 찾는 선승들은 국왕이 국사로
임명하거나 초청하여 법문을 듣고 정치의 요체를 묻는 정도였다. 이들은
신라에서 선종이 부흥하도록 하기 위해 신라 왕실과의 관계를 중시하였
으나, 점차 신라의 운명을 감지하고 왕경에 머물기 보다는 되도록 자신
이 머무는 사찰로 돌아가기를 원하였다.

한편 이들은 지방에 거주하면서 지방호족들의 복전(福田)이 되어 주
기도 하였다. 도선과 같은 이들은 신라 왕도만이 명당이 아니라 사탑을
세워 좋지 않은 기운을 누르거나 보완하면 명당이 될 수 있다는 비보사
탑설(裨補寺塔說)을 제기하여 전국의 많은 곳이 명당임을 역설하여 호족
들이 자립할 수 있는 사상적 근거를 마련해 주었다.[7] 이른바 지방의 기
운이 점차 수도를 압박할 정도로 성장해 나갈 정당성을 찾게 된 것이다.

견훤과 왕건 역시 중세적 지성이라 할 수 있는 6두품 출신의 문인들
과 새로운 사회로의 변화를 원하는 선사들을 모셔갔고, 이들은 새로운
지배이념을 제공하였다.

그러나 1000년 가까이 정통왕조로서의 영예를 지켜 온 신라에도 많
은 선사들이 왕명으로 수도를 방문하여 국정을 자문하였다. 신라왕들은
최치원과 같은 문인들에게 이들의 비명을 짓게 하였다. 선사들은 지방의
사원에 거주하면서 민심순화와 인심귀복에 힘씀으로써 쓰러져가는 왕조
를 지탱해 주었다.

---

7) 최병헌, 1975, 「도선의 생애와 나말여초 풍수지리설-선종과 풍수지리설의 관계
를 중심으로 하여」『한국사연구』11, pp.142-143.

3. 경순왕의 즉위 배경

경순왕은 문성왕의 후손인 진골귀족으로 이찬 효종의 아들이다. 어머니는 헌강왕의 딸로 효공왕의 누이동생인 계아태후이다. 그러나 경순왕은 태자로서 순조롭게 왕위에 오른 인물이 아니다. 엄밀히 말하자면 적도(賊徒)라 할 수 있는 견훤에 의해서 전 왕과 왕비 등이 시해되고 꼭두각시 왕으로 즉위한 것이다. 그렇다고 해서 그가 왕이 될 자격이 없는데 왕이 되었다는 것은 아니다.

본 절에서는 그의 즉위 배경과 관련된 연구사를 정리해 보고, 후삼국의 역학관계 속에서 경순왕의 즉위를 살펴보도록 하자.

경순왕의 즉위 배경에 관련된 연구사는 주로 견훤의 신라 왕도 침입 사건을 어떠한 시각에서 보는가에 따라 상반된 견해가 노정되어 있다. 하나는 견훤이 신라에 대한 적대감에서 왕경을 급습하여 포석정에서 주연을 베풀고 오락을 즐기던 경애왕을 시해하고 김부를 경순왕으로 세웠다는 것이다. 또 하나는 김효종을 제치고 왕위에 오른 신덕왕 시절부터 재기를 꿈꾸던 김씨 진골세력이 군사력의 열세를 모면하기 위해 견훤세력을 끌어들여 경애왕을 시해하고 김부를 왕위에 앉힌 것으로 보는 입장이다.[8]

후자의 경우 후백제 견훤을 연구하는 측면에서 본 시각이다. 견훤의 신라 침입의 명분을 신라 왕실의 내분 즉 김씨 왕이 아닌 박씨 왕의 등장에 따른 분열과, 경애왕이 국상 김웅렴(金雄廉)을 통해 고려와 연결하려고 한 사실을 들어, 박씨 왕인 경애왕의 정통성에 문제를 제기하고 있던 김씨 진골세력들의 불만을 이용, 친고려 정책을 펴고 있던 경애왕을 제거하기 위해 경주로 쳐들어 간 것으로 본 것이다.[9]

---

8) 조범환, 1991, 「신라말 박씨왕의 등장과 그 정치적 성격」『역사학보』129, pp.17-20.

그러나 전자의 입장에서 후자의 견해에 대해, 나라의 명운이 위태로운 상황에서 외세를 끌어들였다는 주장에 대한 회의와, 박씨와 진골 김씨의 대립은 추론에 불과하다는 점, 경순왕의 친고려 정책을 들어 반박하고 있기도 하다.10) 또한 경애왕의 지나친 친고려 정책이 후삼국의 불균형을 가져왔으므로, 견훤은 고려와 신라의 연합관계를 타파하고 후삼국의 주도권을 장악하기 위해 군사력이 약한 신라를 침입한 것으로 보고 있다.11)

다음은 후삼국의 정치적 상황과 대외관계에 대해 살펴보도록 하겠다. 먼저 신라와 궁예와의 관계이다. 신라의 효공왕은 후사가 없었으므로, 경순왕의 아버지인 김효종이 유력한 왕위계승자였으나, 모종의 암투와 책략을 구사한 것으로 알려진 박씨 계의 신덕왕이 뒤를 이어 즉위하였다.12) 결국 김효종은 왕위계승에서 신덕왕에게 밀렸고, 경명왕에 이어 경애왕으로까지 박씨 왕이 이어지게 되었다.

김효종은 젊어서 화랑으로써, 그를 따르던 1천여 낭도집단을 거느렸던 효종랑이었다. 그는 효녀 지은의 일로 곡식을 모아주기도 하였는데, 진성여왕이 이 일을 알고 곡식 500석과 집 한 채를 하사한 일이 있었다.13) 그런데 그는 효공왕 대에 시중으로 활동하고 있어 정치적, 군사적, 경제적인 역량이 있었으며, 이는 곧 사병을 거느릴 수 있는 세력을 가진 것임을 알려주고 있다. 왕위계승에서 밀려나기는 하였지만 김효종에게는 아들인 김부가 있었고, 김씨계는 여전히 고위관직에 있으면서 국정을

---

9) 신호철, 1993, 『후백제 견훤정권 연구』, pp.116-118.
10) 김갑동, 1994, 「신라의 멸망과 경주세력의 동향」『신라문화』10·11합집, pp.152-154.
11) 음선혁, 1997, 「신라 경순왕의 즉위와 고려 귀부의 정치적 성격」『전남사학』11, pp.121-126.
12) 조범환, 1991, 위의 논문, p.17.
13) 『삼국사기』권48 「효녀 지은」전, 『삼국유사』권5 「빈녀양모」조.

좌우하고 있었다.

궁예는 900년 충주, 청주, 괴산 등으로까지 세력권에 넣으므로써 후백제, 신라와 경계를 접하면서, 새로운 지배세력으로 등장하였다.

> 1) 궁예가 병사를 몰아 우리의 변방 읍을 침딜하며 죽령 동북쪽에 이르렀다. 왕이 강역이 날로 줄어든다는 소식을 듣고 매우 근심하였으나, 막아낼 힘이 없었다. 여러 성주에게 명하여 조심하여 나가 싸우지 말고 튼튼히 지키도록 하였다.14)

궁예는 신라 왕실 출신이었으나, 버림받아 애꾸가 되는 등 갖은 고초를 겪은 까닭에, 부석사에 있던 신라왕의 초상을 칼로 내려치기까지 하였다. 신라는 효공왕 이래 궁예와 적대관계에 있었음을 아래의 사료가 잘 보여주고 있다.

> 2) 선종(善宗)이 강성함을 자만하여 병탄하려는 뜻이 있어 나라사람들로 하여금 신라를 멸도(滅都)라고 부르게 하고 무릇 신라로부터 오는 사람들은 모두 주살하였다병사를 몰아 우리의 변방 읍을 침탈하며 죽령 동북쪽에 이르렀다. 왕이 강역이 날로 줄어든다는 소식을 듣고 매우 근심하였으나, 막아낼 힘이 없었다.15)

> 3) 천우(天祐)3년 병인(906)에 궁예가 태조에게 명하여 정기장군 금식 등을 거느리고 병사 3,000명을 통솔하여 상주 사화진을 공격하게 하였다. 견훤과 더불어 여러 차례 싸워 그를 이겼다. 궁예가 국토가 넓어지고 병사와 말이 점차 강성해지므로 병탄하려는 뜻으로 신라를 멸도라 부르게 하고 신라로부터 내부하는 자는 아울러 모두 죽였다.16)

---

14) 『삼국사기』 권12 효공왕 9년 8월조.
15) 『삼국사기』 권50 「궁예전」.
16) 『고려사』 권1 태조1.

상주전투에서 승리한 궁예는 이때부터 상주를 근거지로 하여 신라를 병탄할 뜻을 갖게 되었다. 그리고 그가 택한 정책은 멸도정책으로 불리는 반신라 정책이었다. 재미있는 사실은 궁예가 금덕(金德)의 신라를 대신할 왕조가 태봉이라는 의미에서 수덕(水德)을 표방하였다는 것이다.[17] 이는 궁예가 멸도정책을 통해 백성들에게 반신라적 성향을 고양시키고 수덕만세라는 연호를 채택하여 태봉이 신라를 대신할 나라라는 것을 널리 알린 것이다.

신라로서는 궁예에 대해 수성책 외에는 별다른 방도를 찾지 못하고 당하고 있었음을 알 수 있다.

다음으로 신라와 견훤과의 관계를 보면, 그는 신라의 비장 출신으로, 자신을 新羅西面都統 指揮兵馬制置持節都督 全武公等州軍事行全州刺史(신라 서면도통 지휘병마제치지절도독 전무공등주군사행전주자사)를 칭하였다. 신라의 지방을 통치하는 지방관임을 표방한 것이다. 후에 후백제왕을 자칭했을 때나 중국이나 일본과의 외교에서도 이러한 신라의 지방관 지위를 그대로 사용하였다. 925년 후당으로부터 받은 "持節都督 全武公等州軍事行全州刺史 海東西面都統 指揮兵馬制置(지절도독 전무공등주군사행전주자사 해동서면도통 지휘병마제치)"[18] 역시 신라의 지방관으로서의 명칭이었다.

그가 927년 12월, 고려에 보낸 서신에 보면, 신라에 대해 "존왕의 의를 두터이 하고 사대의 정을 깊이 하였다"고 하여 신라를 군신관계의 예로 우대하고 있음을 나타내고 있다. 견훤은 군사적인 우세에 있으면서도 신라에 대해서는 존왕의 예를 취한 것이다.[19] 이러한 점 때문에 신라에서는 견훤을 반적으로 취급하여 일체의 사절을 보내지 않은 것으로 보

---

17) 최병헌, 1978, 「고려시대의 오행적 역사관」『한국학보』13, 일지사, pp.33-34.
18) 『삼국사기』 권50 「견훤전」.
19) 신호철, 1993, 『후백제 견훤정권 연구』, pp.106-109.

기도 한다.[20]

신라는 경명왕(917-923)과 경애왕(924-926)이 재위해 있는 동안 고려가 건국되자, 신라는 후백제의 위협에 대한 대처를 위해 신라에 관후한 태도를 보이는 고려에 사신을 보내는 등 우호적 성향을 보이고 있었다. 이와 함께 후당과의 외교관계를 강화하여 위하여 사신을 파견하기도 하였다. 이는 경명왕과 경애왕이 견훤을 반적으로 취급한 반면, 고려에 대해서는 옛고구려 지역에서 일어난 고구려를 이은 후예로 보고 한 국가로서 대우하였기 때문에 국가적 차원에서 사신을 보냈다는 것이다.[21]

고려 역시 신라와의 관계를 관후한 친신라 정책으로 돌림으로써, 내륙 지역에서 죽령 남쪽 일원에 머물러 있던 남쪽 경계를 아직 신라의 영향력이 남아 있던 경상도 일원으로 확대하고자 하였다.

경명왕 4년(920) 왕은 처음으로 고려에 사신을 보내었다. 고려를 국가로서 인정하고 친교를 원한 것이다. 경명왕은 견훤과 왕건 사이에 사신이 왕래하는 것에 대해 불안을 느꼈을 것이며, 김효종 - 김부의 반대세력이 있었던 사실로 인해 더욱 힘든 상황이었을 것이다. 이에 안으로는 김씨 왕족으로부터의 왕권에 대한 도전을 봉쇄하고 견훤과 고려가 밀착하는 것을 타개하기 위해 고려 왕건에 접근하여 고려와의 동맹을 맺은 것이다.

경명왕의 고려와의 화친관계는 후백제를 자극하였고, 이에 따른 경명왕 4년 견훤의 대야성과 진례성 침입은 오히려 고려와 신라의 관계를 더욱 밀착시키는 결과를 가져오게 되었으므로, 이후 견훤의 대신라 정책은 변화를 가져올 수밖에 없는 정국으로 치닫게 되었다.[22]

---

20) 김갑동, 1994, 위의 논문, pp.154-155.
21) 김갑동, 1994, 위의 논문, pp.155-158.
22) 『삼국사기』 권12 경명왕 4년 10월조, 『고려사』 권1 태조3년 10월조에, 경명왕이 고려에 구원을 요청하자, 고려는 신라에 친선 사절을 파견하여 교빙하고 김율을 구원사로, 견권을 달고적 섬멸의 장군으로 파견하여 신라를 도와주었다.

경명왕의 뒤를 이은 경애왕 역시 왕건에게 사신을 보내는 등 친고려 정책은 지속되었다. 그러나 견훤군과 왕건군이 군사적으로 대립하게 되면서 고려 측이 밀리자, 왕건은 견훤에게 화해를 청하여 상부라 칭하고 조카 왕신을 인질로 보내었다. 견훤도 조카 진호를 고려에 보내 서로 간에 화친하게 되었다. 이에 경애왕은 크게 당황하여 고려에 사신을 보내어 견훤은 이랬다저랬다 거짓이 많으니 화친할 수 없다고 하였다. 또한 조카 진호가 죽은 사실을 안 견훤이 웅진으로 진격하여 고려를 치자, 왕건이 성문을 닫고 수비를 명하였다. 이 소식을 들은 경애왕은 견훤과 싸울 것을 주장하는 사신을 고려에 파견하기도 하였다.[23] 이에 더하여 927년 왕건이 후백제 용주를 치자 경애왕이 직접 군대를 보내기까지 하였다.

이러한 경애왕의 행보는 견훤을 자극하였고, 결국 견훤을 왕경으로까지 불러들이는 결과를 초래하였다.[24] 고려와의 동맹을 강화하여 견훤정권을 말살시키려 한 것이 오히려 견훤의 침공을 받아 목숨까지 잃고 만 것이다.

> 4) 9월에 견훤이 근품성을 공격하여 소각하고 나아가 신라 고울부(高鬱府)를 습격하였으며 신라 서울 가까이까지 육박하였다. 신라왕이 연식을 보내 구원을 청하였다. 왕이 시중 공훤, 대상 손행, 정조 연주 등에게 말하기를, "신라가 우리와 친선한 지가 이미 오래 되었다. 지금 신라가 위급한 지경에 처하였으니 구원하지 않을 수 없다"라 하고 공훤 등에게 군사 1만 명을 거느리고 가서 구원하게 하였다. 이들이 채 도착하기 전에 견훤이 신라 서울로

이에 앞서 후백제는 고려에 사신을 보내 공작선과 지리산 죽전을 선물하여 고려의 묵인을 요구하였으나, 고려가 신라 편을 들자 이때부터 후백제와 고려는 외교적인 틈이 생긴 것으로 되어 있다.

23) 『삼국사기』 권12 경애왕 3년조, 『고려사』 권1 태조 9년조.
24) 『삼국사기』 권12 경애왕 4년 동11월조.

불의에 처들어갔다. 그때에 신라왕은 왕비, 궁녀, 종실들과 함께
포석정에 나가 연회를 차려 즐겁게 놀고 있었는데 갑자기 적병이
왔다는 소식을 듣고 창졸간 어찌할 바를 몰랐다. 왕은 부인과 함
께 달아나서 성 남쪽 별궁에 숨어 있었다. 시종한 신하들과 악공,
궁녀들은 다 붙들렸다. 견훤은 군사들을 놓아서 약탈을 마음대로
하게하고 자신은 왕궁에 들어앉아서 측근사들로 하여금 왕을 찾
아서 군사들 가운데서 협박하여 자살하게 하였으며 자기는 왕비
를 강간하고 그 부하들을 시켜서 궁녀들을 간음하게 하였다. 그
리고 신라왕의 외종제 김부를 왕으로 세우고 왕의 아우 효렴과
재상 영경 등을 포로로 잡아 자녀들과 각종 장인들과 병기, 보배
들을 모조리 약취하여 가지고 돌아갔다.

경애왕을 제거한 견훤은 곧바로 경애왕의 이종 사촌동생인 김부를 경
순왕(927-935)으로 옹립하였다. 견훤은 고려와 결탁해 온 신라의 정책
기조를 바꾸고자 경애왕과는 반대 정파인 김부를 경순왕으로 옹립한 것
이다.

견훤에 의해 즉위한 경순왕은 아버지 김효종을 대신해서 찾은 왕권을
유지하기 위해, 경애왕의 동생 효렴과 재상 영경을 후백제로 데려가게
하였다. 경순왕으로써는 이들이 난을 일으킬 가능성을 차단하고, 박씨
정권과 밀접하였던 세력을 배제하고자 한 것이었다. 고려와의 관계가 묵
시적으로 멀어지게 된 것을 의미한다고 할 수 있다.25)

5) 왕이 이 소식을 듣고 크게 노하여 사절을 시켜 조문과 제사를 치
   르게 하고 친히 정예 기병 5천을 거느리고 공산 동수(公山 桐藪,
   팔공산 동화사)에서 견훤을 맞아 큰 싸움을 진행하였는데 형세가
   불리하게 되었다. 견훤의 군사가 왕을 포위하여 사태가 매우 위급
   하였다. 고려 대장 신숭겸과 김락이 힘을 다하여 싸우다가 희생되

---

25) 조범환, 1994, 「신라말 경순왕의 고려 귀부」『이기백선생 고희기념 한국사학논
    총』상, pp.409; 2000, 「고려 태조 왕건의 대신라정책」『고문화』55, p.117.

고 각 부대들은 패배를 당하였으며 왕은 겨우 몸만 피하였다. 견
훤은 승리한 기세를 타서 대목군(大木郡, 경북 안동)을 탈취하고
전야에 쌓인 곡식들을 모조리 불살라 버렸다.[26]

견훤의 침입으로 경애왕이 살해되자, 왕건은 사절을 보내고 조제(弔
祭)하고, 친히 정예 기병 5,000을 이끌고 출동하여 공산(公山)에서 견훤
군과 대적하다가 대패하여 장수를 잃고 겨우 살아 돌아간 것을 위의 기
록이 잘 전해주고 있다. 고려로서는 신라를 확보하기 위해 크나큰 희생
을 감수하고 후백제와 결전을 한 것이다.

견훤이 신라 왕도를 장악한다는 것은 고려가 신라 지역으로 확장해
나아가는데 커다란 위협이 될 것을 의미하기 때문이었다.

4. 경순왕의 고려 귀부

후백제 견훤에 의해 옹립된 경순왕은 한동안 중립적인 관망의 태도를
취하고 있었던 듯하다. 후백제는 동진정책으로 상주, 안동으로 진출하
고, 고려는 남진정책으로 상주, 합천, 진주로 연결되는 선을 확보하려 했
으므로 이 둘의 접점인 경상북도 북부지방에서 자주 전투가 일어난 것이
다. 소백산맥 너머의 신라를 누가 차지하느냐에 따라 후삼국의 판도가
정해지는 결정적 요인으로 작용하기 때문이다.

물론 신라는 국력이 극도로 쇠퇴하여 경주일원에서 겨우 연명해 가는
처지였으나, 백제와 고구려를 통합한 통일왕조로서의 명분이 있었다. 실
제로 신라는 큰 힘을 갖고 있지는 못하였지만, 상징적인 지위가 높아 신
라. 후백제. 고려의 관계는 마치 왕실과 제후의 관계와 같았던 것으로

---

26) 『고려사』 권1 태조 10년조.

보고 있다.[27] 이러한 현실은 정통왕실 신라의 지지를 얻는 것이 인심귀복에 심대한 영향을 준다는 판단에서 고려는 신라에 대한 적극적인 회유책을 실행시킨 것이다.

고려는 신라에 대해 강·온 양면책을 구사하면서 신라가 고려에 의지해 오도록 작전을 구축해 나갔다.

우선 고려는 군사적 영향력을 점차 신라 주위로 확대해 나갔다. 경순왕 3년 고려 태조 13년인 930년 고창(古昌, 안동)전투에서 대승을 거두자, 신라 동쪽의 연해 주군 부락이 모두 고려에 항복하였다. 명주에서 흥례부(울주)에 이르기까지 110개성이었다. 경상도 동해안 방면에서의 지배권 확립을 의미하는 것이었다.

한편으로는 온건책도 구사하였는데, 고려가 승전을 알려오자 사태가 고려 쪽으로 기울었음을 인식하게 된 경순왕은 회답사를 보내면서 처음으로 만나기를 청하였다. 그러나 왕건은 이듬해 2월 신라에서 다시 태수 겸용을 보내어 만나기를 청하자, 그제서야 50여 기병의 군사만 거느리고 신라의 왕도를 방문하였다. 고려는 신라의 침입자가 아니라 도와주는 보호자임을 강조하려는 것으로, 왕건의 고도의 외교술이었던 것으로 평가받고 있다.[28]

이 때 태조 왕건은 3개월간이나 신라 왕도에 머물면서 신라왕과 태후, 대신들에게 많은 선물을 하고 돌아갔는데,[29] 신라의 군신들이 마치 부모를 대한 것 같다는 칭송을 들었다 한다. 고립된 왕도의 재정궁핍을 어느 정도 해결해 주었을 것이므로 경순왕 역시 친고려 쪽으로 가닥을 잡은 것으로 보인다.

그러나 결국 이 사건으로 천년 왕조 신라와 고려는 그동안의 군신관

---

27) 하현강, 1974, 「고려 왕조의 성립과 호족 연합정책」 『한국사』 4, 국사편찬위원회, p.59.
28) 김갑동, 1994, 위의 논문, p.158.
29) 『고려사』 권2 태조14년 5월조.

계가 뒤바뀌게 되는 결정적인 계기가 되었다. 경순왕은 4촌 동생인 유렴(裕廉)을 고려에 인질로 보내고, 태조 왕건은 경순왕에게는 금삼과 안장 달린 말을 주고, 신라의 신하들에게 채백(綵帛)을, 군민(軍民)들에게는 차와 복두를, 승려들에게는 차와 향을 각각 차등있게 하사한 것은[30] 이를 알려주는 극명한 사례라 하겠다.

후백제로서는 이러한 사태를 방관할 수 없었으므로, 경순왕 7년(933)에 혜산성, 아불진 등으로 쳐들어 왔다. 이미 기선을 장악한 고려로서는 매우 적극적으로 신라를 원조하였는데, 의성부를 지키고 있던 정남대장군 유금필로 하여금 장사 80명을 거느리고 가서 후백제통군 신검을 물리치고 신라 왕도에 들어가 진무하게까지 하였다.

고려의 적극적인 강·온 양면으로의 공세에도 불구하고 신라는 쉽게 후백제나 고려로 기울어지지 않은 듯하다. 그것은 932년에 후당에 사신을 파견한 경순왕의 태도로 판단해 볼 수 있다.[31]

하지만 고려에서도 이 해 11월에 왕종유를 후당에 파견하였다.[32] 신라의 사신 파견에 이어 고려도 사신을 파견하였다는 것은 신라를 견제하고자 하는 고려의 의도가 있었을 것인데, 실제 후당에서는 고려 태조만 검교태보로 삼고 고려국왕에 책봉하였다.[33] 신라는 국제적으로도 이미 고려에 우선권을 빼앗긴 것을 의식하게 되었고, 외교전에서 신라를 이긴 고려는 대내외적인 자신감을 얻고 신라를 병탄하려한 것으로 보여진다.[34]

신라는 멸망이 가까워 오면서 이에 대한 대처방안들을 논의하였을 가능성이 크다. 그것은 궁예의 멸도정책에 따른 견훤과의 연합, 왕건의 즉

---

30) 『고려사』 권2 태조 14년 8월조.
31) 『삼국사기』 권12 경순왕 6년 여름 4월조.
32) 『고려사』 권2 태조 15년조.
33) 『고려사』 권2 태조 16년조.
34) 이종섭, 1989, 「오대의 고려에 대한 인식」『이화사학연구』33, pp.30-31, pp.33-37; 조범환, 1994, 위의 논문, pp.122-123.

위에 따른 친고려 정책으로 인한 견훤의 내침, 그리고 왕건의 회유와 항복권유 등의 압박에 따른 것일 것이다. 이에 신라조정에서는 532년 신라로 항복해 온 금관가야의 예가[35] 거론되었을 가능성이 크다고 생각된다. 문제는 시기를 어느 때로 잡아야 하는가의 선택이 있었을 뿐으로 생각된다.

이 선택을 해야 할 시기는 엉뚱한 곳에서 영향을 끼쳐 왔다. 후백제 견훤이 고려에 내부해 온 것이다. 후백제는 고려와의 대결에서 고려 쪽으로 전체적인 대세가 기울어지는 듯이 보이자, 견훤은 고려에 타협적인 태도를 취하려 하였다. 그러나 신검 등은 고려에 대해 강경책을 견지하였기 때문에, 견훤은 제4자 금강에게 왕위를 물려주려 하였다.

> 6) 봄 3월에 견훤의 아들 신검(神劒)이 자기 아버지를 금산사에 감금하고 아우 금강(金剛)은 죽여 버렸다. 처음에 견훤의 첩들이 많아 아들 10여 명을 두었는데 그중에서 네째 아들 금강이 키가 크고 지혜가 많았으므로 견훤이 특히 그를 사랑하여 자기 자리를 그에게 전하려고 하였다. 형들인 신검, 양검(良劒), 용검(龍劒) 등이 그 눈치를 알고 고민에 싸여 있었다. 이때에 양검과 용검은 외방에 나가 군무에 종사하였고 신검이 홀로 자기 아버지의 곁에 있었는데 이찬 능환(能奐)이 사람을 시켜 양검, 용검과 음모를 꾸며 신검에게 반란을 일으킬 것을 권하였다.[36]

장자 신검 등이 견훤을 금산사에 유폐하고 스스로 왕위에 오른 사건이 일어나게 되면서, 후백제는 내분의 와중에 휘말리게 되었다.[37] 견훤은 유폐 3개월 만인 여름 6월에 금산사를 벗어나 고려에 귀순하였다. 태조 왕건은 견훤의 귀부에 대광 만세와 장군 유금필을 비롯하여 원보인

---

35) 『삼국사기』 권4 법흥왕 19년조.
36) 『고려사』 권2 태조 18년조.
37) 박한설, 1978, 「후삼국의 성립」 『한국사』3, 국사편찬위원회, pp.649-650.

향예, 오담, 능선, 충질 등 고려의 고위관료들을 대거 해로로 보내 견훤을 맞이하였을 뿐 아니라 그를 상부라 칭하고 궁궐을 주어 살게 하였고, 지위는 백관의 가장 높은 자리에 있게 하였다. 또 양주를 식읍으로 주어 경제적인 기반을 마련해 주었고, 금백(金帛)과 노비 각 40구, 마 10필을 하사하였고, 후백제 사람인 신강으로 하여금 견훤의 아관으로써 그를 보필하게 하였다. 이 사건은 신라에 매우 큰 충격을 준 것으로 생각된다.

경순왕으로서는 이제 시기를 선택해야 하는 중요한 시점에 있었다. 후백제가 완전히 항복하기 전에 대우를 받으면서 고려로 가야하는 택시(擇時)의 순간이 다가오고 있었다. 아마도 왕건은 견훤을 통해 신라 경순왕의 고려 귀부를 종용했을 가능성이 높은 것으로 보는 견해도 있다. 그것은 견훤이 왕건의 극진한 대우에 대한 보답 차원에서 경순왕의 귀부에 일정한 역할을 하지 않았을까 보고 있다.[38]

결국 견훤이 고려로 가고 나서 4개월 만인 10월에 경순왕은 김봉휴를 사신으로 보내 고려로 들어가겠다는 뜻을 전하고 준비를 하게 하였다. 오랜 숙고 끝에 내린 결정이었을 것이지만, 신라 조정 내에서는 왕자를 중심으로 한 반대파의 격렬한 반대가 있었다. 태자는 결국 개골산으로 은거하고 막내 왕자는 화엄종 승려가 되어 해인사. 법수사에 머물렀다 한다.

> 7) 시랑 김봉휴를 시켜 편지를 가지고 가 태조에게 항복을 청하게 하였다. 왕자는 통곡하면서 왕을 하직하고, 그 길로 개골산에 들어가 바위를 의지해 집을 삼고 삼베옷과 나물음식으로 일생을 마쳤다.[39]

> 8) 신라 경순왕이 나라가 약하고 형세가 외롭다고 하여 국토를 들어서 고려에 항복하기를 모의하니 왕자가 말하기를, "나라의 존망

---

38) 신호철, 1993, 위의 책, p.125.
39) 『삼국사기』 권12 경순왕 9년 겨울 10월조.

(存亡)은 반드시 천명이 있는 것입니다. 마땅히 충신. 의사와 더불어 백성의 마음을 거두고 단합하여 스스로 굳게 지키다가 힘이 다한 뒤에 그칠 일이지 어찌 1천 년의 사직으로써 하루아침에 경솔하게 남에게 넘겨 줄 수 있겠습니까" 하였다. 왕이 말하기를 "외롭고 위태함이 이와 같으니 사세를 보전할 수 없는데, 죄없는 백성들로 하여금 (싸워 죽어서) 간과 뇌수를 땅에 깔아 버리게 하는 일을 나는 차마 볼 수 없다"하고, 드디어 사자를 보내어 고려에 항복을 청하게 하였다. 왕자가 울부짖으며 임금을 하직하고, 곧 이 산에 들어가 바위에 의지하여 방을 만들고 삼베옷을 입고 풀을 먹으며 그 몸을 마쳤다고 한다.[40]

고려로의 귀부를 반대하는 태자 일파의 모습이 후대의 기록에 오히려 더 잘 그려져 있고, 이러한 모습들은 설화로 희화되어 남겨지기도 하였다.

경순왕이 고려에 귀부하고자 경주를 떠나 개경에 도착하기까지 9일이 걸렸다.[41] 경순왕의 귀부는 견훤보다 훨씬 더 대대적인 환영을 받았으며, 경순왕을 따라 온 신라의 왕족과 귀족들에게도 토지와 녹을 후히 준 것으로 되어 있다.[42]

경순왕의 고려로의 귀부 이후 고려는 크게 두 가지 정책을 실시하여 신라를 고려에 동화시켰다. 하나는 결혼을 통한 혈연관계를 맺는 것이었고, 다른 하나는 주장(州長)의 임명을 통한 신라 왕도 통제책이었다.

먼저 결혼정책부터 보면, 태조 왕건의 호족과의 결혼정책과 사성(賜姓)정책은 호족을 연합하여 고려로 귀부시키려는 가장 대표적인 정책들

---

40) 『신증동국여지승람』 권47 회양도호부 산천 금강산조.
41) 『고려사』 권2 태조 18년 11월 갑오에서 계묘까지 걸린 경순왕의 귀부길은 경주-안동-영주-죽령-단양-원주-철원-개성의 코스였을 것으로 보는데, 이는 궁예의 태봉 이래 가장 내왕이 잦은 길로서 후백제의 영향이 덜 미치는 지역인 때문으로 보고 있다. 황선영, 2007, 「경순왕의 귀부와 고려 초기 신라계 세력의 기반」 『한국중세사연구』14, p.68.
42) 『고려사』 권2 태조 18년조.

이었다. 크게 보면 경순왕 김부의 경우도 다르지 않았다고 할 수 있다. 태조는 장녀 낙랑공주를 경순왕과 혼인시키고, 경순왕은 백부(伯父) 억렴의 딸을 태조에게 출가시켰는데, 태조의 제5비인 신성왕후이다.

이렇게 신라는 고려와 혈연으로 얽히게 되었는데, 이러한 인연은 계속되어져 신성왕후에게서 태어난 안종 욱이 고려 제8대 임금인 현종의 아버지이다. 이 외에도 경순왕 김부의 딸이 경종의 제1비인 헌숙왕후로, 김인위의 딸이 현종의 왕비 원순숙비로, 김원충의 딸이 정종 왕비인 용절덕비, 문종 왕비인 인목덕비가 되었다.[43]

김부식 등이 고려가 신라를 계승하였다고 하는 신라계승의식을 주장하는 가장 중요한 근거들로써 위의 내용들이 언급되고 있다.[44]

다음으로 신라 왕도를 경주로 낮추고, 주장(州長)의 임명을 통한 통제책이다.

고려로서는 귀부에 반대한 태자세력도 있고, 신라 구도에서의 반발세력도 있을 것으로 생각하였기 때문에 이에 대한 적절한 조치가 필요하였을 것이다. 주장 내지 호장제는 이러한 필요성에서 나온 정책으로 보인다.

경순왕을 따라 고려로 간 신라 왕족이나 신하들이 있었던 반면에 그대로 경주에 남은 일파도 있었다. 고려로 간 대표적인 인물은 이금서(李金書)와 최은함(崔殷含), 그리고 원성왕의 후손인 김인윤(金仁允), 김인위(金因渭) 등이었다.

이금서는 고려에 가서 경순왕의 사위가 되었다. 경순왕과 낙랑공주 사이에서 태어난 딸에게 장가들어 이윤홍을 낳았는데, 그 후예가 익재

---

43) 박용운, 1997, 「고려 전기 경주의 위상에 대한 고찰」『경주사학』16, pp.351-352.

44) 『삼국사기』권12 경순왕 9년 말미의 논에 보면 "우리 태조에게는 비빈이 매우 많았고, 그 자손도 역시 번창하였지만, 현종께서 신라의 외손으로서 왕위에 올랐으며, 이후 왕통을 이은자들이 모두 그의 자손이니, 어찌 음덕의 응보가 아니겠는가"라고 하였다.

이제현으로 「계림부원군시문충이공묘지명병서」[45)에 의해 그 계보를 상세히 알 수 있다. 고려 태조와의 관계에 있어서는 외손녀사위로서 삼한공신이 되었다. 최은함은 최승로의 아버지로 경순왕을 따라 고려로 가서 정보(正甫)라는 관직을 받았다.[46) 김인윤은 삼한공신이 되었다.

고려 태조는 경순왕에게 관광순화위국공신(觀光順化衛國功臣)의 호를 주고, 태자의 위에 있게 하였으며,[47) 경주를 식읍으로 주고 사심관(事審官)으로 삼았으면서도, 그에게는 부호장 이하의 직임만을 관할하게 하였다.

한편 경주에는 무열왕의 후손을 표방한 김위영(金魏英)계가 남아 있었는데, 고려 태조는 그에게 주장의 직을 주었다.[48) 태조 때 경주에 당대등(堂大等) 10명을 두었는데, 광종 대에 이를 호장으로 부르고 8명으로 제정하였다. 당대등은 대등보다 상위의 지방 세력으로 다수의 대등 가운데 대표성을 띠는 직책이다.

그런데 태조가 김위영에게 준 주장은 경주를 총괄하는 지위로서 수(首)호장 또는 상호장의 존재였다. 주장을 비롯한 호장들은 재지세력으로, 개경에 거주하고 있던 사심관보다 경주에서는 더 세력이 있었을 것이므로, 경순왕이라 해도 김위영을 비롯한 호장들을 직접 통제할 수는 없었을 것으로 보고 있다.[49)

결국 고려 태조는 경순왕계와 김위영계를 서로 견제하게 함으로써 승조(勝朝)의 구도(舊都)에서 일어날지 모를 복국(復國)의 분란을 미리 막고 효과적인 지방통치를 꾀한 것이라고 하겠다. 즉 고려의 신라계승의식

---

45) 『동문선』 권126, 『목은문고』 권16.
46) 『삼국유사』 권3 「삼소관음 중생사」조.
47) 『고려사』 권2 태조18년조, 『고려사절요』 권2 태조18년조.
48) 『고려사』 권97 「김부일」전, 김위영계는 후손 김부식으로 이어지는 경주 김씨 계통이다.
49) 김갑동, 1990, 『나말여초 호족과 사회변동 연구』, 고대민족문화연구소, pp.222-223.

을 내세워주면서도, 신라를 철저히 지방 세력으로서의 경주로 격하시킨
것이다.

5. 경순왕 귀부의 역사적 평가
-맺음말을 대신하여-

경순왕은 김부로 되면서 그의 묘가 경기도 연천군 백학면 고랑포리에
쓰여졌다. 그런데 곡장이 둘러져 있어 죽은 후 왕의 예로 무덤을 만들었
던 것을 알 수 있다. 경주에는 그의 사당인 영당이 있었고, 김시습의 시
로 보아 조선 시대까지 존재했던 것으로 보인다.

9) 경순왕 영당(影堂) : 부의 동북쪽 4리에 있다. 절일(節日)마다 주
(州)의 수석(首席) 아전이 삼반(三班)을 거느리고 제사한다.[50]

10) 경순왕묘(廟) - 정수원(淨壽院)의 옛 절 빈각 안에 있는데, 한 사
람의 관청 종을 놓아 해마다 부역하여 그 제사를 받들게 하고 고
을 아전이 행사하는데 보기에 비참하였다 - 천명과 인심이 이미
돌아서서 왕공이 오는 날에 교외로 나갔다네. 한 몸이 나라 버리
길 실로 옷벗는 것 같았는데 종자(宗子)가 망함을 슬퍼하니 대개
벌써 글렀구나. 보마(寶馬)와 향차(香車)로 맞이하여 총애내리고
관광하고 순화함에 어진 왕비 맞아들였네. 하지만 옛 절에는 향
과 등불 차거워 황혼에 박쥐만이 날아다님을 볼 뿐이네.[51]

경순왕 영당은 김시습이 본 경순왕 사당과 같은 것으로 생각되는데,

---

50) 『신증동국여지승람』 권21 경주부조.
51) 『매월당집』 권12 「유금오록(遊金鰲錄)」.

임진왜란 때 소실되었던 것을 인조 때 개건하여 전으로 승격시켰다. 이때 동천묘를 황남동으로 옮겨 고종 24년인 1887년에 숭혜전이라 사액받았다.

경순왕에 대한 역사적 평가는 그에 대한 연민의 정이 긍정적 평가를 가져온 반면에 부정적인 측면도 있으므로 이를 정리하여 함께 보고자 한다.

우선 긍정적인 평가부터 보도록 하겠다. 첫째 고려 태조의 긍정적 인식이다. 고려 태조 왕건은 신라를 무혈로 합병하려는 의도를 가지고 있었다. 그것은 신라 삼보와 관련된 내용으로 알 수 있는데, 경명왕 5년 (921) 고려에 간 신라 사절에게 태조는 신라 삼보에 대한 내용을 묻고 있어 이미 이 무렵부터 신라의 항복을 염두에 두었던 것이 아닌가 한다.[52] 그것은 태조가 고려를 건국하고 난 이듬해에 신라 항왕인 김부로 하여금 전금안옥배방요대를 고려에 들어다 바치는 의식을 거행한 것으로 알 수 있는데, 이는 상징적인 의미로 신라가 고려에 합쳐지는 것으로 해석되고 있다. 특히 진평왕 성대에 관한 내용을 자세히 언급하고, 이 성대를 금에 옥을 배열하여 만든 허리띠라는 평범한 이름으로 바꾸어 명명함으로써 신라가 고려의 한 부속이 되었음을 강조하고 있기 때문이다.

이와는 달리 대규모 군사력을 동원하여 후백제를 멸망시키고 고려에 병합한 태조는 후백제인들의 반발을 매우 염려하였다. 태조는 훈요 8조에 후백제 지역 사람들이 조정에 참여하게 되면 혹 통합당한 원망을 품고 임금이 거둥하는 길을 범하여 난을 일으킬지 모르니 이를 경계하도록 당부하고 있다. 고려 태조의 신라계승의식은 후대에 경순왕에 대한 긍정적인 평가를 남기게 하였다.

둘째 김부식의 사론에 근거한 멸사애민(滅私愛民) 식의 평가이다. 무고한 백성들을 도탄에 빠지게 할 수 없다는 데서 이러한 긍정적인 평가가 내려진 것으로, 이는 조선 후기 영조 대까지 내려와 김씨 문중의 사

---

52) 『고려사』 권2 태조 20년 하5월조.

론으로 다음과 같이 등장하고 있다.

> 11) 또 경순왕은 금궤에서 시작된(김알지) 터전을 이어받아 신라의
> 적덕(積德) 후사가 되었습니다. 백성의 어려움을 걱정하여 임금
> 의 높은 자리도 즐거워하지 않았습니다. 천명이 이미 바뀐 것을 알
> 고 모든 전쟁에서 손을 뗀 뒤 사직의 보물을 덕이 있는 이에게
> 물려주었습니다.[53)

셋째는 경순왕이 민간신앙의 한 대상인 '김부대왕'으로 사당에 모셔
져, 민중들에게 백성들의 생명과 재산을 소중히 여긴 대왕으로 평가되고
있는 것이다. 경순왕은 사후 언제부터인가 민간신앙의 대상으로 김부대
왕이라는 호칭으로 모셔졌다. 『삼국유사』에 김부대왕이라는 호칭이
나오는 것으로 보아 고려 때부터 그는 김부대왕으로 불린 것을 알 수
있다.[54)

그런데 그를 모신 사당이 경주에만 있는 것이 아니라 경주 형산을 비
롯하여 시흥, 안산 군자봉, 인제 김부리, 전주 성황당, 충주 월악산, 원주
미륵산, 보령 옥마산 등 전국적으로 퍼져 있다는 사실이다.[55)

역사상에 나오는 수많은 장군과 대왕 가운데, 김부 대왕은 민중들에
의해 모셔진 사례로 등장된다. 민중들은 전쟁영웅인 문무왕보다는 백성
들의 생명과 재산을 소중히 여긴 김부 대왕을 호국룡으로 모시게 됐다는
것이다.[56)

경순왕은 무력하였지만 나라를 제대로 다스릴 기회도 없이 천년 사직
을 넘겨준 실기(失機)의 왕인 것이다. 백성들의 안전을 보장한 지도자로
안정에 대한 욕구를 희구하는 민중의 속성이 경순왕에 대한 긍정적 평가

---

53) 『승정원일기』 영조 22년(1746) 10월 14일조 상소문.
54) 『삼국유사』 권2 「김부대왕」조.
55) 신종원, 2008, 『한국 대왕신앙의 역사와 현장』, 일지사, pp.85-256.
56) 신종원, 2008, 위의 책, p.236.

를 만들어낸 것이다. 민중에 각인된 경순왕은 실제 그의 행적이나 역사에 관계없이 '이야기'되면서 대왕신앙을 이룬 것이다.

다음으로 부정적인 측면에서의 평가를 보도록 하겠다. 첫째로 망국의 기로에 서 있으면서도 불굴의 정신이 보이지 않는다는 점이다. 이는 고구려가 수·당과의 항쟁을 통해 보였던 투쟁으로 역사상에 빛난 것과는 달리 백성들의 안위를 앞세우지만 국가의 존망보다는 자신과 왕실, 측근의 안위를 택했다는 비난의 소리를 면할 수 없다는 점이다. 아간 신회는 신라가 망한 뒤, 왕도가 황폐한 것을 보고「黍離離(서리리)」의 탄식을 하면서 노래를 지은 것을 기억할 필요가 있다.

둘째로 경순왕이 백성의 어려움을 걱정하여 임금의 높은 자리도 즐겨하지 않았고 천명을 안 임금이라는 평가를 후대에서 이용한다는 점이다. 경주 김씨 여러 파의 명목상의 시조는 대부분 경순왕의 몇째 아들로 되어 있거나, 이들의 아들인 경순왕의 손자가 된다. 경순왕의 이야기는 집안의 신성한 사적이 되는 것으로 후손들에게 가르쳐 주어야 하는 것이다.

김방경은 안동부 호장의 증손인데『고려사』열전에 경순왕의 후예로 기술되어 있다. 조선 후기에도 자신이 경순왕 후손임을 주장한 사례가 비일비재하다. 이들의 주장이 인정될 경우 이들은 양반이 될 뿐 아니라 군역에서 벗어나는 등 실질적인 이득을 보았다는 사실이다.[57] 그러나 후대의 이러한 행위는 경순왕의 긍정적인 평가를 폄하시키는 일일 뿐이다. 경순왕을 통해 역사적으로 느껴야 할 가장 중요한 대목은 진정 고려로 가면서 화려함 뒤에 숨은 그 비통함을 역사상에 잘 새겨 다시는 망국의 한을 남기지 않도록 하는 것이라고 생각된다.

---

57)『승정원일기』영조 22년(1746) 10월 14일조 상소문.

제2장 고려시대 경주와 신라문화

1. 머리말

신라는 진성여왕 3년(889)부터 고려 성종 대(981-997)까지 이른바 나말여초라는 100여년을 지나면서 후삼국시대를 겪고 935년 신라를 들어 고려에 항복하고 거의 전 지배층이 개경으로 옮겨가는 다사다난한 시기를 보내었다. 그 사이 신라는 왕조를 마감하였고 신라 왕경은 고려의 경주로 격하되었다.

신라 천년 왕도는 935년(태조 18) 신라가 고려에 항복하자, 고려의 경주로 바뀌면서 김부의 식읍이 되었다. 고려시대 경주는 성종 대에 동경유수였다가, 현종 대에 경주에서 다시 동경유수로 된 대읍의 하나였다. 동경은 양경, 양계 병마사, 3도호부, 8목으로 형성된 계수관의 하나로, 광역의 지배기구인 계수관은 관내 군현의 행정적 심장부이자 도회지의 역할을 수행하는 거점도시였다. 동경으로서의 경주는 계수관의 중심부로서 중요한 지역이며 신라 시기 수도의 위상을 가진 곳이었다. 고려시대의 경주는 많은 변화 양상을 보이면서 신라의 문화유산을 대부분 고려에 빼앗기었지만, 경주출신 인사들의 능력과 활약으로 그 위상을 지켜나갔다.

이 논고는 신라의 왕경이 고려의 경주로 바뀌면서 변화되는 양상을 그동안의 연구 성과를 기반으로 다음과 같이 몇몇 부분에서 살펴보려

한다.

먼저 신라 문화와 전통이 어떻게 고려로 계승되어졌는가 하는 문제로, 고려에서의 신라계승의식의 형성과 신라의 삼보가 고려로 전승된 과정을 살펴보고자 한다. 다음으로 신라 문화와 전통을 간직하고 고려에 간 인물을 통하여 고려시대 경주의 위상을 고구해 보고자 한다. 마지막으로 고려가 건국한 상황에서 신라 멸망 이후 경주지역 불교계의 재편, 그리고 경주 지역의 신라 때부터 있어 온 주요사찰에 대해 고찰해 보고자 한다.

2. 고려의 신라 문화 전통의 계승

1) 신라 삼보의 고려 전승

고려가 신라를 계승한 나라라는 인식은 태조 왕건이 보여 주었던 신라 삼보에 대한 관심에서 비롯된다고 할 수 있다. 황룡사 장육상, 황룡사 9층탑, 진평왕의 천사옥대(天賜玉帶)의 신라 삼보에 대한 그의 관심은 『삼국사기』와 『삼국유사』는 물론 『고려사』에까지 자세한 기록으로 전해지고 있다.

> 1) 교묘(郊廟)의 큰 제사 때에는 의례히 이 띠를 띠었다. 후에 고려왕이 신라를 치려고 꾀하다가 말하기를 "신라에 삼보가 있어 침범할 수 없다. 무엇이냐 하면 황룡사의 장륙존상이 첫째요, 그 절의 9층탑이 둘째요, 진평왕의 천사옥대가 셋째이다"라 하고, 이에 그 계책을 그치었다.[1]

---

1) 『삼국유사』 권1 「천사옥대」조.

2) 후고려왕이 신라를 도모하려 하다가 말하기를 신라에 삼보가 있어 침범할 수 없다 하였다. 무엇을 이름이냐 하면 황룡장륙과 9층탑, 진평왕 천사옥대를 이름이니 드디어 그 꾀를 그치었다.[2]

3) 그 해 정월에 김률(金律)이 왕에게 고하기를, "신이 지난 해 고려에 사절로 갔을 때 고려왕이 묻기를, 듣건대 신라에는 삼보가 있어 이른바 장륙존상·구층탑 및 성대가 그것이라 하는데, 불상과 탑은 지금도 남아 있는 줄 알지만, 성대가 지금도 있는가? 라고 하였는데, 신은 대답하지 못하였습니다"라고 하였다. 왕이 듣고 군신에게, "성대라는 것이 어떠한 보물이냐?"고 물으니 잘 아는 이가 없었다. 그 때 황룡사에 나이 90이 넘은 스님이 있어 말하기를, "제가 일찍이 들었는데 성대는 진평대왕이 차시던 것으로서 여러 대를 전해 오면서 남쪽 창고에 들어있다고 합니다"라고 하였다. 왕이 드디어 창고를 열어 찾게 하였으나 볼 수 없었다. 따로 날을 받아 재계하고 제사지낸 한 후에야 그것을 발견할 수 있었다. 그 띠는 금과 옥으로 장식하였고 매우 길어서 보통사람이 띨 수 있는 것은 아니었다.[3]

　먼저 『삼국유사』를 보면 고려 태조가 신라를 치려고 도모하다가 신라의 삼보에 관한 정보를 듣고 계책을 멈추었는데, 이 사료와 똑같은 내용이 「황룡사9층탑」조에도 그대로 나오고 있어 고려 초에 이 사실이 강조되고 있음을 알 수 있다.

　그 후에도 『삼국사기』에는 고려 태조 왕건은 신라 삼보에 대한 관심을 놓지 못하고 계속해서 이를 구하고자 한 모습이 보인다. 경명왕대에 고려 사절로 갔던 김률이 진평왕의 성대가 지금도 있느냐는 태조의 질문에 답하지 못하고 돌와와 이를 고하였다. 경명왕이 신하들에게 물으니 90이 넘은 황룡사스님이 남고에 보관되어 있음을 알려주어 찾게 하였으

---

2) 『삼국유사』 권3 「황룡사9층탑」조.
3) 『삼국사기』 권12 경명왕 5년조.

나, 재계하고 제사를 지낸 후에야 발견한 내용을 전하고 있다.

이러한 사실의 기록에 대해 김부식은 사론에서 "우리 태조께서 단지 신라인의 말을 듣고 물으신 것일 뿐이요 숭상할 만한 것이라 생각하신 것은 아니다"[4]라고 하였다. 하지만, 신라의 정통성을 잇고자 한 고려 태조로서는 그 표징이라 할 신라 삼보 가운데 하나인 진평왕의 성제대에 큰 관심을 표명하고 있는 것이다.

이러한 고려 태조의 관심은 결국 신라가 고려에 항복하고 난 2년 후인 937년에 경순왕 김부가 고려 태조에게 진평왕의 천사옥대를 가져다 바치고 있다. 『삼국유사』에 의하면, 청태(淸泰) 4년(937) 정유 5월에 정승(政丞) 김부가 금으로 새기고 옥으로 장식한 허리띠를 바치니, 길이가 10위(圍)로 조각편이 62개인데, 이는 진평왕의 천사대라 하였다. 태조가 이를 받아서 왕궁의 내고에 넣어 보관하였다는 것이다.[5]

그런데 이상의 내용들은 『고려사』에 일괄 기록되고 있어, 앞에 나왔던 『삼국사기』와 『삼국유사』의 기록들이 신빙성이 높은 것이었음을 입증해 주고 있다.

> 4) 고려 태조 20년(937) 여름 5월 계축일에 김부가 금으로 새기고 옥으로 장식하여 모나게 만든 허리띠를 바쳤는데 그 띠의 길이는 10위요 띠의 장식품인 전과가 62개였다. 이 띠는 신라에서 보물로 보관하여 온 지가 거의 4백 년이었는데 세상에서는 그것을 "성제대(聖帝帶)"라고 불러 왔던 것이다. 왕이 그 띠를 받아서 원윤 익훤을 시켜 물장고(物藏庫)에 보관하게 하였다. 이에 앞서 신라 사신 김율이 왔을 때에 왕이 묻기를, "내 들으니 신라에 세 가지 보물 즉 장육금불상, 9층탑 및 성제대가 있는데 이것이 없어지지 않으면 나라도 망하지 않는다고 한다. 그 중 탑과 불상은 아직 있다는 것을 알고 있거니와 성제대도 그 대로 있는가?"라고 하니 김

---

4) 『삼국사기』 권12 경명왕 5년조 사론.
5) 『삼국유사』 권1 「천사옥대」조.

율이 대답하기를 "저는 성제대에 대하여 들은 적이 없습니다"라고 하였다. 왕이 웃으면서 다음과 같이 말하였다. "그대가 신라의 고관으로서 어찌 국가의 큰 보물에 대하여 알지 못하는가?" 김율은 부끄럽게 생각하고 돌아가서 신라왕에게 이 사실을 보고하였다. 신라왕이 여러 신하들에게 물어 보았으나 능히 그것을 아는 자가 없었는데 그 때에 황룡사에 나이가 90이 넘은 노스님이 있어 말하기를 "내가 듣건대 성제대는 바로 진평대왕이 띠던 것으로서 역대로 전해 와서 지금 남고(南庫)에 보관되어 있다고 합니다."라고 하였다. 신라왕이 드디어 그 창고를 여니 풍우가 갑자기 일어나고 대낮이 캄캄하여져서 찾아 낼 수가 없었다. 이에 날자를 가리어 재계를 하고 제사를 지낸 다음에야 그것이 발견되었다. 신라 사람들이 진평왕은 성골 출신이라 하여 그 띠를 "성제대"라고 하는 것이었다.[6]

신라의 삼보가 고려에 전해졌다는 것은 고려가 신라의 정통성을 그대로 잇는다는 의미로서 대내외적으로 큰 힘을 얻는 것이었다. 이미 태조 왕건은 고려를 건국한 이후에 대외적으로 그 명성을 얻기 위해 932년 11월 왕종유를 후당에 파견하였다. 그는 후당으로부터 검교태보 고려국왕으로 책봉되어 후삼국의 패자로서 대외적으로 그 입지를 과시하였던 것이다.[7]

『고려사』 권2 태조16년(933)에는 "봄 3월 신사일에 당나라에서 왕경(王瓊), 양소업(楊昭業) 등을 보내 왕을 책봉하였다"고 하였는데, 특진검교태보사지절현토주도독상주국충대의군사로서 고려국왕으로, 부인 유

---

6) 『고려사』 권1 태조 20년조.
7) 김복순, 2009, 「나말여초 전환기와 경순왕」 『한국고대사연구의 현 단계』, 주류성, pp.936-938 신라는 국력이 극도로 쇠약하여 경주 일원에서 겨우 연명해가는 처지였으나 백제와 고구려를 통합한 왕조로서의 상징적인 지위가 있었다. 고려가 강·온 양면책을 쓰면서 신라를 압박해 왔지만, 신라는 932년 후당에 사신을 보내는 등 독자행보를 하였다. 그러나 후당이 고려태조만 고려국왕으로 책봉하자 고려는 이때부터 적극적으로 신라를 병탄하려 하였다.

씨를 하동군부인(河東郡夫人)으로 책봉한 것이었다. 그리고 후당은 역서 (曆書)를 보내 주었으므로, 고려에서 후당의 연호를 사용하였다. 이와 함께 938년 12월에 탐라국의 태자가 고려에 와서 조회하였다.

결국 이러한 일련의 사실들은 고려 태조 왕건은 933년의 대외적인 공인에 이어, 937년 대내적으로 신라의 삼보를 보유한 삼한의 주인으로서 고려의 정통성을 확인하고, 그에 따라 탐라국에서도 조회를 온 것으로 해석할 수 있겠다.

2) 신라 계승의식의 형성

고려 왕조는 고려라는 국호로 인해 고구려를 계승한 의식이 강한 나라로 알려져 있기도 하지만 실제에 있어 고려에는 신라계승의식이 또 다른 주류를 이루고 있었음도 인정되고 있다. 따라서 신라 문화 전통이 고려로 계승되는 중요 내용을 헤아려 보면 다음과 같다.

첫째로 신라 왕실의 혈통이 고려 왕실로 이어지고 있다는 점이다. 경순왕 김부는 고려 태조 왕건과는 겹사돈을 맺어 혈연으로 얽히고 있는데, 김부는 낙랑공주와 혼인하여 태조의 장인이 되었고, 김부의 조카딸이 태조에게 출가하여 제5비인 신성왕후가 된 것이다. 이어 고려 제8대 현종의 아버지인 안종 욱은 이 신성왕후에게서 태어났다. 김부식은 "우리 태조는 비빈이 많고 그 자손도 번창하였는데 현종이 신라의 외손으로 보위에 올랐고 이후 왕통을 이은 자들이 모두 그의 자손이었으니 어찌 음덕의 보답이 아니겠는가?"[8] 라고 평한 것은 이를 두고 한 말이었다.

이 외에도 김부의 딸이 경종의 제1비인 현숙 왕후로, 김인위의 딸이 현종의 왕비 원순숙비로, 김원충의 딸들이 정종 왕비인 용절덕비, 문종 왕비인 인목덕비가 되었으므로 고려가 신라를 계승하였다고 하는 혈연

---

8) 『삼국사기』 권12 경순왕 9년조 사론.

상의 중요한 근거가 되는 것이다.9)

둘째로 김부식의『삼국사기』편찬이다. 김부식은 경주 출신의 개경파 관리로 묘청의 난을 진압하고 한국고대사의 정사인『삼국사기』를 편찬하여 신라 왕실을 정통으로 한 서술을 함으로써 고려의 신라계승의식을 은연 중에 강조하였던 것이다.

김부식의 집안은 신라 무열왕계로 그의 증조부인 위영(魏英)은 경주 지방의 행정을 담당하는 주장(州長)이었는데, 그의 가문이 중앙정계에 진출하기 시작한 것은 아버지 근(覲) 때부터였다. 그의 아버지는 과거를 통해 중앙 관료가 되었으나 중견 관료인 예부시랑 좌간의대부에 이르렀을 때 죽었는데, 김부식이 13, 14세 무렵이었다. 김부식 4형제가 중앙관료로 진출할 때까지의 생활기반은 경주에 있었다. 그를 포함해 4형제의 이름은 송나라 문호인 소식(蘇軾) 형제의 이름을 따서 부필, 부일(富佾), 부식, 부의로 지었다고 한다. 그의 4형제는 모두 과거에 합격해 중앙관료로 진출하였는데, 그의 어머니는 훌륭한 어머니로 매년 정기적으로 임금이 내려주는 곡식을 받았다. 4형제 중 부식과 부일, 부의 3형제는 당시 관직 중에서 가장 명예스러운 한림직을 맡아 남들의 부러움을 샀고, 어머니 또한 포상되었으나 어머니는 아들들이 임금의 은총을 받아 이미 녹을 받고 있음도 감사한데 그 위에 포상을 받을 수 없다고 사양한 일도 있었다.10)

유학자 김부식은 고려 국초에 편찬된 삼국사의 체제와 내용이 설화와 신화의 고대 문화적 요소로 채워져 있는 것에 대한 불만으로 가지고, 새로이 유교 문화적으로 재인식하여 삼국사를 서술하였다. 또한 동아시아 세계의 보편적 이념인 유교사관으로 삼국사를 재구성하면서 불교와 도교에 관련된 내용은 삭제하였다. 묘청의 난(西京戰役)을 진압한 후 관직

---

9) 박용운, 1997,「고려 전기 경주의 위상에 관한 고찰」『경주사학』16, p.352.
10)『고려사』권97「김부일」전.

에서 물러난 김부식은 고구려 중심의 삼국사 인식을 신라사 강조의 방향으로 바꾸고자 신라의 삼국통일을 비롯한 신라문화의 우수성을 정통으로 하여 삼국사를 서술함으로써 고구려 계승의식을 신라계승의식으로 바꾸고자 한 것이다.

셋째로 고려 의종 때 김관의가 찬술한『편년통록(編年通錄)』이『고려사』의「고려세계」에 실린 사실이다.[11]「고려세계」는 고려 왕실의 선조에 대한 기록으로『고려사』세가(世家)의 도입 부분에 실려 있다. 김관의는 고려 왕실의 세계를 신라 왕실과의 연관성을 강조하는 입장에서『편년통록』을 찬술하였고, 김보당의 부친인 김영부가 이를 의종에게 진상하였다. 이들의 연관성은『편년통록』에 나오는 선닉(旋溺)설화와 매몽(賣夢)설화로, 고려가 신라계를 이었다는 것을 강하게 대변해 주고 있다.[12] 많이 알려진 내용이지만 정리해 보면 다음과 같다.

호경 - 강충 - 보육 - 진의 - 작제건 - 용건으로 이어지는「고려세계」의 계보 가운데 보육과 진의가 선닉설화와 매몽설화의 주인공이다. 보육은 곡령에 올라 남쪽을 향해 오줌을 누었는데, 삼한 천지에 가득 차 은해(銀海)로 변하는 꿈을 꾸었고, 형 이제건에게 말하자 하늘을 버티는 기둥(支天之柱)을 낳을 것이라 기뻐하며 자기 딸 덕주를 처로 삼게 하였다. 또한 보육의 둘째딸 진의가, 언니가 꾼 오관산 마루턱에 올라 앉아 오줌을 누었더니 천하에 가득 찬 꿈을, 비단을 주고 산 후, 고려로 유람 온 당나라 숙종으로 알려진 귀족의 시침을 들고 작제건을 낳고 있다. 이러한 선닉설화와 매몽설화는 신라 김유신의 동생인 보희와 문희의 이야기와 흡사한 것을 금방 눈치챌 수 있는데, 보희가 서형산에 올라 오줌을 누니 서울 안이 가득 찼고 그 꿈을 문희가 사서 김춘추와 맺어진 구조가

---

11)『고려사』「고려세계(高麗世系)」.
12) 허인욱, 2003,「「고려세계」에 나타나는 신라계 설화와『편년통록』의 편찬의도」『사총』56, pp.1-31.

흡사한 것이다.

또한 "자기는 당나라 귀족이라는 것을 밝히고 진의에게 활과 화살을 주면서 만일 아들을 낳거든 이것을 주라고 하였다. 그 후 과연 아들을 낳았는데 그의 이름을 작제건(作帝建)이라고 하였다"에 나오는 작제건이, 아버지를 찾아 중국에 가던 중 노호(老狐)를 처치하고 용녀를 처로 얻은 내용은 신라 거타지 설화와 많이 유사하다. 즉 신라 진성여왕 때 아찬 양패가 중국에 사신 갈 때 거타지가 동행하게 되었는데, 양패의 꿈에 활 잘 쏘는 이 한 명을 두고 가라 하므로, 거타지가 남게 되어 서해약의 소원대로 노호를 쏘아 죽이고 그의 딸을 아내로 삼은 내용이다.[13] 정리하자면, 작제건이나 거타지가 모두 명사수이고, 요괴가 노호인 점, 용녀와 결혼한 것, 입당 도중 풍랑을 만난 것, 요괴가 불가(佛家)로 위장한 점 등에서 동일한 유형의 설화임을 알 수 있다.

그리고 보육의 지천지주 이야기는 원효가 하늘을 바칠 기둥(支天柱)을 낳을 것임을 노래했다는 것과 같은 화소를 이용한 것이라 할 수 있다.

이외에도 "옛날에 호경(虎景)이 성골장군이라 자칭하면서 백두산으로부터 산천을 두루 구경하다가 부소산에 와서 장가를 들고 살았다"의 내용처럼 호경이 성골장군이라는 점, "신라 감간(監干) 팔원이 풍수를 잘 알았는데 마침 부소군에 왔다. 부소군은 부소산 북쪽에 있었다. 팔원이 부소산의 형세는 좋으나 나무가 없는 것을 보고 강충에게 말하기를 만일 부소군을 산 남쪽으로 옮기고 소나무를 심어 암석이 나타나지 않도록 하면 삼한을 통일하는 자가 출생할 것"이라 한 신라 감간 팔원이 삼한 통일 군주를 낳을 터를 잡아준 일 등은 모두 신라계 설화에서 온 것임을 알려주고 있다.

이렇게 『고려사』의 「고려세계」를 통하여, 고려는 신라를 혈연으로 이었을 뿐 아니라 그 역사문화에 있어서도 신라계승의식을 보이고 있고,

---

13) 『삼국유사』 권2 「진성여대왕 거타지」조.

태조 왕건의 선대에서도 신라에서 일어난 설화를 다수 채택함으로써, 고려가 신라를 계승한 나라라는 것을 확연히 나타내 주고 있다. 즉, 「고려세계」가 고려 의종 때 작성된 것임을 감안하면 당시 고려에서의 신라계승의식을 알 수 있고, 조선초 『고려사』의 편찬 때까지 이러한 의식이 계승되어졌다고 할 수 있다.

3. 고려로 간 신라인

신라의 경순왕 일행은 고려에 항복하러 가기 위해 고려 태조 18년(935) 11월 갑오일에 경주를 출발하여, 안동 - 영주 - 죽령 - 단양 - 원주 - 철원 - 개경으로 추정되는 길을 거쳐 계묘일에 개경에 도착하였다.[14] 30리에 달했다고 하는 행렬은 신라의 왕과 비빈, 신하 등의 지배층을 태운 마차와 하급관리와 민 등이 신라의 토지문서와 보물을 실은 마차를 관리하며 뒤따른 것으로, 9일 간에 걸친 대행군이었다. 많은 신라인이 고려인이 되기 위해 개경으로 이주한 것이다. 개경에서의 경순왕은 경주를 식읍으로 하사받고 사심관(事審官) 김부로 격하되었지만, 지위는 정승(政丞)으로 고려 태자보다 위에 있었다.[15]

경순왕을 따라서 고려에 간 인물로 특기되는 이는 이금서(李金書), 최은함, 김인위(金因渭)가 있고, 경주에는 김위영 등이 있다.

이금서는 삼한공신으로 개경에 가서 김부와 낙랑공주 사이에 태어난 딸에 장가들어 이윤홍을 낳았는데, 그 후예가 익재 이제현이다. 김인위

---

14) 『고려사』 권2 태조 18년조.
15) 황선영, 2007, 「경순왕의 귀부와 고려초기 신라계 세력의 기반」 『한국중세사연구』14, p.68, 전기웅, 1993, 「고려초기의 신라계세력과 그 동향」 『부대사학』 17, p.144.

는 그의 딸이 현종의 왕비 원순숙비가 되었다. 최은함은 최승로를 데리고 고려로 가서 정보(正甫)를 하사받았고, 최제안이 그 후손이다. 김위영은 김부식의 선조로서, 고려 태조가 경주 주장(州長, 首戶長)으로 임명하였는데, 당대등(堂大等) 10명을 임명하여 경주를 다스리게 하였다. 반면 김부에게는 부호장 이하만을 임명할 수 있는 권한을 주었는데, 이는 경주에서 김부계와 김위영계가 서로 견제하게 하여 옛 신라의 구도에서 일어날지 모르는 복국의 분란을 미리 막으려는 고려 조정의 효과적인 지방통치 계책의 일환이었다.[16]

고려 개경에서 살면서 활약을 보인 이들 가운데 최언위와 최승로를 중심으로 살펴 보고자 한다. 이들의 생활 근거지는 개경이었지만 경주와의 관계는 여전히 밀접하였으므로, 이들의 활동에서 경주의 위상이 여전히 높았을 것으로 보고 있다.[17]

먼저 최언위(868-944)로, 고려에서 문한관을 역임한 그는 서경 세력과 신라계 세력으로 나뉘어져 있던 중앙 정계에서 경주 출신 인사들과 함께 신라계 세력을 대표한 인물이었다. 『고려사』「최언위전」에 의하면, 최언위의 초명은 최신지(崔愼之)로 경주출신이라 하였고 그의 선조에 대한 기록은 나오지 않는다.[18]

하지만 『삼국유사』에 의하면, "신라의 대부 각간 최유덕이 자신의 사택을 희사하여 절을 삼고 유덕사라 하였다. 원손(遠孫) 삼한공신 최언위가 최유덕의 진영(眞影)을 걸어 안치하고 이어 기념비를 세웠다고 한다"[19]는 내용이 나오고 있어 그의 선조가 최유덕 임을 알려주고 있다. 또한 「성주사 낭혜화상비문」을 통해 최치원이 사촌임은 알 수 있다.

---

16) 김복순, 2009, 「나말여초 전환기와 경순왕」『한국고대사연구의 현단계』, 주류성출판사, pp.942-943.
17) 박용운, 1997, 「고려 전기 경주의 위상에 관한 고찰」『경주사학』16, pp.360-361.
18) 『고려사』권92 「최언위전」.
19) 『삼국유사』권3 「유덕사」조.

「최언위전」에는 계속해서 "성격이 관후하며 어려서부터 글을 잘 하였다. 신라 말기에 당년 18세로서 당나라에 가서 예부시랑 설정규(薛廷珪) 문하에 유학하였으며 과거에 급제하였다. 당시 발해 재상 오소도(烏炤度)의 아들 오광찬(光贊)과 같은 해에 급제하였는데 오소도가 당나라에 입조하였다가 자기 아들의 이름이 최언위의 아래에 붙은 것을 보고 황제에게 글을 올려 청하기를, '제가 옛날에 입조하여 과거에 급제할 때는 이름이 이동(李同)의 윗자리에 붙었었으니 이제 저의 아들 광찬도 최언위의 윗자리에 올려 주십시오'라고 하였으나, 최언위의 재간과 학식이 우월한 까닭에 허락되지 않았다"고 하였다.

그러나 18세에 입당했다고 하는 기록은 최치원의 「견숙위학생수령등 입조장」에 의하면, 하정사 수창부시랑 급찬 김영을 따라 당에 들어간 8명의 숙위학생의 하나로 최신지가 나오고 있어 의문이 제기되고 있지만, 하정사 김영의 입당연대가 897년(효공왕 1)으로 추정되고 있어, 최신지의 입당할 당시의 나이는 이미 30세로 추정하고 있다.

이렇게 30세의 만학도로 진성여왕의 양위를 알리러 가는 사절들과 함께 당나라에 유학한 최언위는, 설정규가 지공거였던 906년 당나라의 빈공과에서 급제하였다. 이 사실은 발해의 오광찬이 설정규가 지공거였던 906년에 급제하였다고 한 『구당서』의 기록에 의거해 확인된 것이다. 이 때 최언위는 오광찬을 누르고 수석으로 급제하여 이전에 이동이 차석을 차지하였던 숙원을 풀어 줌으로서 신라인들의 촉망을 받기도 하였다. 그러나 그는 이듬해 당이 망하는 것과 후량의 건국을 지켜보면서 귀국할 수 있는 방법을 모색하다가 2년 후인 909년 42세의 나이로 귀국하였다.[20]

「최언위전」에는 "42세에 비로소 신라로 돌아와 집사성시랑서서원학사로 임명되었다"고 하였고, 당시 그의 이름은 신지에서 인연으로 바뀌어 있었다. 이어 "태조가 나라를 창건하자 가족을 데리고 왔으므로 태자

---

20) 김영미, 1995, 「나말려초 최언위의 현실인식」 『사학연구』50, p.145.

사부로 임명하고 문필에 관한 임무를 맡겨 주었는바 궁원(宮院)의 편액과 이름들은 모두 다 그가 지은 것이었으며 당시 왕공 귀족(貴族)들이 모두 다 그에게로 몰렸다. 벼슬이 대상원봉태학사한림원령평장사(大相元鳳太學士翰林院令平章事)에 이르렀다"고 하였다. 즉 그는 고려로 간후 태자사부가 되었고, 원봉성의 대학사로, 고려 초 최고의 문인 학자들의 집단인 한림원의 장관인 한림원령으로 고려의 문병(文柄)을 장악하였다는 것이어서, 그가 918년 고려 건국과 함께 가족을 데리고 고려로 간것으로 볼 수도 있다. 그러나 그는 신라 지배층의 일원으로 신라의 위기를 극복하는데 힘쓰다가 935년 68세에 경순왕과 함께 고려에 갔는데, 924년에 쓴 다음의 비문에 신라에서 쓰던 최인연의 이름이 나오기 때문이다.

신라 말 3최의 하나로 불린 그는 서법(書法)이 아름다워 최치원이 890년에 찬한 성주사 「낭혜화상비명」의 글씨를 쓰면서 "從弟朝請大夫 前守執事侍郎 賜紫金魚袋 臣 崔仁渷 奉敎書(종제조청대부 전수집사시랑 사지금어대 신 최인연 봉 교서)"라고 하였다. 또한 문장에도 능하여 신라에 있을 때 「흥녕사 징효대사비문」과 「태자사낭공대사비문」을 지은 바있다. 그는 징효절중의 비문에서 "이 때 상(경명왕)이 신기(神器)와 빛나는 보도(寶圖)를 전해 받고 천명을 이어 선왕의 뜻을 계승하며, 이를 뒷사람에게 널리 보여주고자 하신으로 하여금 법다이 높은 공적을 찬양하라 하시지만, 인연은 재주가 토봉이 못될 뿐 아니라 학문도 망양에 부끄러움을 금할 수 없다"[21]고 하였고, 낭공행적의 비문을 찬술하면서, "인연은 고사하였지만 끝내 면치 못하여 .... 일찍부터 스님으로부터 자비하신 가르침을 입었고, 임금님의 보살핌을 입은 것에 보답하는 뜻으로 붓을 잡아 정성을 다하였으니 지은 글에 크게 부끄러움은 없다"[22]고 하여

---

21) 최언위, 「흥녕사 징효대사비문」.
22) 최언위, 「태자사 낭공대사비문」.

효공왕, 신덕왕, 경명왕 등과 관련된 이들 선사들이 왕도를 도운 사실을 특기하고 있다. 이 비문은 경명왕 8년(924) 4월과 경명왕 대에 최인연의 이름으로 지은 것을, 고려 혜종 원년(944)과 광종 5년(954)에 최언위가 찬술한 것으로 이름을 고쳐 넣고 고려조정에서 건립하였다.

그는 고려에 가서도 왕명으로 「광조사 진철대사비문」, 「보리사 대경대사비문」, 「비로암 진공대사비문」, 「지장선원 낭원대사비문」, 「정토사 법경대사비문」, 「무위사 선각대사비문」 등을 찬하였는데, 이환상(이항추), 구족달, 유훈율과 같은 신라 출신 문인들이 글씨를 썼으므로, 그와 함께 고려사회로 진출하여 활약을 하였음을 보여준다.

다음으로 최승로는 경애왕 4년(927) 신라의 왕경에서 태어나 이곳에서 성장하였다. 935년 아버지 최은함이 경순왕을 따라 고려로 갈 때 함께 개경으로 이주하였다. 총명함을 타고나 어려서부터 학문을 좋아하였고 글짓기를 잘하였다. 당시 12살의 최승로는 고려 태조 앞에서 『논어』를 줄줄 읽어냄으로써 칭찬과 함께 원봉성의 학생이 되었다. 최언위의 보살핌 아래 성장하였다고 하겠다. 최은함 - 최승로 - 최숙 - 최제안으로 이어지는 그의 가문은 신라 6두품 출신으로 문장과 학문, 유학자로서의 기반을 가진 명문가로 부상하고 있다.

『고려사』「최승로전」과 『삼국유사』「삼소관음 중생사」조에 의하면, 그가 태어난 곳은 경주로서 견훤의 침입 때 경주 중생사 관음상의 보호를 받아 무사하였던 사실이 특기되어 있다.

광종 때에 과거에 급제한 최승로는 광종의 은우를 입기도 하였지만, 쌍기의 득세로 겨우 관직을 부지하고 있었다. 하지만 개보 년간(968-975)에 죄에 연루되어 죽은 최행귀의 예에서 보이듯이, 그 역시 침잠해 있을 수밖에 없었다. 그러나 성종의 즉위 이후 그는 정광행선관어사상주국(正匡行選官御史上柱國)이 되었고, 이어 982년 6월에 「시무 28조」를 「5조 정적평(政績評)」과 함께 성종에게 올려서 정책으로 채택되어짐으로써 그의 이름이 역사에 알려지게 되었다.

그 배경은 경종의 즉위 이후 신라계 정치인들의 정계복귀와 관련이 있어 보인다. 즉 경종이 즉위하자 김부는 그의 딸을 경종의 제1비로 들여 상보(尙父) 도성령(都省令)에 책봉되었던 것인데, 이를 주도한 인물은 왕융으로, 그는 집정 왕선(王詵)을 축출하고 신라계의 등장을 도운 것이었다. 그리고 성종이 즉위하면서 지배체제를 정착시키기 위해 신라 6두품 계통의 유학자를 중용하였다.

982년(성종 1) 6월에 경관(京官) 5품 이상에게 봉사(封事)를 올려 시정(時政)의 득실을 논하게 하였을 때 올린 최승로의 시무책이 이후 정국의 기준이 되었다. 성종 대에는 중앙집권적인 관료체제의 핵심인 군주와 신하에 대한 기준이 설정되었는데, 그것은 최승로의 상소문과 김심언의 상소가 그것으로, 최승로의 상소는 유교적 왕도정치의 구현과 관련하여 군주 상을 설정한 것이고, 김심언의 상소는 유교적 왕도정치의 구현에 있어 신하 상을 설정한 것이었다.

최승로는 상서문으로 인해 한국 중세 지성을 대표하는 유수한 사회사 상가로서 명성을 얻었다. 「5조 정적평」은 태조, 혜종, 정종, 광종, 경종의 5조의 정치에 대한 득실을 논한 것이고, 「시무 28조」는 유교정치이념의 구현을 추구하고 종교의 사회적 폐단을 비판하고 중앙집권적인 정치 형태를 구상한 내용이다. 28개조 가운데 6개 조가 없어져 22개 조만 전하는 시무책의 내용 가운데, 불교의 연등회와 팔관회, 번거로운 유교의 제사, 산천의 초제 등은 백성의 고혈과 역역에서 나온 것이므로 폐지하거나 줄일 것을 건의한 부분이 주목받고 있다. 또한 없어진 6개조는 대외관계, 토지와 조세제도, 외척과 비빈, 불교와 관련된 호의적인 내용 등이었을 것으로 추정되고 있다.[23)]

이와 함께 그는 상주하는 지방관의 파견으로 호족세력을 견제해야 된

---

23) 김복순, 1992, 「최치원과 최승로」『경주사학』 11, pp.52-55.

다는 것을 다음과 같이 건의하였다.

> 5) 국왕은 백성을 다스리는데 집집마다 가서 날마다 볼 수 없으므로 고을 원을 파견하여 백성들의 이해를 살피게 하는 것입니다. 태조가 3국을 통일한 뒤에 지방관을 두려고 하였으나 대개 초창 시기였으므로 이를 실행할 겨를이 없었습니다. 이제 제가 보건대 지방의 세력 있는 자들이 매양 공무의 명목을 빌어서 백성을 착취하고 있기 때문에 백성들이 견딜 수 없습니다. 바라건대 지방관을 배치하되 비록 일시에 다 파견할 수는 없다 하더라도 먼저 10여 주, 현을 아울러 한 관청을 설치하고 관청에는 각각 2-3명의 직원을 두어 백성들을 무마 애호하는 일을 맡겨야 하겠습니다.[24]

　최승로의 정책 건의와 보좌에 힘입어, 성종은 983년(성종 2)에 지방에 12목(牧)을 설치하였는데, 지방관의 설치는 고려 건국 이래 처음 있었던 일로서, 그 역사적 의의는 큰 것이었다. 지방관의 설치는 곧 향직의 개편을 의미하는 것으로 호족은 중앙에 진출할 경우 관료가 되었고, 지방에서는 향리가 되었는데, 호족을 지방관 아래에 배치하여 지위를 격하시킨 것이다. 또한 984년 12목사와 경학(經學)박사·의학박사 각 1인씩을 뽑아 보내어 지방교육을 맡아보게 하는 한편, 지방의 유교적 교양이나 의술이 있는 사람을 중앙에 천거하도록 하였다. 이는 당시 고려가 신라시대에 비해 권력구조의 핵에 참여할 수 있는 신분층이 크게 늘어나, 새로운 사회를 이끌 정치·교육의 지도이념으로서 유교적 이념을 채택해야 할 필요성을 느끼게 된 때문이었다.

　끝으로 고려에서 활동한 최치원의 문인(門人)들에 관한 것이다. 이들은 대거 고려정권에 참가해 새로운 성격의 지배층을 형성함으로써 신흥 고려의 새로운 정치질서·사회질서의 수립에 선구적인 역할을 담당한 것으로 알려져 있다. 즉 최치원이 썼다는 밀찬조업설(密讚祖業說)을 내세

---

24) 『고려사』 권75 선거지3.

워 그를 문묘에 배향하게 한 것인데, 이는 경주계 문신들이 신라의 외손으로 부각된 현종 조에 그들의 정치적·학문적 입장을 확고히 하기 위한 것이었다.[25] 밀찬조업설은 최치원이 "계림은 시들어가는 누런 잎이고, 개경의 곡령은 푸른 솔(鷄林黃葉 鵠嶺靑松)"이라는 시를 지어, 신라가 망하고 고려가 새로 일어날 것을 미리 내다보고 가만히 고려의 왕업을 찬양했다는 것이다.[26]

그러나, 최치원은 이미 고려가 건국되기 이전인 908년에 쓰여진 「신라수창군호국성팔각등루기」를 끝으로 글이 보이지 않으므로 이 설은 후대에 그의 이름에 부회하여 후손들이 지은 시라고 하겠다. 그렇지만 최치원은 고려에서 이 설에 힘입어 1020년(현종 11) 현종에 의해 내사령(內史令)에 추증, 다음해에 문창후(文昌候)에 추시(追諡)되어 문묘에 배향되었는데, 그의 후손들에 의한 조상 선양의 일환이었다. 결국 그들은 최치원을 내세움으로써 그들의 정치적 입장을 강화할 수 있었고, 곧 이어 설총을 문묘에 종사(從祀)함으로써 고려 문화가 신라문화를 계승·발전하였다는 인식을 내세운 것이라 할 수 있다.

4. 불교계의 재편과 경주의 주요사찰

신라 진성여왕 3년(889) 조정에서 세금을 독촉하는 사신을 지방에 보내자 도처에서 도적들이 벌떼처럼 일어나 지방통치가 마비되었고, 견훤에 의한 후백제의 건국(892), 궁예에 의한 후고구려 건국(901)으로 후삼국의 정국이 시작되었다. 이후 918년 고려가 건국되어 신라·후백제·고려로 재편되었다. 이들은 각기 호족과 일반 백성들의 인심수람을 하기

---

25) 김용곤, 1986, 「고려 현종대의 문묘종사에 대하여」 『고려사의 제문제』, p.523.
26) 『삼국사기』 권46 「최치원전」.

위해 노력하였는데, 특히 유학승에 대한 초치가 눈에 띄게 보이고 있다.

신라 왕을 비롯한 견훤, 궁예, 왕건 등이 적극적으로 이들 선승을 비롯한 승려들과 관계를 가지려 한 것은 후삼국 통일정책의 이념적 기반의 구축과 정국에 대한 자문, 그들의 교화력에 대한 기대에서였다.

이들 선사들의 비문에는 그들이 개당(開堂)하여 설법을 하게 되면, "법문 듣기를 청하는 이가 벼와 삼대처럼 줄을 지어 거의 송곳을 꽂을 곳도 없을 정도로 많았다"[27]거나 혹은 "초가집에 가득하여 빽빽하기가 벼와 마를 세워 놓은 것 같았다"[28]고 하였다. 또한 이들의 명성에 대해서는 "사류(士類)들이 대사의 선문을 알지 못하는 것을 일세의 수치로 여겼다"[29] 고 하였으므로, 당시의 정치인들의 관심의 대상이 될 수밖에 없었던 것이었다.

신라가 고려에 항복하면서 왕경이었던 경주 중심의 불교적 기반이 고려 개경 중심으로 재편되어졌다. 고려 태조가 통합적인 불교정책을 실시한 것은 신라의 제도가 아닌 고려의 것으로 재편하려는 것이었다. 태조 왕건은 선종, 화엄종, 유가종의 많은 승려들을 포섭하였고, 소속 사찰도 창건하여 고려 안에 이들을 포용하였다.

우선 선종의 희양산파 개창에 관한 것이다. 신라의 지증대사비를 건립하는 과정에서 고려의 능선(能善)이 깊숙이 간여하여 선사 긍양(兢讓)을 고려로 끌어들이려 하였을 뿐 아니라,[30] 결국 긍양으로 하여금 고려에서 희양산문을 개창하게 하였다.

또한 신라 때부터 있던 종파인 신인종을 고려의 것으로 재개창시켜 현성사(現聖寺)를 본산으로 개창케 한 예도 들 수 있다.[31] 『삼국유사』

---

27) 최치원, 「진감선사비문」.
28) 최언위, 「정토사 법경대사비문」.
29) 최치원, 「낭혜화상비문」.
30) 이인재, 2005, 「선사 긍양(兢讓:878-956)의 생애와 대장경」『한국사연구』131, pp.172-176 ;김복순, 2008, 「고려의 최치원 만들기」『신라문화』32, pp.87-88.

권4 명랑신인조에 의하면, "태조가 현성사를 개창하여 일종의 근저를 삼았다"고 한 것을 보면, 신인종은 고려 태조에 주목되어 개경에 그 근거가 마련된 것이었다. 또한 돌백사주첩주각(埃白寺柱貼注脚)에는 신인종 승인 광학과 대연이 태조를 따라 고려에 가서 신인종의 현성사를 개창하였지만, 입적 후 그들은 경주 호장의 자손으로 본향인 경주의 원원사에 납골되고 있다.[32]

태조 18년인 935년에 신라의 율종도 율업으로 하여 개국사를 개창하였다. 그리고 고려 태조는 신라 때의 중사(中祀) 이하의 5악(岳), 4진(鎭), 4해(海), 4독(瀆)의 명산대천 그리고 천지의 모든 신을 고려의 불교적 세계관 안에 포용하여 계서화하였다. 고려가 계서적 지방 지배질서를 정립하면서 연등회와 팔관회가 지방의 지역공동체들을 체제 내로 포섭하는 기능을 담당하였던 것은 태조의 훈요에 보인다. 고려의 팔관회는 태조에 의해 규정된 불공낙신지회(佛供樂神之會)의 성격에 신라의 화랑적 요소로서 사선악부(四仙樂部)와 용봉상마차선(龍鳳象馬車船)의 미륵하생의 용화세계를 형상화한 요소와 고구려의 동명제 의식이 첨가된 복합적 축제로, 유교 오례 중 가례(嘉禮)의 연회적 성격도 포함된 것이다. 고려의 불교 정책은 불교계를 재편성하고 통제 체제를 강화하는 정책을 유지하였다. 현종 12년에 이가도로 하여금 경주 고선사의 금란가사, 불정골(佛頂骨)과 창림사의 불아(佛牙)를 가져오게 하여 고려의 내전에 두게 하였다. 이는 신라의 삼보가 고려로 이관된 것에 이어 경주의 불교적 권위를 점차 개경으로 집중하겠다는 정치적 의미를 지닌 것이었다. 그럼에도 불

---

31) 신라부터 신인종이 성립된 것이 아니라 고려에 와서 현성사가 창건되고 한 종파의 근저가 되었다는 점을 근거로 고려때 처음으로 신인종이 개종되었다고 보기도 있다. 김영태, 1979, 「5교9산에 대하여」『불교학보』16, p.73, 서윤길, 1993, 『고려밀교사상사연구』, 불관출판사, p.147.

32) 한기문, 2000, 「고려시대 개경 현성사의 창건과 신인종」『역사교육논집』26, pp.476-481.

구하고 경주 지역의 중심 사원에 대해서는 관심을 가지고 보수 관리되고 있었다.

신라 때 개창한 고려시대 경주의 주요사찰들의 동향을 살펴보면 다음과 같다. 우선 분황사는 선덕여왕에 의해 개창된 이래 고려에 이르러 원효를 기리는 화쟁국사비가 세워졌다. 고려 숙종 6년(1101)에 왕이 원효에게는 대성 화쟁국사를 의상에게는 대성 원교국사 라는 시호를 각각 내리고 관리로 하여금 주석처에 비를 세우고 덕을 기리라는 명을 내렸다.[33] 그런데『신증동국여지승람』권21 경주부조에 의하면, 화쟁국사비는 고려 명종 대(1170-1197)에 한문준에 의해 분황사에 건립된 것으로 전하고 있다. 현재 화쟁국사비는 비신은 깨어져 없어졌고, 김정희의 글씨가 쓰여진 비좌만 남아 있다.

동천사는 신라 진평왕이 세운 사찰로, 5백 성중과 5층탑, 밭과 백성을 사찰에 헌납하였다고 하는데, 박혁거세를 목욕시킨 동천에 세워진 사찰로 사뇌야(詞腦野) 북쪽에 위치해 있었다. 이 절에는 청지(靑池)라는 연못이 있었다. 청지는 동해의 용이 왕래하면서 불법을 듣던 곳으로, 원성대왕 대에 당나라 사자가 하서국인 둘을 데려와 이 청지의 용과 궁 안에 있던 연못인 동지의 용, 분황사 우물의 용까지 모두 술법을 걸어 물고기로 변하게 하여 통에 넣어 가지고 간 사건이 일어난 곳 가운데 하나이다. 이 때 청지와 동지의 용의 아내들이 원성대왕에게 고하여 호국 룡인 자신들의 남편이 동지와 청지에 머물 수 있게 해달라는 청원을 하였다. 이에 원성대왕이 친히 하양관까지 쫓아가 친히 연회를 열고 하서국인에게 사실대로 고하지 않으면 극형에 처하겠다고 하자, 고기 3마리를 내어 바치므로 바로 3곳에 놓아주었는데 기뻐 한길이나 솟구치고 뛰놀며 가버린 사실이 전한다.[34]

---

33)『고려사』권11 숙종 6년조.
34)『삼국유사』권2「원성대왕」조.

동천사가 신라의 호국룡이 있던 3곳 가운데 한 군데였다는 사실은 호국사찰로서 그 격이 높았다는 것을 알려주는 것으로 조선전기까지 사세가 유지되고 있었다. 고려시대 경주의 동천사는 이곳에 머물며 활동하였던 천기와 체원으로 볼 때, 화엄종 사찰로 추정된다. 천기는 개태사 수기 승통과 동일인 내지 법형제로 추정되는 인물로 균여의 저술을 보급하였고, 체원은 본관이 경주로 이제현의 가형으로 균여계통을 계승한 화엄종 승려이기 때문이다.

또한 동천사는 대몽항쟁 기간 동안 분사도감의 일원으로 고려대장경 판각에 참여한 사실로 주목을 끌고 있다. 즉 고려정부는 부인사 장경의 소실 이후 분사도감 내지 판각공간을 여러 곳에 분산 설치함으로써 몽고 침략으로부터 일괄 파괴 및 전문 인력의 대량손실을 막고자 하였다. 또한 각성사업을 체계적으로 운영하기 위하여 전국의 계수관 및 사원이 보유·운영하고 있던 출판 인쇄 사업의 조직체계나 물적 자원을 효율적으로 확보하고자 한 것이다. 이 때 경주에 분사동경대장도감이 설치된 것으로 추정하고 있다. 도감에서는 불교계의 협조를 얻어 운영을 하였는데, 동천사가 13세기 중엽 불교경전의 수정, 교정의 공간으로 기능하고 있었던 것이 사료에 나오고 있다.[35]

> 6) 본강 화상께서는 흥왕사의 교학승통 천기(天其)이며, 갑오년(고종 21, 1234)에 처음으로 개태사에 주석하면서 고장(古藏)에서 『석화 엄지귀장원통초』를 찾아서 얻게 되었다. 이는 팔덕산(八德山)에 있는 귀법사의 원통수좌 균여께서 서술한 경전으로, 옹희(雍熙) 4년 정해년(성종 6, 987) 3월 30일에 마침내 베끼어 교장본(敎藏本)에 입장하였다. 본강 화상께서는 이로부터 항상 의지하여 강연하시다가 돌아가시게 되자, 제자들이 강화경(江花京) 17년 무신년

---

35) 최영호, 2006, 「13세기 중엽 강화경판 고려대장경의 조성공간과 경주 동천사」 『한국중세사연구』 20, pp.102-113.

(1248)에 동천사에서 여러 대덕들에게 요청하여 안거를 결의하고 방언을 삭제하여 학인들에게 베풀어 주니 곧 본강 화상의 뜻이었다. 이 인연이 화상과 법계 중생들에게 미치어 화엄보원법계에 함께 들어가길 바랄 따름이다. 신해년(1251) 5월 일 제자가 지(誌)한다.

고려 고종 35년(1248)년 경주의 동천사에서는 개경의 화엄종 사찰인 흥왕사의 교학승통인 천기의 제자들이 대덕고승들과 안거를 결의하여 화엄결사를 전개하면서 균여의『석화엄지귀장원통초』가운데 방언을 삭제하는 등 경전의 수정과 교정작업을 한 사실을 전해주고 있다. 당시는 강화경판 고려대장경의 조성사업이 추진되고 있던 시기로, 이 경전은 왕 38년(1251) 조판되어 강화경판 고려대장경의 외장(外藏)으로 편제되었다. 이러한 사실들은 이 화엄경 관련 장경판이 동천사에서 교정되었던 것을 알려주며, 편집과 판각이 이루어져 대장경 보관으로 입장되었을 것으로 추정하고 있다.

사천왕사는 명랑의 문두루비법으로 당나라 수군을 물리친 통일을 기념하여 건립한 호국사찰이다. 이곳에서 고려 문종 28년(1074)에 번병의 격퇴를 기원하며 문두루도량이 27일 간 개최되었다.『고려사』에 나오는 "경자일에 문두루도량(文豆婁道場)을 동경 사천왕사에 설치하고 27일간에 걸쳐 번병(蕃兵)의 침입을 방지하도록 하였다"[36]는 내용은 신라의 명랑법사가 주도한 호국도량법회를 이은 것으로 고려시기 경주가 가지고 있던 동경으로서의 위상을 보여 준 사건이었다.

문종 27년(1073)에는 수차에 걸쳐 여진인들이 떼로 귀순해 와서 고려의 군현에 편입되었지만, 그 해 6월 병신일에 병마사가 "동번의 해적들이 동경 관내 파잠(波潛) 부곡에 침입하여 백성들을 납치하여 갔으므로 원흥진 도부서 장병들이 전함 수십 척을 동원하여 초도(椒島)로 나가서 그들과 교전하여 적 12명의 목을 베고 포로 16명을 탈환하였습니다"[37]

---

36)『고려사』권9 문종 28년조.

라는 기사로 볼 때, 28년 사천왕사에서 베풀어진 문두루도량의 설행은 동경으로 향했던 번병들의 침입을 미연에 방지하려는 의도에서 이루어진 것이었다고 할 수 있다.

불국사는 신라 경덕왕 대에 김대성이 창건하다가 죽고 국가에서 완성한 사찰이다. 화엄승 표훈과 신림이 불국사와 석불사에 주석하였다는 『삼국유사』에 실린 향전의 내용과 최치원이 화엄불국이라 쓴 기록으로 화엄계통의 사찰로 알려져 왔다.[38] 하지만 『삼국유사』에 실린 불국사에 관한 또 다른 기록인 사중기(寺中記)에는 불국사가 유가업의 사찰임을 알려주고 있다.

> 7) 절안의 기록(寺中有記)에는 "경덕왕 때의 대상 김대성이 천보(天寶) 10년(751)에 불국사를 짓기 시작하여 혜공왕 대를 지났는데, 대력(大曆) 9년(774) 12월 2일에 김대성이 죽었으므로 나라에서 이를 완공시켰다. 처음에 유가의 대덕을 청하여 항마하고 이 절에 거주하게 하였는데 이를 계승해서 지금에 이르렀다"고 하는데, 고전(古傳)과 같지 않으므로 어느 것이 옳은 지 알 수 없다.[39]

근래 불국사의 석가탑에서 출토된 고려시대의 묵서가 판독이 되어, 「무구정광탑중수기」의 첫머리에 유가업(瑜伽業) 불국사(佛國寺)라는 내용이 나옴으로써 고려시대 불국사가 법상종 사찰임이 밝혀졌다. 이렇게 불국사가 유가업 사찰이라고 하는 사실은 위의 사중기에 나오는 유가대덕 항마의 구절을 '유가대덕이 항마하고 불국사에 거주하였는데 이를 계승해 고려까지 이르렀다'라고 해석해 보면 묵서의 내용과 연결될 수 있다.

불국사가 유가업 사찰이라고 하는 관련 사료는 또 있는데, 하나는 최치원 찬의 『왕비김씨봉위선고급망형추복시곡원문(王妃金氏奉爲先考及

---

37) 『고려사』 권9 문종 27년조.
38) 김상현, 1986, 「석불사 및 불국사의 연구」 『불교연구』2, pp.37-46.
39) 『삼국유사』 권5 「대성효이세부모 신문왕대」.

亡兄追福施穀願文)』으로, 표훈, 유가, 원측의 3성 강원이 불국사에 있었다는 사실을 전하고 있다. 또 하나는 최치원 찬의 『고번경증의대덕원측화상휘일문(故翻經證義大德圓測和尙諱日文)』이다. 원측이 유가업인 법상종승임은 주지의 사실이기 때문에, 이 휘일문이 불국사와 관계있다고 보면 불국사가 유가업 사찰인 것은 확실히 입증될 것이다.[40]

불국사는 신라시대부터 고려까지 계속 유가업 사찰로 존속해 온 까닭에 석가탑 묵서지편에 유가업으로 표명된 것이다. 이를 다시 정리해서 언급해 보자면, 불국사가 낙성되면서 유가계통의 사찰로 출발하였고, 원성왕대 이후 국가에서 점차 화엄승들을 중용하게 되면서 유가승들이 주석하던 사찰인 불국사에 헌강왕 대에 화엄 승들이 일시 주석하였던 것은 아닐까 한다. 그리고 고려시대에 들어서서는 유가업의 법상종사찰로서 삼강전을 중심으로 도감, 부도감, 부감, 사로 구성되어 운영되었으며, 고려시대의 불국사에서는 산신을 위한 설경법회와 공덕천법회 등도 개설하였던 것으로 이해된다.

고려시대 문서로 알려진 중수문서는 매우 귀중한 문서로 수차에 걸친 학술회의를 통해 그 판독 내용의 중요성이 공감되었다. 이 문서는 1966년 석가탑을 수리하면서 금동제 사리 외함의 하부에서 발견된 묵서지편의 일부이다. 이 묵서지편은 손상이 심하여 판독이 불가능하였었는데, 2000년 이후 국내 보존처리 기술의 발달로 뭉쳐져 있던 묵서지편의 분리가 가능해지고 그 내용이 공개될 수 있었다.[41]

이 묵서지편은 보협인다라니경과 중수기로 구성되어 있다. 중수기는 3개의 문서로 구성된 석가탑 중수기록으로, 첫 번째 문서는 고려 현종

---

40) 김복순, 1990, 『신라 화엄종 연구』, 민족사, pp.175-177, 당시 원측의 휘일문은 제외하였으나, 그 내용 자체는 연구에 많이 이용되고 있다.

41) 노명호, 2008, 「석가탑 묵서지편 문서의 연결 복원과 판독」『불국사 석가탑 묵서지편의 기초적 검토-판독과 용어의 분석을 중심으로-』, 불교문화재연구소, pp.10-34, 노명호·이승재, 「석가탑 묵서지편 고문서의 판독 및 역주」, 위의 책, pp.140-189.

15년(1024)의 불국사무구정탑중수기이고, 두 번째 문서는 정종 4년 (1038)의 불국사서석탑중수형지기이며 세 번째 문서는 역시 정종 4년의 불국사탑중수보시명공중승소명기로 구성되어 있다.

첫 번째의 무구정탑중수기에는 1022-1024년의 중수에 필요한 물자와 참여인원이 적어 그 준비상황을 기록하였으며, 1024년 2월 17일부터 탑의 해체가 시작되어 2월 18일 사리를 발견하여 이를 수습한 상황과 발견된 사리장엄구의 내역을 정리해 놓았다. 금동합과 받침대, 전금병, 비단으로 싸놓은 도금함, 무구정광다라니경 등 7종이다. 그리고 파손된 탑의 부재를 다시 제작하여 3월 14일 수리를 마치고 사리를 재봉안하였는데, 이 때 기존의 사리장엄구와 함께 새로이 넣은 장엄구와 공양품 31종을 기록하였다. 또 사리 안치의식이 기술되었을 뿐 아니라 그 연유를 안동대도호부사에게 보고하고 있어 국가의 지원이 있었음을 알려준다.

두 번째 문서는 불국사 서석탑의 중수 기록으로 1036년과 1038년의 2차례 지진으로 불국사와 서석탑이 파손되어 이에 중수를 하게 된 과정을 서술하고 있고, 국가의 지원을 받지 못하여 사중의 힘을 모아 중수한 내용이 적혀있다. 세 번째 문서는 석탑의 중수시 소요물품을 보시한 인원과 내용을 남긴 문서이다. 이들 문서들을 통해 알 수 있는 것으로는 먼저 복구 양상으로 1036-1038년에 하불문(下佛門), 행랑을 수리하였음이 기록되어 있고, 다음으로 석탑에 관한 것은 지진으로 기단부까지 문제가 생겨 1038년 1월 24일부터 해체를 시작하여 전면적인 수리가 이루어졌는데, 1월 30일 2층 탑신석의 해체로 사리장엄구가 발견되었음이 기록되었다. 동조금당 1개, 청유리병 1개, 사리 47과, 향, 구슬, 유중 2개, 작은 목탑 15기가 발견되었다. 2월 1일 기단부 부재인 금당대석을 해체하였고, 2월 5일부터 석탑을 재조립하고 13일 발견된 사리를 재봉안하였는데, 새로이 공양품 61종을 추가하였음이 기록되었다.[42] 이러한

---

42) 불교중앙박물관·불국사, 2010, 『불국사 석가탑 사리장엄구』, pp.100-107.

묵서지편의 내용을 기반으로 향후 불국사는 고려시대의 모습과 신라시대의 원형이 복원되는데 커다란 진전이 있을 것으로 기대하고 있다.

천룡사는 경주 남산에 있는 최제안과 관련된 사찰로 최은함 - 최승로의 집안이다. 『삼국유사』 권4 「천룡사」조에는 중창자인 최제안이 죽어 해당 가람을 수호하는 신이 되어 영이함이 많이 드러났다고 하였는데, 이로 보면 천룡사의 수호신이 된 최제안의 초상이나 형상이 남겨져 있었을 것으로 추정된다. 당시 이들의 영향력이 해당 사원에 상당하였기 때문에 사원에 개인의 형상을 만들 수 있었던 것이었다. 또한 이들 가계는 이러한 영향력을 대대로 유지하기 위해 주지 임명을 자율적으로 할 수 있도록 국가로부터 허가를 받고 있다.[43]

최제안은 정종 6년(1040)에 경주의 고위산에 있었던 천룡사를 중수하고, 그가 주지 임명과 사찰의 운영에 간여할 수 있도록 한 신서(信書)를 만들어, 유수관의 공문을 받아 확정하였다. 최제안은 고려의 시중으로 이른바 경행(經行)에 참여하였는데, 경행이란 『반야경』 등 불경을 채루자(彩樓子)에 담아 메고 움직이면서 그 뒤에 승려들이 법복을 입고 독송을 하면서 개경의 거리를 순행하여 백성의 복을 비는 행사이다. 고려 정종 12년 3월에 시행된 이후 해마다 개최되었는데, 경행이 제도화할 때 최제안이 시중으로서 임금의 명을 받고 이 행사에서 행향을 하고 배송을 맡았다. 개경에서의 그의 활동은 경주에서도 이어졌는데, 그에 의한 천룡사 중수가 그것이다. 천룡사는 그들 일문에서 배출된 승려들이 주지에 계속 임명되었는데, 이는 최은함이 경주를 떠난 이래 소원해진 일족과의 관계를 개선하고 최제안과 천룡사를 정점으로 그들 일가 직계의 규합을 위한 정신적 지주로 삼고자 한 것으로 보인다.

---

43) 박윤진, 2015, 「『삼국유사』 탑상편 「천룡사」·「유덕사」조 검토」 『신라문화제학술논문집』 36, pp.178-179.

5. 맺음말

신라 문화와 전통이 고려로 계승되는 과정을 신라 삼보의 고려 전승과 신라계승의식의 형성으로 나누어 보았다. 전자는 태조 왕건이 보여주었던 신라 삼보에 대한 관심으로, 『삼국사기』와 『삼국유사』는 물론 『고려사』에 나오는 기록을 통해 살펴보았다. 후자는 신라 왕실의 혈통이 고려 왕실로 이어진 점, 김부식이 『삼국사기』를 편찬하여 신라 왕실을 정통으로 한 서술을 함으로써 고려의 신라계승의식을 강조한 점, 의종 때 김관의가 찬술한 『편년통록(編年通錄)』에서 고려 왕실의 세계를 신라 왕실과의 연관성을 선닉(旋溺)설화와 매몽(賣夢)설화로 고려가 신라계를 이었다고 대변한 점에 주목하였다.

또한 신라 문화와 전통을 간직하고 고려에 간 인물들을 살펴보고 그들 가운데 최언위, 최승로, 최치원의 문인들을 대표적인 예로 들어보았다. 결국 그들이 고려에서 펼친 활동은 신라문화를 배경으로 하고 있어 고려시대 경주의 위상이 선양되어 동경으로 변화된 것으로 보았다.

마지막으로 불교계의 재편과 경주의 주요 사찰에 대한 내용으로, 후삼국과 선승들과의 관계, 신라의 멸망 이후 경주지역 불교계의 재편, 그리고 신라 때부터 있어 온 경주의 주요사찰인 분황사, 동천사, 사천왕사, 불국사, 천룡사 등의 면모를 통해 고려시대까지 이어진 신라 사찰의 모습을 고구해 보았다.

2000년 중국 강소성 율수현에 세워진 최치원 동상

율수현 수고 공원으로 옮겨진
최치원 동상

최치원 영정

참고문헌

『계원필경집』『고려명현집』『고려사』『고려사절요』『구당서』『당회요』
『대당서역구법고승전』『동경통지』『동문선』『동사강목』『매월당집』
『삼국사기』『삼국유사』『송고승전』『수종재집』『신당서』『신증동국여지승람』
『암서선생문집』『楊州志(양주지)』『연재선생문집』『원화군현도지』
『溧水縣志(율수현지)』(권5, 중국 남경시 도서관 고적부 소장본) 『일성록』
『자치통감』『조선왕조실록』『증보문헌비고』『지봉유설』『청장관전서』
『최문창후전집』『택리지』『해동고승전』『홍재전서』『화엄경연의초』

강돈구, 1999, 「포석정의 종교사적 이해」 『한국사상사학』4·5합집

강인구, 1984, 「신라왕릉의 재검토」 『동방학지』41

곽승훈, 2001, 「최치원의 사산비명 찬술에 대한 시론」 『실학사상연구』19·20;
        2001, 「최치원의 중국사 탐구와 그의 사상동향」 『한국사상사학』17;
        2002, 「최치원의 중국역사탐구와 그의 마지막 행보」 『한국사상과 문화』
        17; 2005, 『최치원의 중국사탐구와 사산비명 찬술』, 한국사학

국립경주박물관, 2006, 『신라의 사자』

국민대하교 국사학과편, 2004, 『우리 역사 문화의 갈래를 찾아서-경주문화권-』,
        역사공간

권덕영, 1996, 「신라 건당사의 나당간 왕복항로에 대한 고찰」 『역사학보』149.

권오영, 1999, 「한국 고대의 새[鳥] 관념과 제의」 『역사와 현실』 32

권오찬, 1990, 『신라의 빛』, 경주시

김갑동, 1988, 「고려 초기 관계의 성립과 그 의의」 『역사학보』117

김남윤, 1992, 「고려 중기 불교와 법상종」 『한국사론』28

김두진, 1981, 「왕건의 승려결합과 그 의도」 『한국학논총』4

김리나, 1994, 「당 미술에 보이는 조우관식의 고구려인」 『이기백선생고희기념
        한국사학논총』 상

김문경, 1998, 『청해진의 장보고와 동아세아』, 향토문화진흥원.

김복순, 1987, 「최치원의 법장화상전 검토」 『한국사연구』57; 1990, 『신라 화엄종
        연구』, 민족사; 1992, 「최치원과 최승로」 『경주사학』11; 1995, 「신라의
        왕릉」 『경주발전』4; 1999, 「삼국유사에 보이는 유교사관」 『(월운스님
        화갑기념논총)대장경의 세계』; 2001, 「중국내 최치원 유적과 계원필경」

『동악미술사학』2; 2001, 「최치원-명문장으로 3교를 회통한 유선(儒仙)」 『내일을 여는 역사』7; 2003, 「의상의 행적연구-수학과 활동을 중심으로-」 『경주사학』22; 2004, 「신라의 유학자」 『신라문화제학술논문집』 25; 2005, 「9-10세기 신라 유학승들의 중국유학과 활동 반경」 『역사와 현실』56; 2006, 「최치원의 해외체험과 문화수용」 『한국문화연구』10; 2006, 「수·당 의 교체정국과 신라 불교계의 추이」 『한국고대사연구』43; 2008, 「고려 의 최치원 만들기」 『신라문화』32; 2008, 「최치원의 「지증대사적조탑비 문」비교연구」 『신라문화』35; 2009, 「나말여초 전환기와 경순왕」 『한국 고대사연구의 현단계』, 주류성출판사; 2010, 「최치원의 역사인식 연구」 『민족문화』34; 2011, 「신라 왕경과 불교」 『불교문화연구』12; 2012, 「신 라 지식인들의 입당·귀국로」 『경주사학』36; 2013, 「신라지식인의 서역 인식」 『경주사학』38; 2014, 「경주 괘릉의 문헌적 고찰」 『신라문화』 44

김상현, 1986, 「석불사 및 불국사의 연구」 『불교연구』2

김성한, 2009, 「당 후기 각주에서 동도를 거쳐 경사로 가는 교통노선」 『중국고 중세사연구』21

김성환, 2009, 「고군산의 최치원 문화원형 연구-'새만금 최치원프로젝트'를 제안 하며-」 『인문콘텐츠』14, 인문콘텐츠학회

김시황, 1997, 「고운 최치원의 사산비명에 대하여」 『고운의 사상과 문학』

김영미, 1995, 「나말려초 최언위의 현실인식」 『사학연구』50; 1999, 「신라 하대 유불일치론과 그 의의」 『백산학보』52

김용곤, 1986, 「고려 현종 대의 문묘종사에 대하여-최치원의 경우를 중심으로-」 『고려사의 제문제』, 삼영사.

김원룡, 1976.6, 「사마르칸트 아프라시압 궁전벽화의 사절도」 『고고미술』129·130

김일권, 2000, 「원효와 경흥의 『금광명경』 주소(註疏)에 나타난 신라의 천문 성 수 세계관」 『신라문화』 17·18합; 2013, 「신라 금석문과 신라본기의 천 문역법사 고찰」 『신라문화』 42

김정배, 1968, 「삼한위치에 대한 종래설과 문화성격의 검토」 『사학연구』20

김중렬, 1982, 「최치원의 저작」 『한성어문학』1; 1983, 「최고운의 기덕시 연구」 『웅진어문학』1; 1994, 「최치원의 '격황소서'연구」 『동양고전연구』2

김지견, 1994, 『사산비명 집주를 위한 연구』, 한국정신문화연구원

김창석, 2006, 「8-10세기 이슬람 제종족의 신라 내왕과 그 배경」 『한국고대사연 구』 44

김창현, 2008, 「고려시대 동경의 위상과 행정체계」 『신라문화』32

김철준, 1969, 「삼국시대의 예속과 유교사상」 『대동문화연구』6,7합집; 1973, 「고

려 중기의 문화의식과 사학의 성격」『한국사연구』9; 1981, 「문인계층
과 지방호족」『한국사』3, 국사편찬위원회

김태식, 2007, 「심학자(心學者)와 구학자(口學者) 사이,'황금방(黃金牓)'최치원의
딜레마」『신라사학보』10

김학주, 1964, 「향악잡영과 당희와의 비교고석」『아세아연구』7-2, 1967, 「당희를
통해 본 삼국시대 가무희」『중국학보』6

김혈조, 2007, 「최치원의「격황소서」에 대한 일고」『동아인문학』9

김형우, 1992, 『고려시대 국가적 불교행사에 대한 연구』, 동국대학교 박사학위
논문

남동신, 1992, 「봉암사 지증대사탑비」『역주 한국고대금석문』3; 2000, 「북한산
승가대서상과 승가신앙」『서울학연구』14; 2002, 「나말려초 전환기의
지식인 최치원」『강좌 한국고대사』8; 2008, 「고려 전기 금석문과 법상
종」『불교연구』30, 한국불교연구원

노명호. 이승재, 2008, 「석가탑 묵서지편 고문서의 판독 및 역주」『불국사 석가
탑 묵서지편의 기초적 검토-판독과 용어의 분석을 중심으로-』, 불교문
화재연구소

노용필, 1994, 「신라시대『효경』의 수용과 그 사회적 의의」『이기백 선생고희기
념 한국사학논총』

노태돈, 1989, 「고구려-발해인과 내륙아시아 주민과의 교섭에 관한 일고찰」『대
동문화연구』23; 2003, 『예빈도에 보인 고구려』, 서울대학교출판부

당인펑저. 마중가역. 김복순감수, 2004, 『최치원 신연구』, 한림대학교 아시아문
화연구소

도현철, 2001, 「원천석의 안회적 군자관과 유불도삼교일리론」『운곡원천석연구
논총』

문상기, 1997, 「최치원의 유·도교사상에 대한 고찰」『고운의 사상과 문학』

민영규, 1994, 「원인입당구법순례행기 이칙」『사천강단』 우반

박근칠, 2004, 「당 후기 강회운하와 신라인의 활동-『입당수법순례행기』의 분석
을 중심으로」『한성사학』19.

박병선, 2003, 「당대 한중 문인의 교류에 관한 연구」『중국어문학논집』46

박용운, 1981, 「고려시대의 문산계」『진단학보』52; 1997, 「고려 전기 경주의 위상
에 관한 고찰」『경주사학』16; 1999, 『고려시대사연구의 성과와 과제』,
신서원; 2004, 「국호 고구려·고려에 대한 일고찰」『동북아역사논총』 1

박윤진, 2015, 「삼국유사 탑상편 천룡사·유덕사조 검토」『신라문화제학술논문집』36

변영섭, 1975, 「괘릉고」『이대사원』12

변태섭, 1983, 「고려의 문한관」『김철준박사화갑기념사학논총』

봉암사 동암 정광 편집, 1992, 『지증대사비명소고』, 경서원

불교중앙박물관·불국사, 2010, 『불국사 석가탑 사리장엄구』

서윤길, 1993, 『고려밀교사상사연구』, 불광출판부

송기호, 1988, 「발해에 대한 신라의 양면적 인식과 그 배경」『한국사론』19

신성곤, 1989, 「당송변혁기론」『강좌 중국사』3

신형식, 1966, 「신라 대당교섭상에 나타난 숙위에 대한 일고찰」『역사교육』9

신호철, 1993, 『후백제 견훤정권연구』, 일조각

심경호, 2003, 「최치원과 동아시아 문학」『고운학보』창간호

안지원, 2005, 『고려의 국가불교의례와 문화』, 서울대학교 출판부

양광석, 1982 「설총과「화왕계」」『어문논집』23

엄원대, 1997, 「최치원 연구사에 대한 분석」『고운의 사상과 문학』

余國江(여국강), 2015, 「사신 최치원의 당나라 방문에 관한 연구」『신라사학보』34

오윤희, 1996, 「호서지방의 최치원 사적고」『사학연구』51

원인 지음, 김문경 역주, 2002, 『원인의 입당구법순례행기』, 중심.

유광수, 2010.12, 「<최고운전>의 설화적 전승과 '최치원설화'의 연원」『한국문
　　　　학연구』39, 동국대학교 한국문학연구소

유택일, 1997, 「계원필경집의 문헌학적 조명」『고운의 사상과 문학』

윤경진, 2001, 「나말여초 성주의 존재양태와 고려의 대성주정책」『역사와 현실』40

윤국병, 1983, 「경주 포석정에 관한 연구」『한국전통조경학회지』1-2

윤이흠, 2002, 『고려시대의 종교문화』, 서울대학교 출판부

윤재운, 2006, 『한국고대무역사연구』, 경인문화사

이근직, 2012, 『신라왕릉연구』, 학연문화사

이기동, 1978, 「나말여초 근시기구와 문한기구의 확장」『역사학보』77; 1982, 「신
　　　　라 하대 빈공급제자의 출현과 나당문인의 교환」『전해종박사화갑기념
　　　　사학논총』

이기백 외, 1993, 『최승로 상서문 연구』, 일조각

이기백, 1969, 「강수와 그의 사상」『문화비평』3; 1970, 「신라 통일기 및 고려 초
　　　　기의 유교적 정치이념」『대동문화연구』6·7합

이능화저 이재곤 옮김, 1995(2쇄), 『조선무속고』, 동문선(문예신서44)

이도학, 2005, 「최치원의 고구려 인식」『한국사상사학』24

이두현, 1959, 「신라 오기고」『서울대 인문사회과학논문집』9

이문기, 2005, 「최치원찬 9세기 후반 불국사 관련자료의 검토」『신라문화』26;
　　　　2015, 『신라하대 정치와 사회 연구』, 학연문화사

이병도, 1986,『고려시대의 연구』, 아세아문화사

이상비, 1983,「문창후 최치원의 출생지 소고」『문리연구』창간호, 원광대학교
　　문리대학

이상현 옮김, 2009,『고운집』, 한국고전번역원

이석해.이행렬, 2005,「최치원 유적의 유형과 문화경관 특성」『한국전통조경학
　　회지』23-2

이우성, 1975,「남·북국시대와 최치원」『창작과 비평』10(4); 1995,『신라 사산비명』,
　　아세아문화사

이윤선, 2009.6,「서남해 연안 최치원설화의 수용관념과 문화코드」『남도민속연
　　구』18, 남도민속학회

이인재, 2005,「선사 긍양(878-956)의 생애와 대장경」『한국사연구』131; 2006,
　　「고려 전기 홍경사 창건과 3교 공존론」『한국사학보』23

이재운, 1995,「최치원의 정치사상 연구」『사학연구』50; 1995,「최치원의 생애
　　연구」『전주사학』3; 1996,「최치원의 유교관」『백산학보』46; 1997,「고
　　운 최치원의 삼교통합론」『선사와 고대』9; 1998,「제왕년대력을 통해
　　본 최치원의 역사인식」『전주사학』6; 1999,『최치원 연구』, 백산자료원

이주형편, 2009,『동아시아구법승과 인도의 불교유적』, 사회평론

이준곤, 2002,「비금도설화의 의미와 해석」『도서문화』19, 국립목포대학교 도서
　　문화연구원

이지관편, 1994,『교감 역주 역대고승비문』신라편, 고려편1, 가산불교문화연
　　구원

이현숙, 1992,「신라말 어대제의 성립과 운용」『사학연구』43·44합집; 1995,「나
　　말려초 최언위의 정치적 활동과 위상」『이화사학연구』22; 2004,「나말
　　여초 최치원과 최언위」『퇴계학과 한국문화』35

이홍직, 1965,「고구려유민에 관한 1·2의 사료」『사총』10

이황진, 2012,「최치원의 재당생애 재고찰」『한국민족문화』42, 부산대학교 한국
　　민족문화연구소

임영애, 2002,「서역인인가 서역인 이미지인가」『미술사학연구』236

장일규, 1992,「신라 말 경주최씨 유학자와 그 활동」『사학연구』45; 1999,「최치
　　원찬 부석존자전의 복원 시론」『북악사론』6; 2001,「최치원의 사회사
　　상 연구」, 국민대학교 박사학위논문; 2002,「최치원의 신라 전통인식과
　　제왕년대력의 찬술」『한국사학사학보』6; 2003,「최치원의 저술」『북악
　　사론』10; 2004,「최치원의 귀국 후 활동과 은둔」『사학연구』76; 2004,
　　「최치원의 화엄승전 찬술과 해인사 화엄사상」『신라사학보』창간호; 2005,

「최치원의 삼교융합사상과 그 의미」『신라사학보』4; 2009, 『최치원의 사회사상 연구』, 일조각

전기웅, 1993, 「고려 초기 신라계 세력과 그 동향」『부대사학』17; 2005, 「신라말의 개혁과 최치원」『신라사학보』5

전덕재, 2006, 「한국 고대 서역문화의 수용에 대한 고찰」『역사와 경계』58; 2009, 「신라 서역음악의 수용과 향악의 정립」『2008신라학국제학술대회 논문집』

정병준, 2005, 「안사의 난과 왕사례」『신라문화』26, 동국대 신라문화연구소

정은정, 2011, 「고려전기 경주권역 정비와 읍내외 분리」『한국사연구』154

조범환, 2006, 「최치원의 재당활동과 귀국」『이화사학연구』33

조법종, 1998, 「고구려의 마한계승 인식론에 대한 검토」『한국사연구』102

조선총독부편, 1919, 『조선금석총람』상, 아세아문화사영인본

조영록, 2010, 「도의 재당구법항정에 관한 연구」『한국불교학』57

조윤재, 2012, 「고대 한국의 조우관과 실크로드」『고려대학실크로드학술대회』

조이옥, 2001, 「신라시대 발해관의 변천」『이화사학연구』28

조인성, 1982, 「최치원의 역사서술」『역사학보』94·95합

조철제 옮김, 2003, 『국역 경주읍지』, 경주시·경주문화원

차차석, 2002, 「남종선의 초전자 도의선사의 사상과 그 연원 탐구-중국선과의 관련을 중심으로」『한국선학』2.

채상식, 1997, 「최치원의 불교인식」『고운의 사상과 문학』

최병헌, 1972, 「신라 하대 선종구산파의 성립」『한국사연구』7; 1997, 「고운 최치원 연구의 문제점과 과제」『원불교사상』21

최병헌, 1995, 『신라 고분연구』, 일지사

최삼룡, 1985, 「최고운전의 출생담고-최치원의 출생과 관련하여-」『어문논집』24.25, 고려대학교 국어국문학연구회

최영성 역주, 2004, 『최치원전집』1, 아세아문화사

최영성, : 2000, 「최치원의 승전 찬술과 그 사상적 함의」『한국의 철학』28 : 2004, 「최치원과 『계원필경집』」『선비문화』 2

최영성, 1998, 「최치원 사상형성의 역정에 대한 고찰」『동양고전연구』10; 1998, 「고운 최치원의 동인의식」『동양철학의 자연과 인간』; 1998, 「고운 최치원의 삼교관과 그 특질」『한국사상과 문화』 1; 1998, 「고운 최치원의 역사의식 연구」『한국사상사학』 11; 1998, 『역주 최치원전집』1-사산비명-, 아세아문화사; 1999, 「최치원 시무책의 건의배경에 대한 고찰」『한국사상과 문화』5; 1999, 「최치원의 철학사상연구」성균관대학교 박사학

위논문; 2000, 「최치원의 승전 찬술과 그 사상적 함의」 『한국의 철학』 28; 2006, 「고대 생명사상의 원류와 생성」 『신라사학보』7; 2006, 「'최치원묘재홍산설'의 사상사적 의미-최치원.김시습의 사상적 맥락과 관련하여-」 『동방학』12, 한서대학교 동양고전연구소, 2006, 「최치원연구의 사적 계통과 호남지방」 『한국철학논집』18, 한국철학사연구회

최영호, 2006, 「13세기 중엽 강화경판 고려대장경의 조성공간과 경주 동천사」 『한국중세사연구』20; 2006, 「13세기 중엽 경주지역 분사동경대장도감의 설치와 운영형태」 『신라문화』27

최일범, 1984, 「고운 최치원의 사상연구」 『동방사상논고』

최종석, 2008, 「고려 초기의 관계 수여 양상과 광종대 문산계 도입의 배경」 『역사와 현실』67

최준옥편, 1982, 『국역 고운선생문집』상하, 보련각

최치원저.이상현역, 2009, 『계원필경집』1.2, 한국고전번역원

최치원지음 이상현옮김, 2009, 『고운집』, 한국고전번역원

파전한국학당편, 1997, 『고운의 사상과 문학』

하일식, 1997, 「해인사전권(田券)과 묘길상탑기(妙吉祥塔記)」 『역사와현실』24; 1999, 『경주역사기행』, 그린글; 2002, 「통일신라기의 나당 교류와 당 관제의 수용」 『강좌 한국고대사』4

한국사학회·동국대신라문화연구소편, 2001, 『신라최고의 사상가 최치원 탐구』

한국역사연구회편, 1996, 『역주 나말여초금석문』하, 혜안

한규철, 1983, 「신라와 발해의 정치적 교섭과정-남북국의 사신파견을 중심으로」 『한국사연구』43

한기문, 1983, 「고려 태조의 불교정책」 『대구사학』22; 1998, 『고려사원의 구조와 기능』, 민족사; 2000, 「고려시대 개경 현성사의 창건과 신인종」 『역사교육논집』26

허인욱, 2003, 「고려세계에 나타나는 신라계 설화와 편년통록의 편찬의도」 『사총』 56

허일, 최재수 외 공저, 2001, 『장보고와 황해 해상무역』, 국학자료원

허흥식, 1983, 「한국불교의 종파형성에 대한 시론」 『김철준박사화갑기념사학논총』

홍사준, 1976, 「경주포석정의 명칭과 실물」 『고고미술사학』129.130합집

황선영, 1995, 「금석문에 보이는 신라 하대의 문산계」 『부산사학』29; 2000, 「신라 말기 최치원의 관계와 관직에 대하여」 『한국중세사연구』9.

今西龍, 1970, 「慶州に於ける新羅の墳墓及び其遺物に就て」 『新羅史研究』

党銀平, 2001,「東國文學之祖崔致遠先生生卒年考」,『遼寧師範大學學報』, 社會
　　　科學版, 2001年　第5期12; 2005,「新羅文人崔致遠『桂苑筆耕集』的文獻
　　　價值」『신라사학보』4

方曉偉, 2007,『崔致遠思想和作品研究』, 廣陵書社

史念海,「唐代揚卅長江下游的 经济地图」『唐代下史地理研究』, 中國社会科學出版社.

嚴耕望撰, 2002,『唐代交通圖考』, 上海古籍出版社.

王邦維 校注, 2000,『大唐西域求法高僧傳』, 中華書局, (2刷)

李吉甫撰, 孫星衍校, 張駒賢考澄, 1985,『元和郡縣図志』1-12, 中華書局.

찾아보기

김복순

1954년 서울 출생, 동덕여자고등학교 졸업. 고려대학교 사학과 학사, 석사, 박사.
동국대학교 국사학과 조교수, 부교수, 교수, 도서관장, (현)신라문화연구소 소장

대표 논저

저술 : 2008, 『신사조로서의 신라불교와 왕권』, 경인문화사; 2002, 『한국고대불교사연구』, 민족사; 『삼
국유사의 종합적 연구』(공저), 박이정; 1990, 『신라 화엄종연구』, 민족사
논문; 2015, 「『삼국유사』「무장사 미타전」조의 몇 가지 검토」『신라문화제학술논문집』36; 2015, 「의정
의 『대당서역구법고승전』과 신라인」『신라문화』45; 2014, 「경주 괘릉(掛陵)의 문헌적 고찰」『신라문
화』44; 2013, 「신라지식인들의 서역인식」『경주사학』38; 2012, 「『삼국유사』「귀축제사(歸竺諸師)」조
연구」『신라문화제학술논문집』33; 2012, 「화엄사 화엄석경의 판독과 조합시론」『신라문화』40; 2011,
「4~5세기 『삼국사기』의 승려 및 사찰」『신라문화』38; 2010, 「최치원의 역사인식연구」『민족문화』34;
2010, 「신라의 백고좌법회」『신라문화』36; 2009, 「『삼국유사』「진정사 효선쌍미」조와 일연과 김부식
의 효 인식」『신라문화제학술논문집』30; 2008. 8, 「고려의 최치원 만들기」, 『신라문화』32; 2008. 2,
「김유신(595~673) 활동의 사상적 배경」, 『신라문화』31; 2007. 9, 「혜초의 천축순례 과정과 목적」,
『한국인물사연구』8; 2006, 「최치원의 해외체험과 문화수용」, 『한국문화연구』10.

최치원의 역사인식과 신라문화   값23,000원

2016년 7월 13일 초판 인쇄
2016년 7월 20일 초판 발행

저   자 : 김 복 순
발 행 인 : 한 정 희
발 행 처 : 경인문화사
        경기도 파주시 회동길 445-1 경인빌딩 B동 4층
        전화 : 031-955-9300, 팩스 : 031-955-9310
        이메일 : kyunginp@chol.com
        홈페이지 : http://kyunginp.co.kr
        출판신고 : 제406-1973-000003호(1973. 11. 8)

ISBN : 978-89-499-4207-0 93910